2020年度北京市社会科学基金项目（编号19SRC011）
2019年度北京市教育委员会科技计划一般项目（编号KM201910005006）
2019年度北京工业大学国际科研合作种子基金项目（编号012000514119003）
2019年度北京工业大学博士科研启动基金项目（编号110000514119014）
2018年度北京工业大学基础研究基金项目（编号012000546319507）

面向生态系统服务的北京中心地区水系廊道研究

薛飞 著

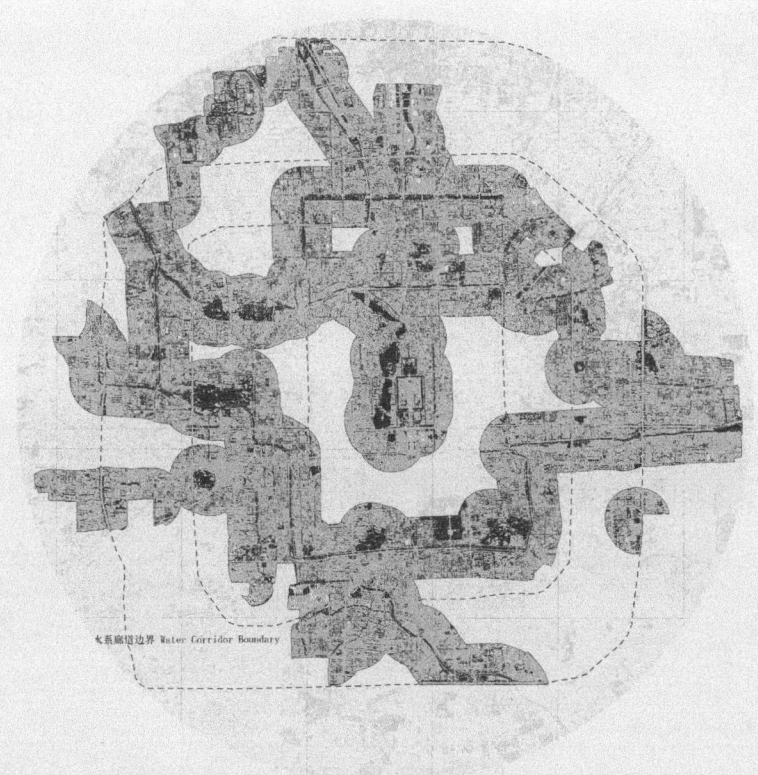

中国建筑工业出版社

图书在版编目（CIP）数据

面向生态系统服务的北京中心地区水系廊道研究／薛飞著.—北京：中国建筑工业出版社，2020.2
ISBN 978-7-112-24884-1

Ⅰ.①面… Ⅱ.①薛… Ⅲ.①水系－廊道－研究－北京 Ⅳ.① K928.78

中国版本图书馆CIP数据核字（2020）第031275号

　　历史上的北京水资源丰沛，自然条件得天独厚，优越的生态系统为人居环境提供了优质的服务，孕育了文明。随着历史变迁，当前北京中心地区的生态系统严重退化，对人居环境质量造成严重影响。如何通过风景园林的研究与实践，以面向生态系统服务的视角，对北京中心地区水系廊道的自然生态空间进行有效的保护、修复、恢复、建设和发展，成为一个有价值的学科问题。
　　本书将从生态系统服务的视角，展开风景园林学研究，结合城市生态学、景观生态学等多学科、多尺度的知识与方法，进行供给评价，需求调研，规划管理分析以及矛盾问题解析。适于园林景观、规划等相关专业师生及从业者参考阅读。

责任编辑：杨　晓　唐　旭　李东禧
版式设计：锋尚设计
责任校对：赵　颖

面向生态系统服务的北京中心地区水系廊道研究
薛飞　著

*

中国建筑工业出版社出版、发行（北京海淀三里河路9号）
各地新华书店、建筑书店经销
北京锋尚制版有限公司制版
北京建筑工业印刷厂印刷

*

开本：787×1092毫米　1/16　印张：15¼　插页：8　字数：256千字
2020年3月第一版　　2020年3月第一次印刷
定价：78.00元
ISBN 978-7-112-24884-1
（35629）

版权所有　翻印必究
如有印装质量问题，可寄本社退换
（邮政编码100037）

序

我对北京水系的研究开始于1990年代初，当时我刚毕业留校，在清华大学建筑学院城市规划系任教。开始工作后不久，参加的一个规划实践项目就是《北京颐和园至什刹海和玉渊潭水系景观与土地利用规划》，由时任城市规划系主任郑光中教授带领我们几个年轻教师和研究生完成。当时计算机还没有普及，我们手工绘制了规划图纸；那时也没有私家车，我们从颐和园骑自行车到玉渊潭和什刹海进行实地踏勘调研。大约10年以后，2000年代初，我作为项目负责人，承担了《北京风景名胜区体系规划》，将北京市约三分之一的土地确定为连通性良好的自然保护用地，这一规划成果还被当时的北京城市总体规划吸收，奠定了北京市自然保护地体系的基本空间布局。这一空间布局的骨架就是北京的历史水系。又过了大约10年，在2010年秋季，清华大学建筑学院与美国哈佛大学设计研究生院（Graduate School of Design）举行了一场以"城市主义再思考"为主题的"清华—哈佛建筑论坛"。我受邀以《北京绿地演变多尺度研究（Multi-Scale Study on the Evolution of Green Space of Beijing）》为题发表了演讲，这是我们团队3个月高强度工作的成果。而在每一个尺度上，北京历史水系又是北京绿地的精华和灵魂所在。由于上述积累，从2014年春季学期开始，我与同事刘海龙和庄优波一起以"北京历史水系"为主题，开设了清华景观学系硕士研究生规划课程STUDIO。作为薛飞的博士生导师，我邀请他担任该课程的助教，组织学生们对北京历史水系再一次开展了较为系统全面的实地调研。

在这一时期，薛飞对生态学尤其是生态系统服务的相关理论很感兴趣，并与国际城市生态学会（Society of Urban Ecology）主席奥地利萨尔斯堡大学的Jürgen Breuste教授取得了联系。在Breuste教授的支持和鼓励下，经过若干轮讨论，薛飞与我商议最终确定了他的博士论文题目《面向生态系统服务的北京中心地区水系廊道研究》。此外，美国亚利桑那州立大学的邬建国教授对薛飞的论文也有诸多指导。邬教授是国际著名的景观生态学家、《Landscape Ecology》期刊的主编。生态学尤其是景观生态学在风景园林规划设计中扮演着十分重要的角色，我在各种场合不断呼吁和促进这两个学科的更紧密结合。在指导薛飞论文的过程中，我与邬建国教授有了更深入的交流，我们发现景观生态学理论和风景园林规划设计实践是天然的合作伙伴，很有前景。因此也更坚定地支持薛飞的这个博士论文选题，即使这个博士论文具有相当的挑战性。

这个选题的挑战性主要体现在两个方面。第一，知识结构起码需要风景园林学和景观生态学的支撑，同时还需要城乡规划学、建筑学等相关学科的支撑。好在薛飞先后取得过建筑学的学位，以及建筑和城市规划方面的执业资格，而且治学中有足够的开放度、好奇心和适应力，因此在多学科教授的帮助下，顺利地将生态系统服务这一较新的学术概念应用在北京中心地区水系廊道研究之中。第二个是对独立工作能力的考验。由于我自己的研究重点是国家公园和自然保护地体系，大部分纵向科研和横向实践也围绕着这一重点展开。因此团队中的大多数博士生的选题也是在自然保护地领域。而薛飞的学术兴趣是利用生态系统服务的理论研究城市水系，虽然我个人对这一领域也颇感兴趣，同时一向支持博士生根据个人兴趣选题，但是这方面的学术积累和学术资源毕竟十分有限。这种情况下，薛飞展现了强大的独立工作能力、组织能力和想象力，出色地完成了博士论文阶段的工作。坦率地说，在他博士论文写作过程中，我还是替他捏着一把汗的，只是没有将这种担心传递给他而已。

薛飞的博士学位论文以当前生态学前沿的城市生态系统服务为视角，立足北京，通过历史与当代的结合、绿色空间和水系生态的结合、文化景观与社区利用的结合，对北京历史水系廊道开展了多尺度、多学科的综合研究。这一研究对于推进生态学在风景园林和城乡规划中的应用，提高城市绿色空间尤其是水系廊道的规划设计质量都是有所助益的。

是为序。

杨锐

2020年3月9日

前　言

　　历史上的北京水资源丰沛，自然条件得天独厚，优越的生态系统为人居环境提供了优质的服务，孕育了文明。随着历史变迁和当前城市快速发展，北京中心地区的生态系统遭到蚕食并退化，对人居环境质量造成严重影响。如何通过风景园林的研究与实践，以面向生态系统服务的视角，对北京中心地区水系廊道的自然生态空间进行有效的保护、修复、建设和发展，成为一个有价值的学科问题，也对当前我国众多城市的可持续发展具有意义。

　　本书从生态系统服务的视角，展开风景园林学研究，结合城乡规划学、城市生态学、景观生态学等多学科、多尺度的知识与方法，对北京中心地区水系廊道的生态系统服务进行了供给评价、需求调研、规划管理分析以及矛盾问题解析，尝试提出了基于现状和面向生态系统服务的风景园林学解决策略。

　　本书将按照提出问题、调研问题、解析问题并提出策略的步骤展开，共三部分。第一部分为1~2章：首先引出了全球、我国城市化浪潮带来的城市生态冲击，解释了生态系统服务的概念和框架以及风景园林学的响应，提出了研究问题。第二部分为3~6章：展开了对北京市域、六环、中心地区、样本场地的多尺度现状分析，评价了北京中心地区水系廊道生态系统服务的现状；调研了水系岸边公共开放空间和水系周边公园样本场地的使用情况；分析了北京城市总体规划、绿地系统规划和十二五规划系列文件；深度访谈了规划、水务、园林部门的专家，对研究问题涉及的生态系统服务供给、需求和规划管理进行了梳理。第三部分为7~8章：解析了上述生态系统服务供给、需求、规划管理间的矛盾，进而提出解决策略；最后展望了风景园林学与生态系统服务结合开展研究与实践的广阔前景。

　　结论包括：（1）北京中心地区水系廊道生态系统服务供给、需求、规划管理的问题主要在于生态空间面积不足，结构不连通、不成网，景观用水长期大量使用再生水；生态系统服务的矛盾主要为：调节服务难以实现，支持、供给服务认知缺乏。（2）恢复部分历史水系和面向生态系统服务的风景园林规划设计是有效解决策略，环境教育对城市生态系统服务提升有巨大潜力。（3）风景园林学可以结合生态系统服务，在构建人与自然共生、共用、共境的和谐空间关系中起到推动可持续发展的重要作用。

目 录

序
前言

第1章　绪论 01

1.1 研究背景 02
1.1.1 国际国内城市化浪潮冲击 02
1.1.2 城市生态和可持续问题引起广泛关注 03
1.1.3 北京——持续发展的历史都市 03
1.1.4 北京城市水生态系统退化 04
1.1.5 北京六环范围植被覆盖退化 05
1.1.6 风景园林学的响应 05

1.2 名词解释及概念释义 07
1.2.1 名词解释 07
1.2.2 概念释义 08

1.3 研究进展与文献评述 10
1.3.1 生态系统服务研究进展 10
1.3.2 城市生态系统服务研究进展 14
1.3.3 生态系统服务与规划交叉研究评述 17

1.4 研究目的 26

1.5 研究问题 27

1.6 研究意义 28

1.7 研究结构框架与研究内容 29
1.7.1 研究结构框架图 29
1.7.2 各章研究内容 29

第 2 章　研究对象与研究方法...33

2.1　研究对象及样本场地..34
2.1.1　研究区位 34
2.1.2　研究区：北京中心地区 34
2.1.3　研究对象：北京中心地区水系廊道 35
2.1.4　样本场地 36

2.2　研究数据的选取和获取..38
2.2.1　遥感影像数据的选取 38
2.2.2　田野调查和访谈式问卷调研的数据获取 39
2.2.3　规划文件文本的选取 39
2.2.4　访谈记录和内容的获取 39

2.3　研究方法和技术路线..39
2.3.1　结合遥感与地理信息系统的多尺度空间分析研究方法 39
2.3.2　结合场地调研和问卷调研的统计分析研究方法 40
2.3.3　基于规划文本的内容分析研究方法 41
2.3.4　基于专家访谈的扎根理论质性研究方法 41

2.4　小结..42

第 3 章　北京中心地区水系廊道多尺度分析...43

3.1　北京水系多尺度分析..45
3.1.1　北京市域五大水系流域 45
3.1.2　北京市北运河流域 46
3.1.3　北京城市河湖水系 47
3.1.4　北京中心地区水系 47
3.1.5　北京旧城历史水系 48
3.1.6　地表水质分布 49

3.2　北京绿色空间多尺度分析..52
3.2.1　北京市域绿色空间相关统计数据分析（1978~2014）....................... 52

　　　　3.2.2　北京六环内城市植被覆盖多时相变化分析（1984~2014）..................56
　　　　3.2.3　北京中心地区蓝色和绿色空间现状分析（2015/09）......................67
　　　　3.2.4　样本场地植被结构类型制图分析（2015/08）..............................70
　　3.3　小结..91

第4章　北京中心地区水系廊道生态系统服务供给评价..................93

　　4.1　北京中心地区水系廊道生态要素空间特征提取................................95
　　　　4.1.1　数据的获取与预处理..95
　　　　4.1.2　分类特征提取的方法与过程..96
　　　　4.1.3　分类特征提取的结果..96
　　4.2　基于生态系统服务分类分项的程度评价..99
　　　　4.2.1　评价方法..99
　　　　4.2.2　生态系统服务分类分项程度评价过程.................................100
　　　　4.2.3　生态系统服务分类分项程度评价结果.................................101
　　4.3　基于生态系统服务价值面积当量的价值评价...................................104
　　　　4.3.1　面积当量因子价值评价方法...104
　　　　4.3.2　面积当量因子价值评价结果...105
　　　　4.3.3　面积当量因子价值评价结果的修正...................................106
　　4.4　讨论...108
　　4.5　小结...109

第5章　北京中心地区水系廊道生态系统服务需求调研................111

　　5.1　调研过程与研究方法...113
　　　　5.1.1　调研过程...113
　　　　5.1.2　调研方法...114
　　　　5.1.3　调研问卷结果的分析方法...114
　　5.2　调研结果与分析...115

    5.2.1 第一阶段水系岸边绿色公共开放空间调研 115
    5.2.2 第二阶段水系岸边绿色公共开放空间儿童活动调研 128
    5.2.3 第三阶段水系周边公园调研 131
  5.3 对比与讨论 147
    5.3.1 第一和第三阶段调研结果对比 147
    5.3.2 基于调研的生态系统服务需求分析 149
  5.4 小结 151

第 6 章 北京中心地区水系廊道相关规划管理分析 153

  6.1 规划文件内容分析研究 155
    6.1.1 规划文件的选取与提取 155
    6.1.2 研究方法 155
    6.1.3 研究结果 158
    6.1.4 讨论与结论 167
  6.2 管理部门专家访谈质性研究 171
    6.2.1 研究方法 171
    6.2.2 研究受访者和文本材料 172
    6.2.3 研究步骤 173
    6.2.4 北京市城市规划设计研究院专家访谈编码结果 173
    6.2.5 北京市水务局专家访谈编码结果 174
    6.2.6 北京市园林绿化管理部门专家访谈编码结果 175
    6.2.7 讨论 176
  6.3 小结 181

第 7 章 供给、需求、规划管理间矛盾问题解析 183

  7.1 矛盾问题的分析 185
    7.1.1 供给与需求间矛盾问题分析 185

7.1.2　供给与规划管理间矛盾问题分析 187
　　　7.1.3　需求与规划管理间矛盾问题分析 189
　7.2　解决策略的提出 192
　　　7.2.1　面向生态系统服务的供给、需求、规划管理解决策略 192
　　　7.2.2　基于现状和恢复历史水系的空间解决策略 193
　　　7.2.3　面向生态系统服务的风景园林功能解决策略 197
　7.3　小结 209

第8章　结论与展望 211

　8.1　主要研究结论 212
　　　8.1.1　北京市多尺度蓝色和绿色空间现状分析结论 212
　　　8.1.2　北京中心地区水系廊道生态系统服务现状供给评价结论 213
　　　8.1.3　北京中心地区水系廊道生态系统服务需求调研分析结论 214
　　　8.1.4　北京中心地区水系廊道生态系统服务规划管理分析结论 214
　　　8.1.5　北京中心地区水系廊道生态系统服务矛盾问题解析结论 214
　　　8.1.6　北京中心地区水系廊道是中心地区生态系统服务最为
　　　　　　 重要的提供者 215
　　　8.1.7　生态系统服务与风景园林学可以在多个尺度的规划设计中结合 216
　　　8.1.8　风景园林学与生态系统服务结合具有积极的学科意义 217
　　　8.1.9　研究目的的实现 218
　　　8.1.10　研究问题的解答 218
　8.2　研究创新点 219
　8.3　研究的限制与展望 220
　　　8.3.1　本研究的限制 220
　　　8.3.2　研究展望 220

参考文献 222

致谢 230

第1章 绪论

1.1 研究背景

1.1.1 国际国内城市化浪潮冲击

联合国2019《世界人口发展报告》(*World Population Prospects, 2019 Revison*)显示：在2019年世界人口已达77亿，预计到2050年将达97亿[1]。与此同时，人类的主要生活空间也将随之改变。联合国2018《世界城市化发展报告》(*World Urbanization Prospects, 2018 Revision*)显示，2018年全球有55%的人口（约42亿）居住在城市，其中一半居住在50万人口以上的大城市，这其中每8位就有1位居住于超过千万人口的33个"超大城市①"（Mega-City），预计到2050年全世界将有68%的人口居住在城市[2]。伴随着较好的就业收入、教育医疗、社会服务和文化政治参与等多种机会，城市已经成为当前重要的个人和社会发展空间载体。

城市化的浪潮也同样在我国发生，国家统计局数据显示：截至2018年末，我国城镇化率已达59.58%。城市数量由1949年的132座，经历改革开放前1978年的193座，增加至2018年末的672座[3]。《国家新型城镇化规划（2014—2020年）》显示，2020年我国城镇化率会达到60%，超过千万人口的超大城市有六座[4]②。其中北京作为我国首都，其城镇化率为86.5%，位列全国第九，深圳的城镇化率已达100%[5]。全球城市化浪潮与中国高速发展叠加下形成了我国城镇化的"极速巨浪"，给中国城市的"生产、生活、生态"，尤其是对城市未来的可持续发展，带来了诸多挑战。

---

① 国务院于2014年10月29日发布的《关于调整城市规模划分标准的通知》增设城区常住人口超过1000万以上的城市为"超大城市"。

② 《国家新型城镇化规划（2014—2020年）》显示我国六座超大城市分别为：北京、上海、天津、重庆、广州、深圳。

1.1.2 城市生态和可持续问题引起广泛关注

城市作为一种重要的人类技术生态系统（Technoecosystem）①，其自身及对全球自然生态系统的健康影响越来越受到重视。城市的数量、分布、规模、格局及内部结构在当今全球发生了重要变化，加之快速的建设进程引发了众多影响颇深的城市生态问题甚至灾难。在这样的背景下，城市成为全人类可持续发展中应首先被考虑的角色。而现实中，城市内部的自然和生态空间却受到建设发展的严重挤压，城市中的生态系统价值被严重低估。城市生态系统作为与当今大多数人紧密接触的自然，对城市中人类的福祉和城市最终的可持续发展发挥着极为重要的作用。

联合国环境署2011年出版的《生态系统和生物多样性经济学：城市指南》(The Economics of Ecosystms and Biodiveristy Manual for Cities: Ecosystem Services in Urban Management，简称为TEEB 2011）提出"健康的生态系统是城市可持续的基础，影响着人类福祉（Human-Wellbeing）和绝大部分经济活动。只有认识到自然提供的利好，理解了这些利好的价值，规划师、教育者、管理者才能共同推动创建一个可持续的城市"[6]。城市生态系统是经过人工改造和再造的自然及半自然景观，是风景园林学重要的研究和实践内容。同样只有当风景园林学的规划师、设计师、教育者、管理者掌握了相关知识，并在相关的规划和政策制定以及管理和维护实践中发挥积极的作用，才能保护、修复、恢复以及发展城市生态系统对人类的服务，这也是城市可持续的有效途径。

1.1.3 北京——持续发展的历史都市

北京的选址正如《管子》中描述："凡立国都，非于大山之下，必于广川之上。高毋近旱，而水用足。下毋近水，而沟防省"。范镇之《幽州赋》中概括其选址为："左环沧海，右拥太行，北枕居庸，南襟河

---

① 人类技术生态系统是指：当前以工业社会为支撑的城市，创造了一种区别于自然的新的系统，称为人类技术生态系统，这一系统与自然相互竞争并依赖于自然，在自然生态系统中寄生。最早由景观生态学先驱 Zev Naeh 于 1982 年提出 [29] 63-64。

济,形胜甲于天下"。北京历经：周初蓟城、唐代幽州、辽代燕京,金之中都、元朝大都、明清北京、民国北平和新中国首都,约3000余年建城史和860余年建都史,可谓沧海桑田[7, 8]。侯仁之（1990）指出,世界有许多城市建城早于北京,但都已没落甚至成为废墟,而北京历久不衰[9],至今依然生命力旺盛,显示出其得天独厚的自然地理优势和人工营城智慧。梁思成和林徽因（1951）认为北京是先有计划而后建造的城,其优点就在于"其具有计划性的城市整体"[10],并指明"水源是全城的生命线"[10, 11]。吴良镛（2014）从区域角度提出,京畿依托山水的人居支撑网络与人居建设过程正是对水系不断认识和改造的过程[12]。唐晓峰（2016）总结为,北京是实现中国古代都城建设理想的实践者和集大成者,在古代城市建设和都城建设史中最重要的是城与水的关系[13]。但是今天的北京,无论是有形的水景观,还是无形的水文化都在现代化城市的快速发展中发生了严重退化,亲水而居的中国古代宜居愿景,受到了严峻挑战。

1.1.4 北京城市水生态系统退化

历史上的北京水资源丰沛,水景观宜人,被称为"首善之地"。但今天的北京变成了一座极度缺水的城市。《北京市水资源公告（2018）》显示,"2018年北京市水资源总量为35.46亿m^3,按照年末常住人口2154.2万人计算,人均水资源占有量为165m^3"。在用水量方面,2018年全市总用水量为39.3亿m^3,环境用水13.4亿m^3（占比34%）,在各大类用水中配额较小（生活用水47%,农业用水11%,工业用水8%）[14]。地表水的河流、湖泊以及地下水资源在很大程度上由于长期受到人类使用干扰,不断积累而导致水量、水质和水资源的严重退化。

北京中心地区的北运河水系作为唯一一条穿城市而过的水系,虽经800余年历史变迁,仍旧保留至今,尽管从生态学角度是一种"残存"（Remnant）现象,但从历史文化角度也显示出其重要的文化价值。虽然当前利用人工基础设施控制并维持着这一"残存"的水系物质空间,但是其水生态、水文化、水景观也在急剧退化,反映出城市中心地区的整体生态系统正处于残存濒危的边缘。

1.1.5 北京六环范围植被覆盖退化

随着北京城市的发展，城市绿色空间也在逐渐受到蚕食。利用Landsat1984和2014影像计算得出的植被增强指数（NDVI≥0.2）的遥感分析显示，从1984年至2014年的30年间，北京六环内的植被覆盖由1742.44km^2（占比76.80%）降低为1105.61km^2（占比48.73%），减少了638.83km^2（28.07%）（图1-1）。而北京市中心地区的植被已经相对比较稳定，城市生态问题也较多集中在人口密集的城市中心地区发生。城市中心地区绿色空间的生态系统服务潜力亟待挖掘。而由城市"蓝色空间"和"绿色空间"协调组成的城市生态空间及其带来的生态系统服务，已经成为当今社会多方关注的研究和实践热点，也成为城市可持续发展的重要体现。

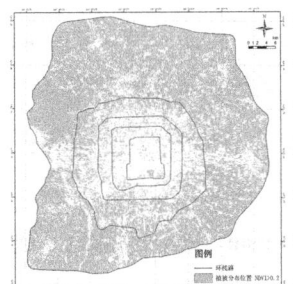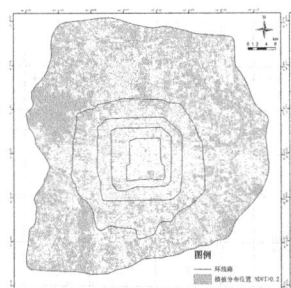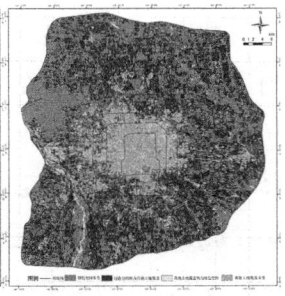

图1-1 1984年、2014年六环内植被分布与1984~2014年植被覆盖变化分析图[①]

1.1.6 风景园林学的响应

在世界范围和我国的城市化浪潮冲击下，城市生态系统的破坏和退化不断加剧，也使得风景园林学在关注人与自然关系的物质空间研究中，为结合城市生态学研究与城市生态系统服务带来了机遇。国内学者针对风景园林学的发展提出结合我国国情的观点。吴良镛（2011）在《关于建筑学、城市规划、风景园林同列为一级学科的思考》中指出，改革开放以来，快速的发展推进了学科领域的探索，风景园林学、城乡规划学、建筑学三个学科在各自研究领域内拓展的同时逐步"交流、融合、变革"，并提出在三个学科基础教育中应注重"科技、人文、艺术

---

① 本书没有注释的资料来源的图片均为作者自绘。详细分析见本书3.2.2。

和生态基础"的"通才教育"。[15]其中包含"自然生态与社会生态"的生态基础成为风景园林学研究的重要出发点。杨锐（2013）认为"21世纪初的中国需要能够全面做出环境、文化、城市、社会、经济和精神贡献的风景园林学"[16]，"直面城市问题"的城市生态系统服务研究逐渐成为我国风景园林学研究的重要前沿。

国外诸多学者也在相关问题上提出了当今世界相关学科的研究趋势。邬建国（Jianguo Wu，2008）认为"城市是当今环境问题的主要源头，是经济和社会发展的中心，未来世界人口的增长也会在城市中发生，城市中的自然系统对未来世界的环境、经济、社会都会有深远影响"[17,18]。未来的景观生态学将会更加偏向城市，并提出整合城市生态学和景观生态学的研究城市景观格局和生态过程关系的城市景观生态学框架（Urban Landsacpe Ecology，2013），以促进城市的可持续发展[19, 20]。于尔根·布霍伊斯特（Jürgen Breuste，2013）认为"生态学知识需要利用景观生态学框架与社会科学研究结合，并最终整合入城市景观规划、设计和管理[21]，在规划过程中平衡城市生态系统服务[22]，而生态学还缺乏系统的研究成果，以解决城市的环境问题或为规划和管理提供解释"[21]。这些为本研究带来了契机。

景观生态学家理查德·福曼（Richard T.T Forman，2014）认为"随着城市生态学的稳固发展，其知识对城市管理、规划、建设、修复具有巨大作用。为城市市民提供生态系统和自然的服务将会是具有希望的全体的目标"[23] 378, 377。弗莱德瑞克·斯坦纳（Frederick R Stainer，2014）指出"生态系统服务是风景园林规划设计师亟须掌握的应对全球人口增加，城市化和生态系统变化背景下社区、景观、城市和区域规划设计的重要知识"[24]。他还提出"当今风景园林规划设计师有成为引领全球发展领导者的机会和挑战，而这一角色会伴随着与生态学家和环境科学家的合作而得到加强"[24]。有些学者评价城市生态系统服务这一概念的推广和应用对联系城市与生物圈之间的关系、降低生态足迹和生态债务，以及增加城市内各物种（包括人类自己）的恢复力、健康和生活质量都有重要的作用[25]。综上所述，生态系统服务已经成为世界范围风景园林学所关注的重要领域和学术前沿。

1.2 名词解释及概念释义

1.2.1 名词解释

1. 北京中心地区

北京中心地区在《北京城市总体规划2016年~2035年》中,被划定为在城市中心区内,并包含核心区及旧城在内的中心地区,面积约为334km²(图1-2)。

北京中心地区是中心城区(城六区1378km²)内的中心大团(包含核心区及老城),是城市最为密集的地区。《北京城市总体规划2016年~2035年》中提出:"北京中心城区功能疏解提升",并明确"开展生态修复,建设两道一网,提高生态空间品质"(总规28条),"构建由水体、滨水绿化廊道、滨水空间共同组成的蓝网系统"[26]。2004版《北京市城市总体规划2004年~2020年》中明确提出中心地区在2004年的650万人口的基础上减少110万人,旧城下降为110万人左右,但这样的指标控制没有实现。此外,虽然北京城市总体规划和其他相关规划和文件中对北京中心地区进行了新的部署和规划,但是针对水系生态和景观廊道空间以及"蓝色和绿色空间",还缺乏专项的深入研究。由于中心地区的建设密度大,生态空间被严重挤压,缺水严重,水体面积非常有限。所以城市中心地区以水系和绿色空间为代表的城市生态系统服务更显弥足珍贵。

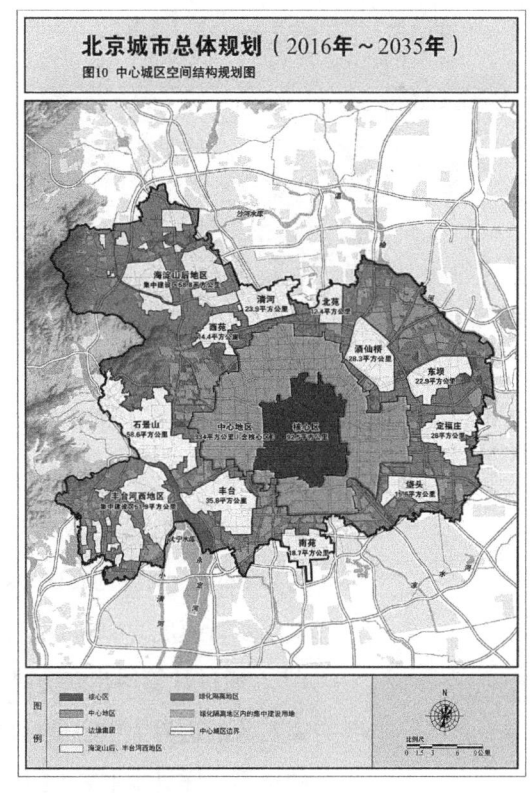

图1-2 北京城市总体规划中心城空间结构规划图
(图片资料来源:《北京城市总体规划2016年~2035年》)

2. 中心地区水系廊道

本研究中的北京中心地区水系廊道,是指位于中心地区334km²范围内(图1-3),由水体系统及其周边1km范围内的绿色空间所共同组成的廊道系统(图1-4)。研究范围的确定参考了本研究第五章问卷调研结果中的出行方式偏好结果。该结果显示受访者以"步行"和"路程时长为10分钟以内"为选择最多的出行方式。根据亨德森等(Henderson et. al.,

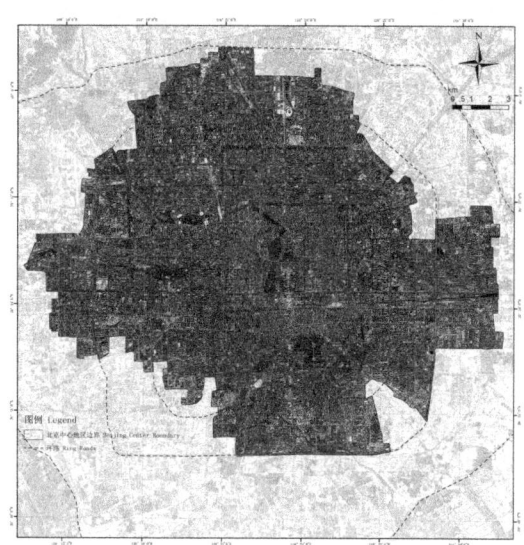
图 1-3　北京中心地区国产高分二号遥感卫星影像数据真色彩影像图

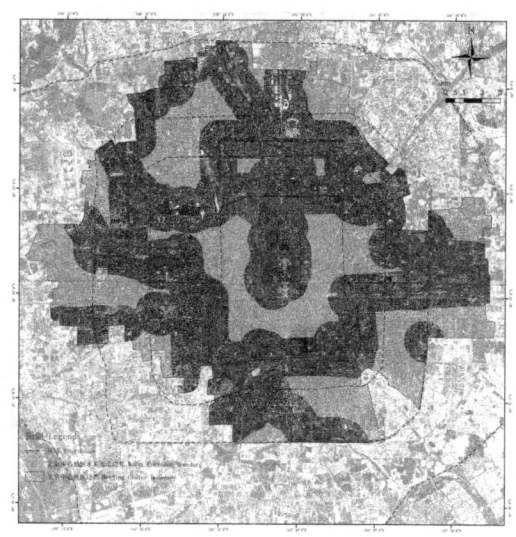
图 1-4　北京中心地区水系廊道国产高分二号遥感卫星影像数据真彩色影像图

1972）在《自然》(*Nature*) 中的研究结果，表明：成年男性步行速度中为1.62m/s，女性为1.38m/s[27]。国内陈然等（2005）研究表明，我国老年女子步行速度为1.08m/s，青年男子为1.32m/s，我国人均步行速度为1.24m/s[28]。通过计算得出10分钟步行的最大距离为972m，取整为1km范围。研究对象的边界为中心地区内通过水体遥感解译出的边界扩大1km后缓冲区的边界。详见本书表4.1中关于研究对象的空间组成列表和图1-4。

1.2.2　概念释义

1. 生态系统

生态系统（Ecosystem）指：在一定区域内共同栖息的所有生物群落（包括人类）通过物质循环、能量流动这一不断进行的过程，与周边非生物环境形成的整体[29]。该概念最早于20世纪30年代中期，由英国生态学家亚瑟·乔治·坦斯利（Arthur George Tansley）明确提出[30]①，之后的

---

① 原文为：But the fundmental conception is, as it seems to me, the whole system （in the sense of physics）, including not only the organism-complex, but also the while complex of physical factors forming what we call the enviroment, with which they form one physical system. ... These *ecosystems*, as we may call them, are of the most various kinds and sizes. They form one category of the multitudinous physical systems of the universe, which range from the universe as a whole down to the atom （P299）. http://www.jstor.org/stable/1930070?seq=15#page_scan_tab_contents

研究强调了生态系统是生物与环境不可分割且具有一定功能的整体。其由（1）非生物的物质、能量，（2）生物的"生产者、消费者及分解者"，以及（3）所传递的信息组成。非生物环境是基础，生物群落通过适应和改变反作用于环境。当今以农田和城市为主的"人类技术生态系统"是人类主要的生存依托，生态系统的多项功能和流动都依赖水循环。

2. 生态系统服务

生态系统服务（Ecosystem services）是指人类从生态系统中所获得的利好（包括直接获得和间接获得的利好）。在《千年生态系统评价》（*Millennium Ecosystem Assessment*，简称MA2005）中将其定义为"人类从生态系统中获得的效益"①[31]，包括产品供给服务（Provisioning Services，如食品与清洁水源的供给）、调节服务（Regulating Services，如调节雨洪、内涝、土壤退化、干旱和疾病等）、支持服务（Supporting Services，如土壤的形成、营养循环、栖息地提供等）和文化服务（Cultural Services，如精神、娱乐、宗教、灵感以及其他非物质方面的效益）。

3. 城市生态系统服务

城市生态系统服务（Urban Ecosystem Services，英文文献中常简写为UESs），结合生态系统服务的定义可以被理解为："城市范围内（城市生态系统）所提供的一系列维持和提高人类生活和生活质量的利好[32]②"。TEEB2011参照MA2005的分类将城市生态系统服务同样分为四类：供给服务（Provisioning Services）、调节服务（Regulating Services）、栖息地或支持服务（Habitat or Supporting Services）以及文化服务（Cultural Services）。

以上名词解释和概念释义为本研究提供了空间和理论基础，也为明确研究对象并清晰界定研究范围和主要内容奠定了基础。当前对于生态

---

① 原文为：*Ecosystem services* are the benefits people obtain from ecosystems. These include provisioning services such as food and water; regulating services such as regulation of floods, drought, land degradation, and disease; supporting services such as soil formation and nutrient cycling; and cultural services such as recreational, spiritual, religious and other nonmaterial benefits.（MA 2003），这里所引用的中文概念引自该报告中文版，2007，（P40）

② However, urban areas also provide a range of benefits to sustain and improve human livelihood and the quality of life through urban ecosystem services, UES. Haase D, Larondelle N, Andersson E, et al. A Quantitative Review of Urban Ecosystem Service Assessments: Concepts, Models, and Implementation. AMBIO, 2014,43（4）:413–433.

系统服务的研究无论在国际还是国内尚属于前沿。在接下来的研究进展和文献评述中，将会对相关既往研究内容进行梳理，更着重于对生态系统服务与规划设计相交叉的已有研究进行评述。

1.3 研究进展与文献评述

1.3.1 生态系统服务研究进展

1. 生态系统服务概念定义

正如前文对生态系统服概念释义中引用的当前较为公认的MA2005中的定义"人类从生态系统中获得的效益"[31]，在较近的研究中TEEB2011的阐述为："人类所能从自然界获得的利益，便是生态系统服务"①[6]。最早关于生态系统服务的文献可以参考20世纪60年代中期至70年代早期有关生态系统功能、产品、服务及经济价值的相关成果[33]。1970年发表的 *Man's Impact on the Global Environment* 文献中首次提出了生态系统服务 Ecosystem Service这个学术名词[34]。70年代关于环境经济的研究促进了这一概念的发展[35]。该概念较为公认的出处是在1997年戴利（Gretchen Daily）出版的名为《自然的服务：社会依赖自然的生态系统》（*Nature's Services: Societal Dependence on Natural Ecosystems*）的著作中，当时还将产品（Goods）与服务（Sercices）的概念分开。同年康斯坦兹研究组（Robert Constanza, et al.）在《自然》上发表了经典的生态系统服务研究文献《生态系统服务和自然资产的价值》（*The Value of the World's Ecosystem Services and Natural Capital*），并列举了十七项具体的生态系统服务[36]（见表1.2的第一列）。

生态系统其内部的功能并不一定都是对人的利好，除了一些"生态系统伤害"（Ecosystem Disservice），还有一些是维持生态系统自身的功能，这些被称为"生态系统功能"。而常伴随生态系统服务相关

---

① 原文为：The benefits that humans derive from nature are known as ecosystem services. TEEB2011，P. 1.

的概念还包括人类福祉（Human Well-Being）（图1-5），生物多样性（Biodiversity）等（相关概念内容辨析见表1.1）。生态系统服务与人类福祉之间的关系直接反映了可持续性（Sustainability）[37]。以上这些概念都与可持续发展概念紧密相关。

生态系统服务以及相关概念的主要分类或内涵列表　　　　表1.1

生态系统服务 Ecosystem Services	人类福祉 Human Well-Being	生态系统功能 Ecosystem Functions	生物多样性 Biodiversity
支持服务 Supporting Service 供给服务 Providing Service 调节服务 Regulation Service 文化服务 Culture Service	自由和选择 Freedom of Choice and Action 安全 Security 良好生活必需品 Basic Material for Good Life 健康 Health 良好社会关系 Good Social Relation	初级生产 Primary Production 分解 Decomposition 氮循环 Nitrogen Cycling 水循环 Hydrologic Cycling 土壤形成 Soil Formation 生物控制 Biological Control	基因多样性 Genetic Variability 种群规模和生物量 Population Sizes and Biomass 物种分布群落和结构 Species Assemblages, Community and Structures 生物与非生物环境相互作用 Interactions between Organisms and Their Abiotic Environment 个体间及物种间相互作用 Interactions between and among Individuals and Species

注：作者综合整理自MA2005，TEEB 2010。

2. 生态系统服务的分类

MA2005清晰地将生态系统服务分为：支持（Supporting）、供给（Provisioning）、调节（Regulating）、文化（Cultural）四类服务和26项具体内容（见表1.2的第二列）。2010年《生态系统与生物多样性经济学》（*The Economics of Ecosystms and Biodiveristy Foundation*简称为TEEB2010）将生态系统服务分类为：栖息地服务（Habitat service）和生态系统功能（Ecosystem functions），后者包括：供给（Provisioning）、调节（Regulating）、文化与娱乐（Cultural and amenity）[38]（见表1.2的第三列）。专门从事研究生态系统分类的报告*Common International Classification of Ecosystem Services*（简称CICES）将生态系统服务分为三类：供给（Provisioning）、调节与维持（Regulating & Maintenance）、文化（Cultural）[39]（见表1.2的第四列）。这些相关的分类研究都为生态系统的内涵和外延带来了丰富的信息和科学的梳理。

图 1-5 生态系统服务与人类福祉间关系示意图
（资料来源：《千年生态系统服务评价》，2007）

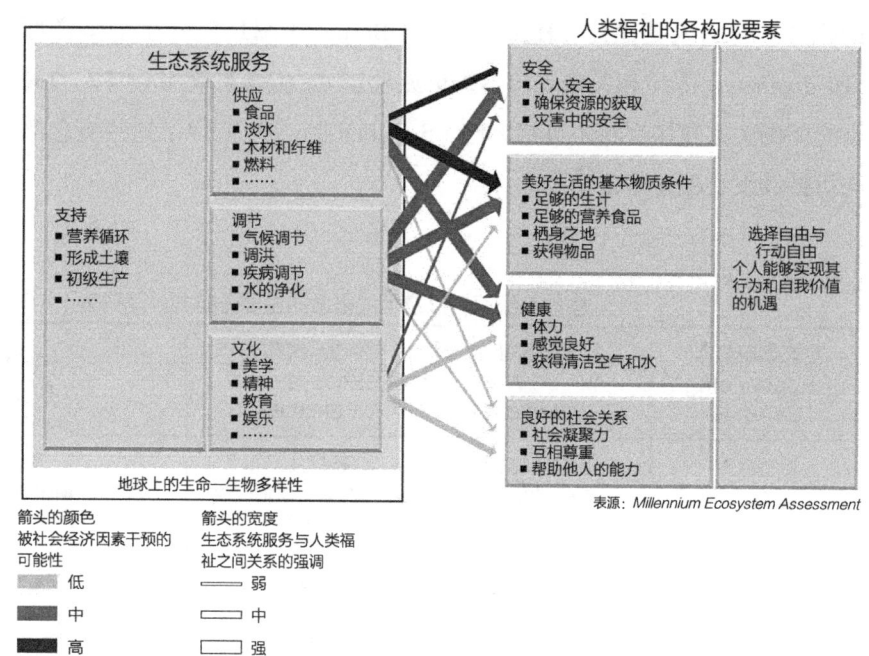

表源：Millennium Ecosystem Assessment

较为公认的生态系统服务内容分类对照表			表1.2
Constanza 1997 17项	MA 2005 4类26项	TEEB 2010 4类19项	CICES 2013 3类8项
1）调节空气气体成分 Gas regulation 2）调节气候 Climate regulation 3）调节环境环境气候干扰 Disturbance regulation 4）调节水文 Water regulation 5）水的供给 Water supply 6）侵蚀和沉淀控制 Erosion control and sediment retention 7）土壤形成 Soil formation 8）营养循环 Nutrient cycling 9）废弃物处理 Waste treatment 10）授粉 Pollination 11）生物控制 Biological control 12）避难所 Refugia	支持Supporting 1）光合作用 Photosynthesis 2）初级生产 Primary production 3）营养循环 Nutrient cycling 供给 Provisioning 1）食物 Food 2）新鲜的水 Fresh water 3）纤维原料 Fiber 4）基因遗传资源 Genetic resource 5）生物化学原料 Biochemicals 调节Regulating 1）空气质量调节 Air quality regulation 2）气候调节 Climate regulation 3）水调解 Water regulation	栖息地服务 Habitat service 1）生命维护 Lifecycle maintenance 2）基因库保护 Gene pool protection 供给 Provisioning 1）食品 Food 2）水 Water 3）原材料 Raw material 调节Regulating 1）空气净化 Air purification 2）气候调节包括碳隔离 Climate regulation （C-sequestration）	供给 Provisioning 1）营养供给 Nutrition 2）材料供给 Materials 3）能源供给 Energy supply 调节与维持 Regulating and Maintenance 1）降低废气污染，有毒及其他令人生厌物的干扰

续表

Constanza 1997 17项	MA 2005 4类26项	TEEB 2010 4类19项	CICES 2013 3类8项
13）食物生产供给 Food production 14）原材料供给 Raw materials 15）基因资源维持 Genetic resources 16）休闲 Recreation 17）文化 Cultural	4）侵蚀调节 Erosion regulation 5）土壤形成调节 Soil formation regulation 6）授粉 Pollination 7）害虫调节 Pest regulation 8）人类疾病调节 Human disease regulation	3）干扰预防及缓和 Disturbance prevention or moderation 4）水流调节 Regulation of water flows 5）废弃物处理尤其水净化 Wate treatment（esp. water purification） 6）侵蚀预防 Erosion prevention 7）土壤肥力维护（包括土壤形成）和营养循环 Maintenance of soil fertility（incl. soil formation）and nutrient cycling 8）授粉 Pollnation 9）生物控制 Biological control	Mediation of waste, toxics and other nuisances 2）降低流的干扰 Meditation of flows 3）维持物理，化学，生物的情况 Maintenance of physical, chemical, biological conditions
	文化 Cultural 1）文化多样性的价值 Values of cultural diversity 2）精神和宗教价值 Spiritual and religious values 3）知识系统的价值 Values of knowledge System 4）教育价值 Educational values 5）激发灵感的价值 Inspirational values 6）审美价值 Aesthetic values 7）社会关系价值 Values for social relations 8）场所感价值 Values of sense of place 9）文化遗产价值 Cultural heritage values 10）休闲和旅游价值 Values for recreation and tourism	文化与娱乐 Cultural and amenity 1）审美信息 Aesthetic information 2）休闲和旅游 Recreation and tourism 3）文化灵感，艺术和设计 Inspiration for culture, art and design 4）精神体验 Spiritual experience 5）认知发展信息提供 Information for cognitive development	文化 Cultural 1）与生态系统，包括陆地及水域景观的物质和知识的相互作用 Physical and intellectual interactions with ecosystems and land-/seascapes 2）与生态系统和陆地及水域景观的灵感象征和其他相互作用 Spiritual, symbolic and other interactions with ecosystems and land-/seascapes

注：以上表格内容综合整理自生态系统服务研究的经典文献，Costanza, R等在1997发表的17项分类[36]，MA2005，TEEB, 2010: P39, 以及专注于生态系统服务分类的CICES, 2013 Piii。

1.3.2 城市生态系统服务研究进展

1. 城市生态系统服务概念定义

城市生态系统服务（Urban Ecosystem Services，UESs），正如前文提到较为公认的概念定义为"城市范围（城市生态系统）所提供的一系列维持和提高人类生活和生活质量的利好[32]①"。这一专用名词最早出现在佩尔·鲍伦德和斯文·混哈玛尔（Per Bolund & Sven Hunhammar）发表于1999年《生态经济学》（*Ecological Economics*）期刊中题为《城市范围内的生态系统服务》（*Ecosystem Services in Urban Area*）[40]②的文章中。城市生态系统的主要特点在于人类的影响，城市生态系统在某种程度上是由人类的行为而主导的[21]。不少研究者认为，虽然城市是当今人类主要的生活空间，但当前诸多研究者关于城市生态系统的研究和关注，还不及例如湿地和森林甚至海洋等生态系统的研究[25]。邬建国等（2014）认为：城市景观和生态系统服务的时空格局，是由城市绿色空间和蓝色空间（水体）以及一系列的社会经济、制度体制和管理过程所影响[19]。城市生态系统相比较城市以外自然界的生态系统，具有更强的异质性、变化速度更快、尺度更小、干扰更多、与人类活动关系密切、与社会经济管理过程联系紧密等特征。这些特征与风景园林学关注"人与自然"空间关系的特征有很强的耦合特征。

国内学者马世骏和王如松于20世纪80年代在以"整体、协调、循环、自生"为核心的生态控制论原理基础上，提出了复合生态系统的理论。该理论以"社会——经济——自然"三者构成复合的城市生态系统，在"时、空、量、构、序"的方面具有生态关联及调控方法。"三个子系统间通过生态流、生态场在一定的时空尺度上耦合，形成一定的

---

① However, urban areas also provide a range of benefits to sustain and improve human livelihood and the quality of life through urban ecosystem services, UES. Haase D, Larondelle N, Andersson E, et al. A Quantitative Review of Urban Ecosystem Service Assessments: Concepts, Models, and Implementation. AMBIO, 2014,43（4）:413-433.

② 原文为：It is also clear that *urban ecosystem services* contribute to the quality of urban life even if urban citizens are still dependent on global ecosystem services for their survival. The quality of life for urban citizens is improved by locally generated services, e.g. air quality and noise levels that cannot be improved with the help of distant ecosystems. 引　自：Bolund P, Hunhammar S. Ecosystem services in urban areas. Ecological Economics, 1999，29:293-301.

生态格局和生态秩序"[41]，成为国内该类研究较早的突出成果。

2. 城市生态系统服务分类

城市是复杂的适应系统，它嵌入于更加复杂的生态适应系统当中。城市生态系统如：城市湿地、树林、水系、公园、河口以发生在其中特有的包含人工的过程和功能为特征。城市生态系统在2011年发布的TEEB城市手册（*TEEB Manual for Cities: Ecosystem Services in Urban Management*）可以看作当前较为公认的聚焦于城市生态系统服务的重要研究文献，其中参考MA2005和TEEB2010的分类将城市生态系统服务同样分为四类：供给服务（Provisioning Services）、调节服务（Regulating Services）、栖息地或支持服务（Habitat or Supporting Services）、文化服务（Cultural Services），并具体列出了各类服务的内容和典型案例（表1.3）。

TEEB 2011城市生态系统服务分类及说明[①]　　表1.3

生态系统服务	服务描述	举例
服务供给：生态系统服务显示了其物质或能量产出 Provisioning Services		
食物	生态系统为作物提供种植环境。食物主要来源于农业生态管理系统，海洋、淡水系统，森林、城市园林也为人类提供食物来源。	在古巴哈瓦那（1996年），城市人口食物主要来源于城市园林，包括8500吨农产品、7.5亿个鸡蛋和3650吨肉（据阿尔铁里，1999年审查）。
原材料	生态系统为施工材料和燃料提供了多样的原料，包括直接取源于野生及栽培植物的木材、生物燃料和植物油。	非木材类林产品，如橡胶、乳胶、棕榈藤和植物油的贸易和可持续是非常重要的，这种产品的全球年度贸易额约为110亿美元（净资产收益率等，2002）。
淡水资源	生态系统在为城市提供饮用水方面起着至关重要的作用，能保障水量、储存水和净化水，植被和森林影响当地的水资源量。	对只有4平方公里面积的南非高山生态系统服务价值的评估表明，水系生产总值贡献最大。根据《系统如何管理》（黑根斯等人，1997）得知，在1997年间，水生产总价值约420万美元到6660万美元之间。
药用资源	具有生物多样性的生态系统提供大量植物作为传统药物，为制药工业供应植物原材料。所有的生态系统都是一个潜在的药用资源库。	世界上80%的人仍然依赖传统草药（联合国组织，2002），而来源于天然材料的药品，其销售额可达570亿美元/年（Kaimowitz 2005）。
调节服务：调节空气和土壤的质量或控制洪水和疾病的发生等 Regulating Services		
当地气候和空气质量调节	树木和绿地空间能够降低城市热岛效应，森林能影响降雨以及本地、周边的水资源分布情况。树木或其他植物在调节空气质量、消除大气污染物中发挥重要的作用。	意大利佛罗伦萨卡辛那公园表明，城市森林公园吸收污染物能力指数约72.4千克/公顷/年（尽管由于砍伐和极端气候事件产生一些损失，19年后仅减少了3.4千克/公顷至69.0千克/公顷）（保莱蒂等，2011）。去除有害污染物包括O_3、CO、SO_2、NO_2、颗粒污染物以及CO_2。

---

① 本表及续表译自：TEEB – The Economics of Ecosystems and Biodiversity（2011），TEEB Manual for Cities: Ecosystem Services in Urban Management. 2011, United Nations Environment Programme and supported by the European Commission and various governments.

续表

生态系统服务	服务描述	举例
碳封存	生态系统通过储存温室气体调节全球气候。随着植物的生长，它们从大气中吸收CO_2，并有效地将CO_2储存在植物组织中。由此进行碳封存。	城市树木碳封存是很重要的：美国总碳汇量为2280万吨/年（按2002计算）（Nowak and Crane 2002），相当于五天内整个美国人口的碳排放总量。这一固碳服务价值约4亿6000万美元/年，总价值为143亿美元。
极端事件的适度性	生态系统和生物有机体会针对自然灾害建立缓冲带，防止或减少极端气候事件和自然灾害的发生，包括洪水、风、海啸、雪崩和山体滑坡。如，植物稳定边坡，珊瑚礁和红树林防止风暴对海岸线的侵蚀。	以美国的加州纳帕为例，纳帕河流域通过人工创建城市泥滩、沼泽和湿地恢复其自然调控能力（TEEBcase Almack 2010）。这一措施有效控制了洪水，并且节约了大量金钱、财产，同时挽救了人的生命。
污水处理	生态系统如湿地能过滤污水。通过土壤中微生物的生物活性，污水中大部分废物被分解，从而病原体（致病微生物）被消除，减少了富营养物质和污染物的量。	在美国路易斯安那州发现湿地可替代传统污水处理技术，估计每公顷湿地可节约785~34700美元（1995）（布鲁等，1995）。
土壤防蚀与肥力维护	水土流失是土地退化、荒漠化和水力发电过程中的关键影响因素。植被覆盖层提供了防止水土流失的重要调节服务。土壤肥力对植物生长和农业是必不可少的，功能完善的生态系统可为植物生长提供必需的营养物质。	一项研究估算，美国为减缓侵蚀所需的投资总额将达84亿美元，而侵蚀造成的损失可达440亿美元/年。即换算为投资1美元带来5.24美元的收益（Pimentel et al.1995）。
授粉	虫媒和风媒授粉是果实、植物、种子发育所必需的。动物传粉是一种生态系统服务，主要由昆虫提供，也有一些鸟类和蝙蝠。	全球115种主要粮食作物中，约有87种是依赖于动物授粉，包括重要的经济作物，如可可和咖啡（克莱因等，2007）。
生物防治	生态系统对植物、动物和人的病虫害的防治是非常重要的。生态系统通过天敌和寄生虫的活动进行病虫害防治。鸟、蝙蝠、苍蝇、黄蜂、青蛙和真菌都可作为自然控制措施。	通过引用水葫芦的三大天敌植物，水葫芦在贝宁南部得到控制（德格鲁特等，2003）。生物防治项目成本只有209万美元，其累积价值估计达2.6亿美元（在接下来的20年中假设收益保持不变），即产生非常有利的效益成本比率124：1。
栖息地或支持服务：是其他一切生态系统服务的基础。生态系统为动植物提供生存空间：维持着动植物的多样性。Habitat or Supporting Services		
生境物种	栖息地为一切动植物个体提供生存需求：食物、水和庇护场所。不同的生态系统提供不同的栖息地，栖息地对物种的生命周期至关重要。迁徙物种包括鸟类、鱼类、哺乳动物和昆虫，它们的迁徙过程都依赖于不同的生态系统。	2010年3月，在一篇文献中（2010年国际自然保护联盟），世界自然保护联盟报告说，栖息地的消失是对欧洲蝴蝶最大的威胁，这还可能导致一些物种的灭绝。据说农耕活动变化、气候变化、森林火灾和旅游业的开发等可能导致栖息地消失。
保护遗传多样性	遗传多样性（品种、物种间的基因多样性）决定了不同的品种或种族，为当地的适应性品种提供依据，为发展经济作物和牲畜提供了基因库。一些栖息地中有个别数量极高的物种，这些物种比其他物种更具遗传多样性的特点，被称为"生物多样性热点"。	在菲律宾，一项为保护当地的水稻品种而开发的水稻品系能更好地适应当地条件,产量高,种质资源优良,且减少对植物育种者的依赖——比常规植物育种成本低（SEARICE 2007）。
文化服务：人从接触生态系统中获得的非物质利益。包括审美、精神和心理上的益处。Cultural Services		
娱乐和身心健康	在绿地空间中，散步和运动是一种很好的锻炼方式，能帮助人们放松身心。尽管存在衡量的困难，但在促进人的身心健康方面，绿地空间扮演的角色越来越被认可。	一篇基于中国的9项和美国的1项研究的综述文章，对城市绿色空间的生态系统服务价格量化显示：在7种被识别的生态系统服务中，平均而言，"休闲舒适"和"健康效应"的贡献值分别为5.882美元和17.548美元/公顷/年，并且总平均值达到29.475美元/公顷/年。

续表

生态系统服务	服务描述	举例
旅游业	生态系统和生物多样性在大多旅游业中扮演着重要的角色，反之，旅游业又提供了可观的经济效益，是许多国家经济收入的重要来源。2008全球的旅游业收入共计9440亿美元。文化和生态旅游具有启发人们理解生物多样性的重要意义。	为参观夏威夷的珊瑚礁，人们将大量的钱财投入当地旅游开发，据估计，这些珊瑚礁带来的经济收益高达9700万美元/年（teebcase，范贝乌克林和恺撒，2010）。这意味着，珊瑚礁旅游显著提升了个人、公司和国家的经济收入。
审美及文化、艺术和设计灵感	在人类历史上，语言、知识和自然环境一直是密切相关的。生物多样性、生态系统和自然景观是人类艺术、文化及日益增多的科学灵感来源。	非洲南部、澳大利亚、欧洲的史前岩石艺术，以及在世界各地的其他例子，就目前的证据表明，从人类历史早期，就有自然是如何激发艺术和文化的记载。当代文化、艺术与设计同样受到自然的启发。
精神体验和场所感受	世界许多地方的自然特征，如特定的森林、洞穴或山脉等是神圣或具有宗教意义的。自然是所有主要宗教和传统知识的综合体，风俗习惯对归属感的产生具有重要意义。	在黎巴嫩的马龙派教会的例子中，教会致力于保护一座他们拥有的小山，包括罕见的地中海森林，因为这符合马龙派文化、神学和宗教（帕默和芬利2003）。

1.3.3 生态系统服务与规划交叉研究评述

斯坦纳（Steiner）提出，应用生态系统服务是生态规划和设计的首要前沿课题，认为通过对生态系统在经济、文化和社会中的服务，可以为实践项目提供更高层次的标准和绩效表现，并提议通过联系知识系统与实践系统的（Linking Knowledge to Action）的途径，为风景园林专业引领全球复杂系统和人与自然关系的研究与实践带来机遇和挑战[42]。纳绍尔（Nassauer）等认为结合科学的景观规划设计实践可以拓展景观生态学范式[43]，她还通过底特律的案例，阐明规划和设计可以提高城市内的生态系统服务和市民的福祉[44]。埃亨（Ahern）提出"通过实践学习"（Learn-by-Doing）的方式，为新的市政基础设施建设去实践生态系统服务方面的知识，并通过多学科交叉和多群体合作（研究者、专业人士和政策制定者们以及利益相关群体）的方式，积累新的知识，在城市可持续建设方面显示出了极大的潜在优势[45]。

邬建国指出，规划师和社会学家多年来未重视的城市景观，实际上为市民提供了重要的生态系统服务，该方面研究近年来才得到生态学界的重视。并认为，生态系统服务和人类福祉已经成为当前城市生态学研究的主要方向[46]，但直到现在，中国的城市规划和城市生态学领域相互影响较小，因此"使用为导向"（Use-Oriented）和"问题为导向"（Problem-Oriented）的研究还缺乏将生态科学和设计实践结合[47]。Bai在《自然》发表文章，提出结合自然为城市服务的生态系统途径（Ecosystem Approach），认为城市是由人主导的包含自然、社会、技术、经济和文化等要素的生态系统，需要研究者和实践者将分析和规划整合，共同采取整体综合的行动[48]。以上学者的研究阐明了生态系统服务与规划结合不仅是风景园林学或城乡规划学的研究前沿，同时也是生态学界的热点，具有极大的跨专业合作空间。

1. 文献计量和知识绘图的文献研究方法

当前网络数据库检索便利的同时也带来了各细分领域的海量文献。传统的文献研究及综述方法因时间和专业背景的限制，难以从海量文献中快速筛选出某细分领域的重点、前沿、演进路径和研究主体的情况。文献计量分析（Bibliometric Analysis）和绘制科学知识图谱（Mapping Knowledge Domains，简称为知识图谱）是近年应用于各领域文献研究的新方法，可较为直观和准确地呈现某一领域的发展情况。

但针对生态系统服务的现有研究缺乏对中英文文献的对比研究，也没有从规划设计和风景园林专业的视角展开此类对比评述，同时缺乏利用多个相关软件绘制生态系统服务与规划相结合研究的知识图谱。基于此，以中英文文献检索数据为基础，借助多个软件，并结合传统的文献分析方法，对"生态系统服务"与"规划"相交叉的研究领域展开中、英文文献的梳理、对比和分析，并绘制知识图谱，为该领域研究者提供阶段性文献研究基础。

1）数据来源与获取

为保证文献检索的完整性，英文文献数据来源于美国科学情报研究所（ISI-Institute for Scientific Information）的Web of Science™ Core Collection核心合集数据库（WOS）。通过对多个检索式测试，以主题=（"Ecosystem Services"AND"Planning[①]"）OR（"Ecosystem Service"AND"Planning"）AND语言=（English）AND文献类型=（Article），时间跨度为所有年份，检索时间为2018年7月22日，开展检索，共得到2865篇文献数据。每条题录包含：作者、机构、摘要、关键

---

① 在web of science™核心合集检索中planning与plan检索结果相同。

词、发表年份、期（卷）及参考文献等信息。

中文文献数据来源于中国知网（CNKI）"学术期刊网络版"，检索式以：主题＝生态系统服务 and 主题＝规划and（精确匹配），并限定全部期刊，不限制时间，检索时间为2018年7月22日，经过人工去除新闻、通讯等非论文条目，共得到350篇文献信息。由于CNKI检索记录中缺失引文数据，因此以相同日期CNKI的"中国引文数据库"数据作为引文参考文献信息。

2）研究方法

科学知识图谱是以知识域（Knowledge Domain）为对象，来描绘科学知识的发展进程与结构关系的一种图像，具有"图"和"谱"的双重性质[49]。目前较为常用的文献信息分析与知识图谱绘制工具的相关研究综述显示[50, 51]，还没有一种权威软件可以对知识图谱进行完整绘制。如：CiteSpace支持英文（WOS）和中文（CNKI，CSSCI）数据库信息和多种分析功能，是较为综合的文献分析软件。但由于CNKI下载的文献检索数据中缺失引文数据，结合相同日期CNKI的"中国引文数据库"数据作为引文参考文献数据，需要人工甄别、清洗后，进行共引分析绘图。Histcite具备支持直接引文网络功能，在绘制文献时序网络图时有快捷清晰的优势；VOSviewer在进行网络关系和密度图绘制方面具有优势；但后两者还不能直接分析中文文献。因此本研究选取了这三款软件，尝试进行较为综合的文献计量分析与知识图谱绘图。

2. 研究文献的时间趋势分析

将文献发表的年份数据导入excel，进行指数趋势分析及线性趋势预测[①]，结果包括：1）英文和中文文献均随年份推演呈增长趋势。2）英文文献发表阶段分为1998~2003年的起步期；2003~2014年的发展期，增长趋势低于线性预测结果；2015后的增长期，增长趋势高于线性预测结果。中文文献分别为2002~2004年起步期，2004~2014年为发展期，2015年至今为增长期。在某种程度上说明了在该研究领域中文文献紧随发展节奏和趋势，且线性回归显示出更快的发展预测趋势（图1-6）。

---

① 考虑到2018年文献出版数据并不完整，因此将2018年数据剔除后再次进行分析制图（见图1-6）。比较两图，指数趋势分析的 R^2 均 ≈ 1，指数增长趋势明显；线性增长趋势预测较接近，均在2003年和2014年出现拐点，而两图的 $R^2 > 0.7$，说明预测结果较可靠；显示2018年数据的不完整对整体变化趋势影响较小。

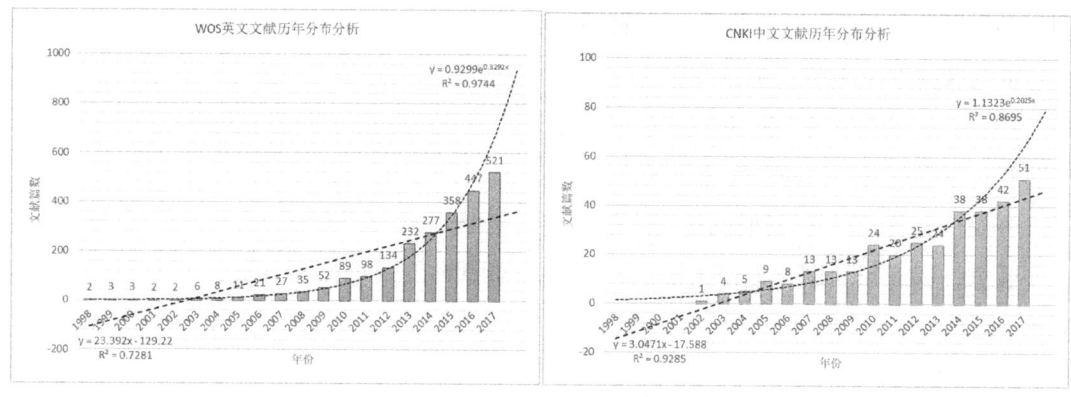

图 1-6 文献历年分布分析图（左侧为英文文献，右侧为中文文献）

3. 基于CiteSpace的中英文文献对比分析

CiteSpace具备计算分析WOS和CNKI数据的能力，但是由于中文语义分析和语料库较为复杂，这里仅对最具优势的1）施引文献的：合作图谱（作者、机构），共现关键词图谱；2）被引文献的：共引图谱（文献、期刊）以及共现突现图谱进行对比。并对英文文献在时间线图谱方面进行较为深入的分析。

在合作作者方面，英文文献显示出一定的网络与组团特征，显示出学术共同体特征，而中文文献的作者合作较为松散（表1-1）。在机构合作方面，英文文献的中国科学院（以下简称"中科院"）和德国UFZ环境研究院具有优势，同时大量欧美高校和北京师范大学（以下简称"北师大"）在该类研究中也显示出合作地位。从网络来看，中科院和北师大与美国机构合作较多，而与欧洲机构合作不及前者。中文文献的分析显示出：中科院与环境部环境规划院、同济大学、中国农大资源与环境学院成为三个相对优势的研究团队。以上在一定程度上显示出生态系统服务与规划相结合领域，国内外研究主体的现状。这与国外一些国家和地区对生态系统服务类研究整体投入大量经费，并要求多学科、多国家、多机构合作有很大的关系。

关键词共现方面，英文文献的前几位包括：生态系统服务、生物多样性保护、气候变化、管理、景观等。而中文方面：生态系统服务、生态服务价值、环境影响评价、土地利用（总体）规划、风景园林等，都是高频共现关键词。可见英文文献在生物多样性、气候变化方面同中文文献的生态系统服务价值、土地利用方面关注度有一定差别。

在共引图谱方面：由于共同被引用的文献反映了已有研究公认的价

值，所以共引图谱对评价文献具有较大意义。英文文献中1）*Challenges in Integrating the Concept of Ecosystem Services and Values in Landscape Planning, Management and Decision Making*[52]，2）*Modeling Multiple Ecosystem Services, Biodiversity Conservation, Commodity Production, and Tradeoffs at Landscape Scales*[53]，3）*Ecosystem Services in Decision Making: Time to Deliver*[54]，4）*Defining and Classifying Ecosystem Services for Decision Making*[55]，5）*Ecosystem Service Bundles for Analyzing Tradeoffs in Diverse Landscapes*[56]在共被引频次中排名前五。中文文献中：1）《青藏高原生态资产的价值评估》[57]，2）《一个基于专家知识的生态系统服务价值化方法》[58]；3）《基于生态系统服务功能价值理论的土地利用规划环境影响评价》[59]；4）《基于生态服务价值的全国土地利用变化环境影响评价》[60]，5）《中国生态系统效益的价值》[61]、《吉林省生态系统服务价值变化研究》[62]、《我国粮食生产的生态服务价值研究》[63]（三篇共被引频次相同）；共被引频次最高。期刊方面：英文：1）Ecology Economics，2）Science，3）Landscape and Urban Planning，4）PNAS（美国科学院院刊），5）Nature；中文：1）自然资源学报，2）生态学报，3）应用生态学报，4）资源科学，5）地理学报，共被引频次最高。

关键词的突现性（Burst）分析，在一定程度上反映了研究热点随时间的变迁情况，英文文献显示出：价值（Value）、科学（Science）、修复（Restoration）、生态系统服务（Ecosystem Service）、尺度（Scale）、生态系统（Ecosystem）是持续至检索日期近三年的热点。中文方面：风景园林、土地利用总体规划、生态系统服务价值、环境影响评价是持续至检索日期近五年的热点。但研究热点与前沿和重点有一定差别，在很多情况下不能认为重合，需要具体分析（图1-7~图1-16）。

由于CNKI中文文献检索结果中对某些数据的缺失，使得CiteSpace在深入分析英文文献方面更有优势。通过合作国家网络和学科类别共现分析，可以看出英文文献的研究主体国家还是在美国和欧洲。专业方面环境科学与生态学、生物多样性保护、绿色及可持续科学与技术等专业有一定优势，而且各个专业之间相互连接形成网络，但农业与林业研究处于网络的边缘。通过时间线分析，可以看出，结合"生态系统服务"与"规划"的2865篇英文文献随着时间的发展聚类为六类：0#生态系统服务，1#城市绿色空间，2#文化景观研究，3#区域土地利用模式，4#多目

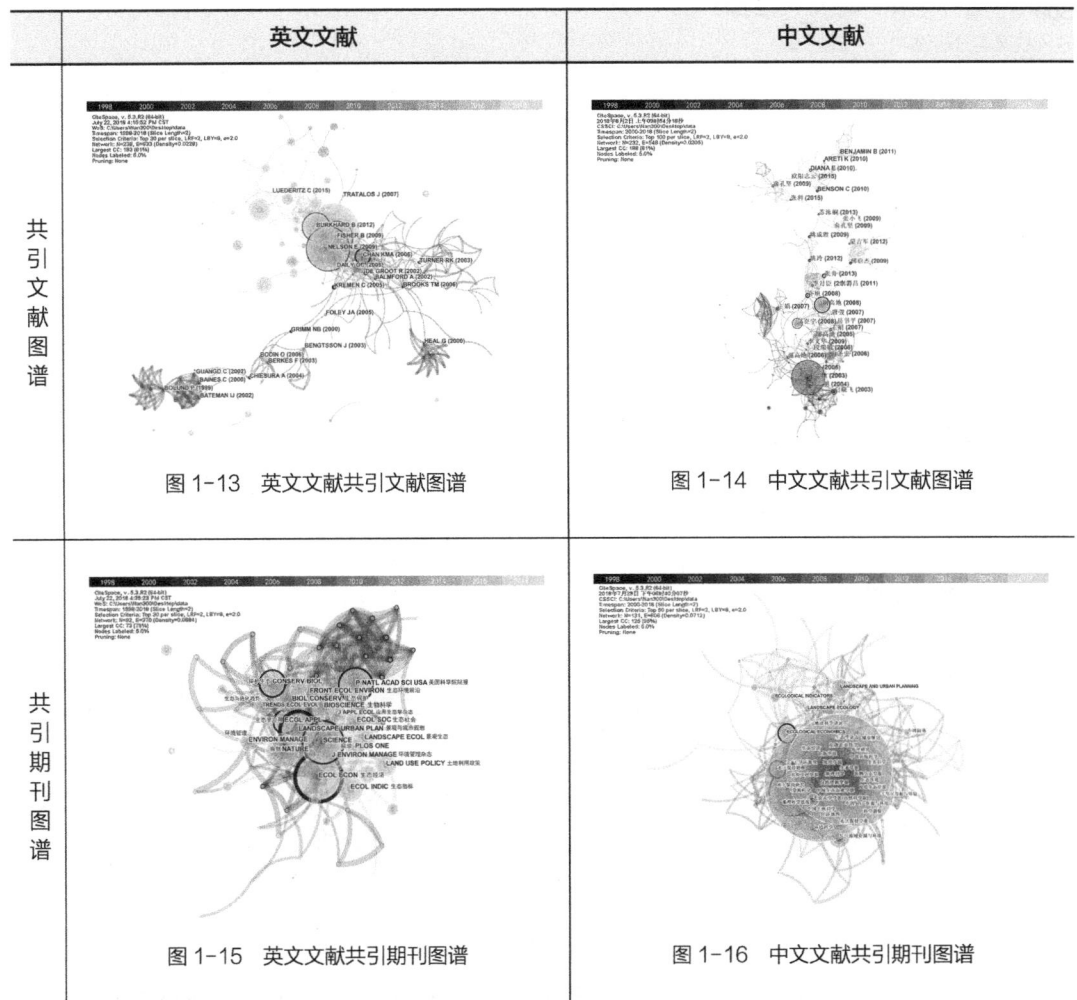

标，5#城市化。其中：1#聚类中的城市规划、绿色基础设施、绿色空间、权衡，与2#聚类中的治理、生态系统文化服务，成为较高频率被共同引用的研究前沿（图1-17）。

4. 基于HistCite的英文文献直接引用关系网络绘图

HistCite只能对英文文献进行分析，通过对文献直接引用时间序列的网络关系的计算，分别选取前20和前50篇的高引用率文献，绘图可见：图1-18中A、B点是早期的高被引始祖文献（A：*Ecosystem Services in Urban Areas*[64]，B：*Managing Ecosystem Services: What do We Need to Know about Their Ecology?*[65]）。当选取阈值较大时可以看到明显的研究簇，分别代表生态系统与规划结合研究的：C：价值（Value：*Spatial*

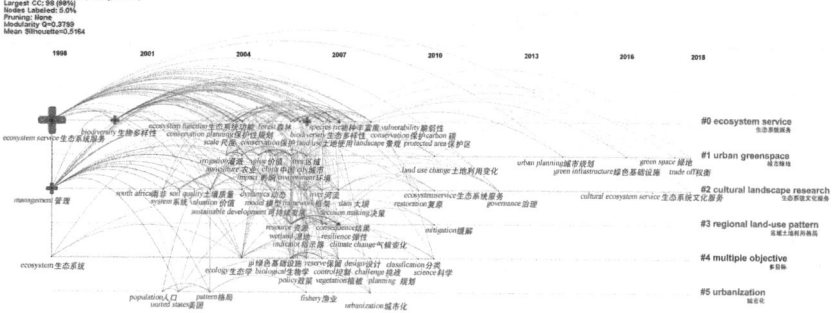

图 1-17 基于 CiteSpace 的英文文献时间线聚类分析图

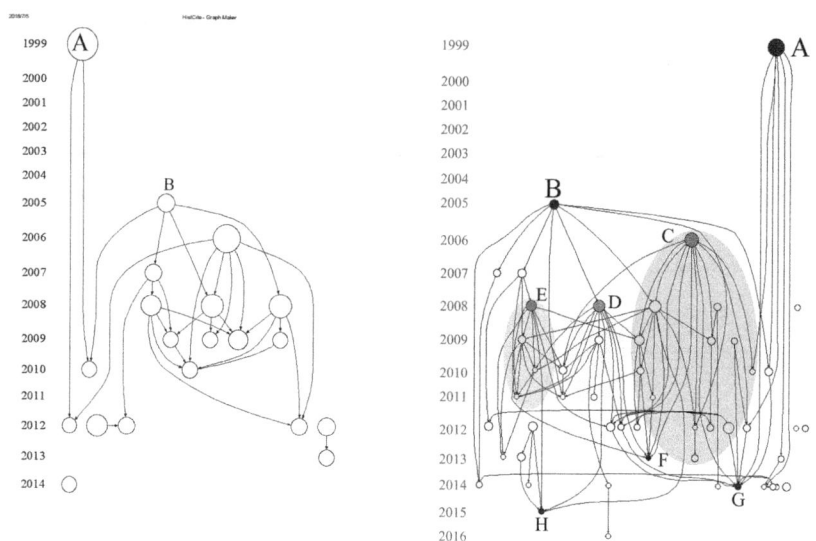

图 1-18 基于 HistCite 分析的文献直接引用网络关系图（左为前 20 篇，右为前 50 篇）

Scales, Stakeholders and the Valuation of Ecosystem Services[66]）、D：保护（Conservation：Global Mapping of Ecosystem Services and Conservation Priorities[67]）、E：管理（Management：Mapping Ecosystem Services for Planning and Management[68]），成为比较清晰的分领域。F、G、H 点代表汇总前人研究而形成的较新且具有一定影响力的成果（F：National Parks, Buffer Zones and Surrounding Lands: Mapping Ecosystem Service Flows[69]，G：From Multifunctionality to Multiple Ecosystem Services? A Conceptual Framework for Multifunctionality in Green Infrastructure Planning for Urban Areas[70]，H：Notes From the Field: Lessons Learned from Using Ecosystem Service Approaches to Inform Real-World Decisions[71]）。也可以发现 Mapping 是多个较为重要的英文文献中使用的研究方法。

5. 基于VOSviewer的英文文献知识密度图谱

VOSviewer在直接绘制英文文献的网络关系和热词密度方面具有优势。通过软件分析得出，文献题目、关键词及摘要中共现词可聚类为5类，分别为：物种（Species）、概念（Concept）、土地覆盖（Land cover）、土地利用变化（Land Use Change）、城市化（Citify），并且随着时间的推移，逐渐向城市、绿色基础设施等方向汇聚（图1-19-a、b）。在绘制密度图方面，将标题、关键词和摘要三者交叉进行密度绘图可见，城市、概念、物种、多样性、土地覆盖、土地利用变化和中国具有较高的研究密度。从分布来看，基础研究系列较为连贯集中在密度图的左下部位，而城市、绿色空间、城市化、城市森林的热词密度相对孤立，说明该类专业有极大的潜力与基础研究进行结合，来联系不同研究的密度区块（图1-19c）。在时间发展方面，文献摘要中新进共现热词主要包括：权衡（Tradeoff）、绘图（Mapping）、绿色基础设施（Green Infrastructure）、弹性（Resilience）、城市生态系统服务（Urban Ecosystem service）、生态系统的文化服务（Cultural Ecosystem Service）等。

6. 文献评述与结论

近年来，城市、文化服务、弹性，成为生态系统服务与规划结合研究的出发点，如对英国绿色空间的研究中提出，景观往往提供多样有价值的生态系统服务，然而土地利用决策往往忽视这些生态系统服务的价值，应从单目标规划向合并潜在服务并保护野生物种的途径转移[72]。在文化服务方面，生态系统的文化服务价值由于理解框架的不清晰导致被物质规划和决策所忽略[73]。规划和决策制定时，需要考虑对有价值但非物质性的生态系统文化服务进行生态适宜的和社会公平方面的考虑[74]。在弹性方面，保护和恢复城市里的生态系统可以降低城市地区的生态足

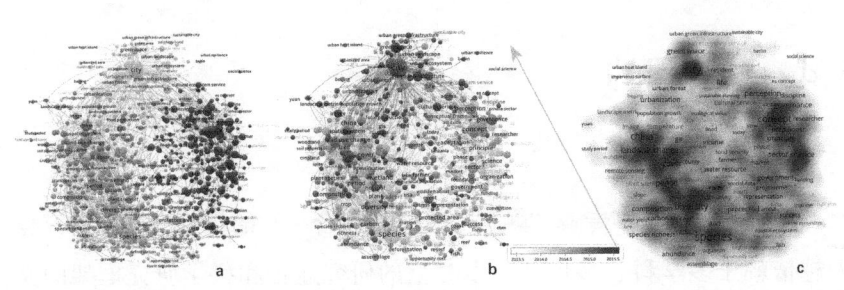

图1-19 基于VOSviewer的共现词知识绘图（a聚类分析，b时间序列分析，c密度分析）

迹和生态债务，提升城市的恢复力和健康宜居，好的城市规划可以应对城市特有的高异质性和碎片化所产生的系列问题[75]。

此外，在技术应用方面，Goldstein等（2012）利用InVest模型对夏威夷的一处学校规划设计项目做了7个基于生态系统服务比较的情景模拟，以帮助决策和权衡规划设计影响。也有研究者利用土地覆盖数据结合获益替代计算和基于专家评价的多标准生态系统服务评估，来支持较大尺度的景观规划[76]。由于生态系统服务与规划结合的研究具有相当的应用实践特征，规划设计实践专业可以在该领域拓展自身研究，为相关专业提供循证依据。

中文文献中大量文献关注城市绿地和规划的研究[77]，如李峰、王如松等人展开的系列城市绿地研究[78-80]。在土地利用规划方面也有研究结合生态系统服务价值评价进行研究[81, 82]。近年来对生态红线划定[83, 84]、生态用地规划[85]、多功能景观[86]的研究也受到国内研究者的重视。通过对英文和中文文献的分析，可以发现对于规划设计专业，需要综合多专业和多时空尺度的空间研究与实验研究[65]，并关注生态系统服务的功能、尺度、价值与评价为规划设计服务。

关注于"生态系统服务"与"规划"相结合的文献检索可以看出，该领域研究文献量巨大，借助相关软件分析和对相关文献阅读梳理后得到，在该领域国内外多专业合作研究是主要趋势，且正处在刚刚开始合作的阶段。尤其从规划设计应用类专业出发，与生态学、地理学、社会学等基础研究专业主动展开合作方面，还有很大的空间。中国由于自上而下的规划体系和政府对规划的重视，在该类研究中具有相当的后发优势，可以在广度上注重多学科融合，在深度上注重多技术细节应用，在尺度上注重多尺度推译，并开展大量研究结合实践的工作。

1.4 研究目的

风景园林学是多专业"融贯"且"知行合一"的学科，当前研究越来越依赖于多学科、多尺度、多时空的研究途径和科学研究框架的支撑。生态系统服务作为目前被广泛关注的生态和环境科学研究热点，正逐渐对风景园林学的研究与实践产生影响。本研究以面向生态系统服务的视角，对北京市中心地区水系廊道展开研究，通过描述现象、解释原因、提出策略来促进风景园林与生态系统服务之间相互的认知、理解与结合应用。

本研究有两项研究目的：

（一）通过对北京市中心地区以水体和植被为代表的城市生态空间的"量、构、质"分析，并结合生态系统服务供给评价、需求调研及与规划管理的关系研究，以寻找提升北京中心地区水系廊道生态系统服务的策略。

（二）通过对北京市中心地区水系廊道的生态系统服务多尺度、多维度的研究，寻找风景园林与生态系统服务结合进行研究的途径，并提升风景园林对生态功能内涵的认识。

将生态系统服务作为基础科学研究和应用学科研究的桥梁，以指导风景园林的研究与实践。并将风景园林学关注空间、关注文化的优势应用于城市生态系统服务的交叉学科研究中。探索一条关注城市生态系统服务和城市可持续发展的风景园林学途径，最终指导应用与实践。

1.5 研究问题

随着社会的发展，人们逐渐认识到城市中的水体和植被是城市中最主要的自然生态系统，城市的水系廊道空间被视为城市中最重要的生态要素。原本被认为以审美、休闲、纪念等为主要功能的城市景观空间，逐渐有了生物栖息地、调节环境等诸多生态方面的功能需求，以使城市更加健康、宜居和可持续[87]。而当今北京的情况与全世界诸多超大城市情况相同，并且环境问题更加尖锐。本研究从生态系统服务的角度，对北京市中心地区的水系廊道展开研究，并提出了以下研究问题：如何通过风景园林的研究与实践，以面向生态系统服务的视角，对北京中心地区水系廊道的生态系统服务进行有效的保护、修复、恢复、建设和发展？

结合本研究的结果和章节提出了如下研究问题框架，见表1.4。

研究问题框架　　　　　　　　　　　　　　　　表1.4

结构	研究问题
现状空间分析	北京中心地区水系及绿色空间现状如何？占多少面积？结构如何？质量如何？
服务供给评价	北京中心地区水系廊道提供了哪些生态系统服务？程度如何？价值如何？ 如何科学地对北京中心地区水系廊道提供的生态系统服务进行评价？有哪些方法？
服务需求调研	北京中心地区水系廊道的使用者对生态系统服务有哪些需求？
规划管理分析	北京中心地区相关规划管理与生态系统服务之间的关系如何？
矛盾问题分析	北京中心地区水系廊道生态系统服务各项有哪些主要问题？ 生态系统服务供给与需求间有哪些矛盾问题？ 生态系统服务供给与规划管理间有哪些矛盾问题？ 生态系统服务需求与规划管理间有哪些矛盾问题？
矛盾问题解决	如何改善这些矛盾问题？是需要改变现状供给，还是改变市民需求，抑或是改变规划管理？或者都需要改变？ 怎么改变？有哪些方法？有哪些途径？
讨论结论	风景园林研究、理论与实践可以在这个改变过程中起到什么作用？ 如何通过风景园林的研究与实践，以面向生态系统服务的视角，对北京中心地区水系廊道的自然生态空间进行有效的保护、修复、恢复、建设发展？

1.6　研究意义

面向生态系统服务并结合风景园林学的北京中心地区水系廊道研究在理论、应用与现实层面具有诸多积极的意义。

（1）理论意义：现有风景园林学的相关理论中缺乏关注于生态系统服务的研究与应用，而当前城市生态系统服务的相关研究中缺乏对多尺度空间展开研究，也缺乏以指导规划设计为出发点的研究。本书在以上几个方面尝试做出探索，利用多学科、多尺度和多时空的研究方法，对面向生态系统服务的风景园林学研究有一定的理论拓展意义。

（2）应用意义：面向生态系统服务的北京中心地区水系廊道研究，可以应用于北京城市中心地区的景观规划设计、生态规划设计，以及城市中的自然系统保护规划等，为其提供北京中心地区、水系廊道、绿色空间的现状基础研究资料，以促进北京历史水系的恢复和城市中心地区生态系统的保护建设。本研究还可以为完善我国风景园林和城市规划的相关法律法规及技术规范在生态系统服务应用方面提供一定的研究依据。此外，还可以对国内大量城市生态系统服务的改善实践提供一定程度的借鉴。

（3）现实意义：本研究为相同领域的研究者和相关学术研究组织阶段性地收集了基础资料，并尝试了多种研究方法的结合，为风景园林学和城市生态学研究充实了案例和文献。对于风景园林从业者和城市规划设计师，本研究提供了面向生态系统服务的风景园林功能内涵框架，为应用框架预评估和后评价规划设计绩效和循证提供了一定的线索。对于城市生态建设者、管理者和政策制定者，本研究可以提供较为详实的实证资料与面向城市生态系统服务的建设管理理念，并在规划文件分析和多部门管理融合方面给予了一定的资料和方法拓展。

1.7　研究结构框架与研究内容

1.7.1　研究结构框架图

本书从风景园林学出发，结合城市生态学和景观生态学的理论知识，从生态系统服务的视角对北京中心地区水系廊道进行了研究。本书采用了提出问题、调研问题、解析问题并提出策略的研究路径，以实证研究的方式，展开空间研究、量化研究与质性研究。本书分为三个部分，共8章，各章研究内容如下（图1-20）：

1.7.2　各章研究内容

> **第一部分：研究背景及提出问题**

第1章　绪论
主要针对研究背景、名词解释、概念释义、研究进展、研究问题、目的、意义以及研究结构和框架进行阐述。其中研究进展

图 1-20　全文研究框架图

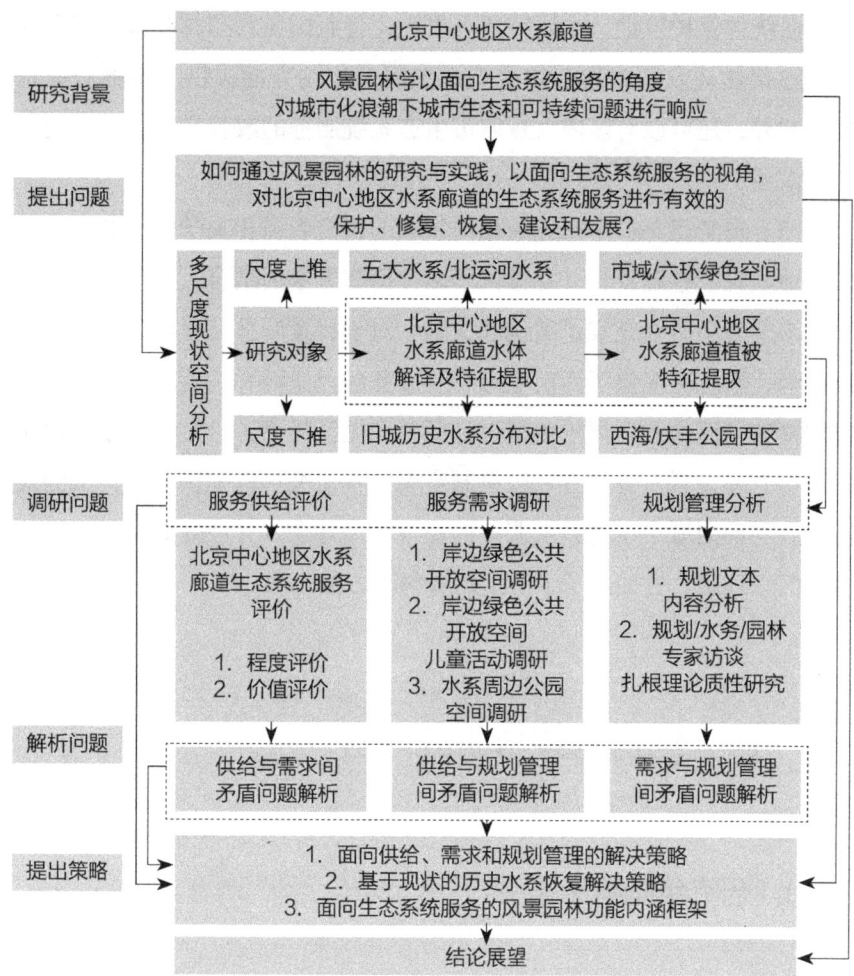

分三个方面，汇集了现阶段关于生态系统服务、城市生态系统服务及风景园林与生态系统服务结合研究的相关进展状况，总结了相关研究的缺乏与不足，并对本研究进行了研究定位。

第2章　研究对象与研究方法

对研究区：北京中心地区，研究对象：北京中心地区水系廊道，以及选取的八个样本场地，进行了围绕研究对象的尺度上推和尺度下推的介绍。并叙述了各个尺度相关研究数据的获取和多学科研究方法的组成。对研究区、研究对象、研究方法以及研究技术路线进行了重点阐述。梳理了各章的研究方法，为构建多学科融合的生态系统服务研究方法论提供了基础。

第二部分：调研问题

第3章 北京水系与绿色空间多尺度分析

对北京水系和绿色空间进行了多尺度和多维度分析。水系方面包括：（1）市域五大水系，（2）北运河水系，（3）北京"水三环"及城市河湖水系，（4）北京中心地区水系，（5）北京旧城历史水系与现状水系对比，共五个方面，展开了针对北京蓝色空间的多尺度研究。在绿色空间的多尺度研究方面包括：（1）市域尺度的1978~2014统计年鉴相关数据分析，（2）六环内尺度1984~1995~2004~2014多时空植被覆盖变迁分析，（3）北京中心地区基于遥感影像特征提取的水体和植被在量、构、质方面的分析，（4）西海和庆丰公园东区样本场地尺度的植被结构类型绘图分析和绿量计算。重点对北京中心地区的"蓝色"和"绿色"生态空间现状进行了分析和描述。

第4章 生态系统服务供给评价

通过对高分遥感影像面向对象的特征提取，以及对相关研究的整理，展开了北京中心地区水系廊道生态系统服务在程度评价和价值评价两个方面的研究。利用国产高分二号遥感卫星数据，对水体、树木、草地三类特征进行提取，对城市中心地区水系廊道的生态系统服务供给进行了基于面积当量和综合调整的价值量化计算。得出各类生态系统服务的现状供给的程度和价值。

第5章 生态系统服务需求调研

通过对岸边绿色公共开放空间和水系周边公园空间的访谈式问卷调研，共收集到960份有效问卷。通过相关统计分析，对当前水系廊道绿色空间中使用者的行为偏好、满意程度、向自然学习情况等方面进行了总结，并与生态系统服务框架进行对照，推导出当前受访者潜在的各类生态系统服务需求。

第6章　规划管理分析

选取了63个北京规划文件进行特征词提取降维，得出9个高相关性规划文件样本。以内容分析法中高频词出现频率的计量方式分析出各个规划文件与生态系统服务框架各类服务之间的关系。管理方面利用社会学半结构式访谈和质性研究扎根理论的方法对规划、水务、园林三个部门的专家进行深度访谈，并对访谈内容采用扎根理论进行编码和对比，得出专家的观点与生态系统服务之间的联系。

> **第三部分：解析问题并提出策略**

第7章　供给、需求及规划管理间矛盾问题解析

将第4、5、6章的研究结果进行解析，分析了生态系统四类服务在研究中各自的主要问题。并从供给、需求、规划管理三个角度，两两交叉进行矛盾问题解析，寻找根源。结合各章研究结果，提出了三项解决策略，包括：面向生态系统服务针对供给、需求、规划管理的解决策略；基于现状和恢复部分历史水系的空间解决策略；以及面向生态系统服务的风景园林规划设计功能解决策略。

第8章　结论与展望

汇总并讨论了各章节的研究结果与结论，提出了本书的研究创新点，并对本研究的局限与不足进行了讨论。在结尾处展望了面向生态系统服务的风景园林学研究的广阔前景。

第 2 章 研究对象与研究方法

2.1 研究对象及样本场地

2.1.1 研究区位

北京是一座人口众多、严重缺水、生态系统退化的超大城市。北京市域面积约16410.54km², 六环范围内面积约2268km², 北京中心城中心地区面积约334km²[①], 区位详见图2-1。

图2-1 北京市域、六环、中心地区区位示意图

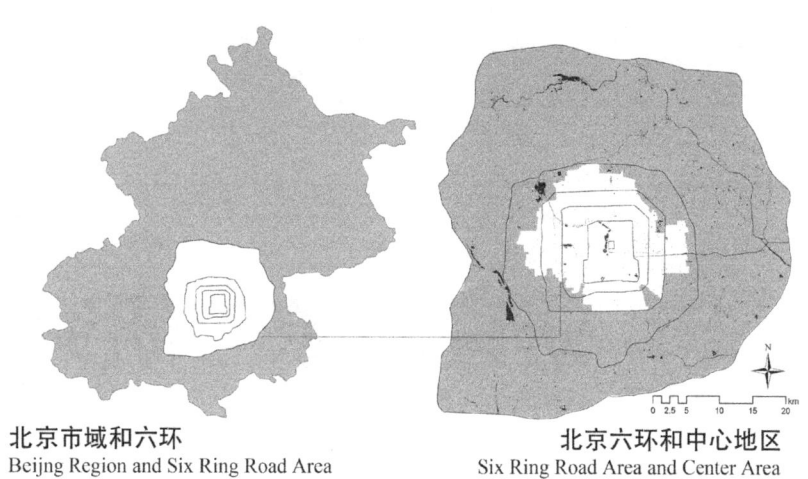

北京市域和六环
Beijng Region and Six Ring Road Area

北京六环和中心地区
Six Ring Road Area and Center Area

2.1.2 研究区：北京中心地区

本研究的研究区为《北京城市总体规划2016年~2035年》中确定的北京市中心城中心地区（本书简称为北京中心地区）范围内，以水体和植被共同组成的生态空间。研究区通过对2015年9月2日和3日，三景国产高分二号遥感数据的特征提取，重投影至WGS1984, UTM, North50坐标系中，计算研究区面积为334km²。北京中心地区涉及的行政区自西北向东南包括：海淀（约占93.80km²）、石景山（约占1.46km²）、丰台（约

---

① 《北京城市总体规划2004~2020》中将北京中心城中心地区面积描述为约"336km²", 本研究利用目视解译的方式描绘的北京中心城中心地区, 重投影至WGS1984, UTM, North50坐标后面积为334km², 所差面积误差为1%以内, 可以忽略。为方便计算, 在本研究中北京中心地区面积取值为334km²。

占46.27km²)、西城(50.56km²)、东城(约占41.77km²)、朝阳(约占100.80km²)六区(图2-2)。经计算得到以水体为代表的蓝色空间面积为484.16hm²,占北京中心地区的1.45%;以植被覆盖为代表的绿色空间为10523.60hm²,占比31.45%(图2-3、表3.10)。

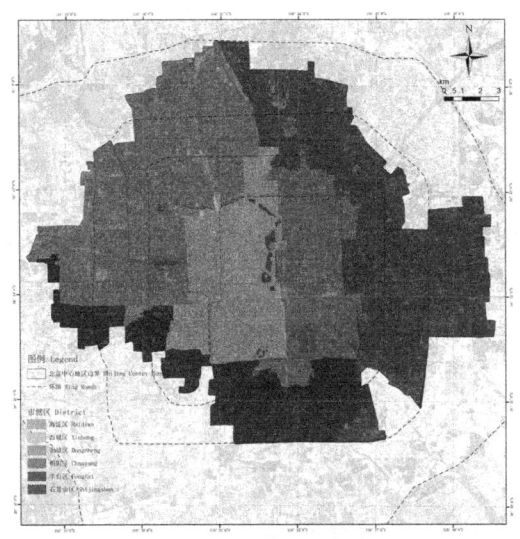

图2-2 北京中心地区内各行政区分布图

图2-3 北京中心地区蓝色空间和绿色空间分布图

2.1.3 研究对象:北京中心地区水系廊道

1. 研究对象边界的确定

本研究的研究对象为北京中心地区水系廊道。廊道范围按照水体外1km缓冲区范围确定,位置见图2-4。该研究对象面积约为229.92km²。因为生态系统服务的对象是人,所以本研究以水系周边对人类活动范围最为便利的距离为水系廊道的范围。1km缓冲区范围是通过对本研究第五章问卷调研的受访者出行方式和路程时间选择最多选项的统计结果计算得出的。水系岸边绿色公共开放空间和水系周边公园空间的使用人群,出行方式偏好最高的为步行,路程时长选择最多的为10分钟以内。按照步行速度和10分钟计算得出972m,取整以1km作为水系廊道影响较大的缓冲区范围。

2. 研究对象内的蓝色空间

研究对象内提取出的主要水体共包含21条河流和37个湖泊水面(包

括公园和一些较大的池塘，详见表3.3。从各分行政区来看：（1）海淀区范围内通过遥感影像共提取出19片名称不同的水体，包括9条河流及10片湖泊；（2）西城区范围内共提取出16片不同名称的水体，包括5条河流和11片湖泊水体；（3）丰台区范围内共提取出7片名称不同的水体，包含6条河流及1片湖泊；（4）东城区范围内共提取出11片名称不同的水体，包含6条河流及5片湖泊；（5）朝阳区范围内共提取出19片名称不同的水体，包含8条河流及11片湖泊；（6）石景山在研究区范围内未提取出水体。

3. 研究对象内的绿色空间

通过对遥感影像植被覆盖的提取，其中植被覆盖面积为6579.86hm²。因为草本和树木的生态系统服务差距较大，所以需要进一步分类。利用面向对象特征提取的方法，得到研究对象范围内草地为1176.88hm²，树木为5402.97hm²，占水系廊道中植被覆盖空间的比例分别为17.89%和82.11%，接近1∶4的比例。分布见图2-5，详细数值见表4.1。

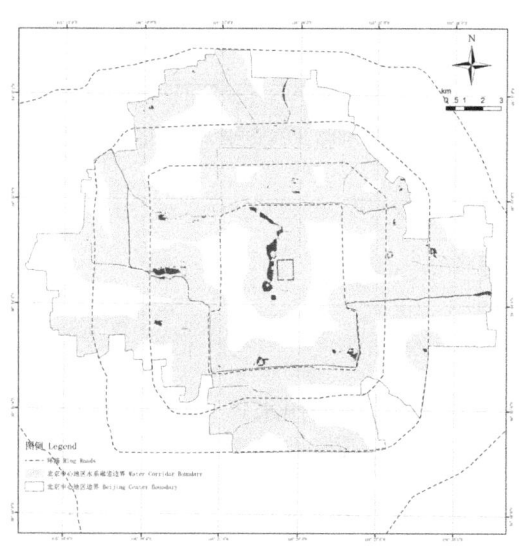

图2-4　北京中心地区水系与廊道分布图

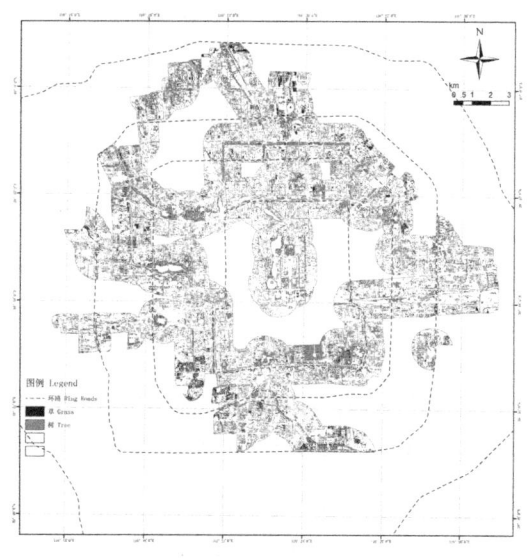

图2-5　北京中心地区水系廊道内草地与树木特征提取分布图

2.1.4　样本场地

1. 调研样本场地

本研究的样本场地按照岸边公共开放空间类和水系周边公园类分别进行选取。因为开放空间内的景观设计建造和维护是以市政使用为主进

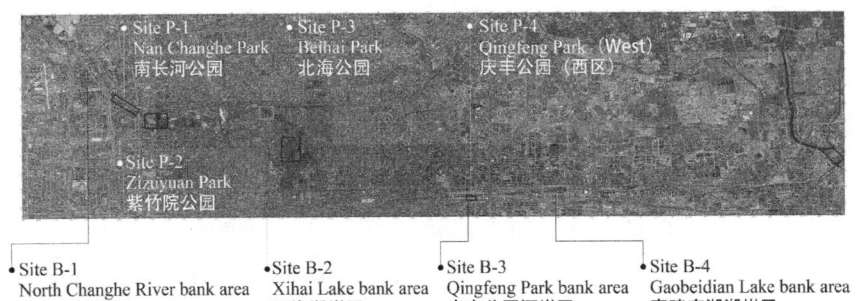

图2-6 调研样本场地分布图

行的,而公园的景观设计建造和维护是以区级和市级公园类别进行的,并配合专业的管理和维护,按照《北京市公园条例》的相关细则执行,所以本研究区分了两类场地。

岸边开放空间类场地选取了具有代表性的水岸开放空间,场地包括:(B-1)北长河岸边绿色开放空间、(B-2)西海湖岸绿色开放空间、(B-3)庆丰公园河岸绿色开放空间、(B-4)高碑店湖岸绿色开放空间(表2.1)。

岸边绿色公共开放空间调研场地基本信息表　　　　表2.1

编号	研究场地	岸线长度(km)
B-1	北长河河岸区	2.27
B-2	西海湖岸区	1.20
B-3	庆丰公园河岸区	2.04
B-4	高碑店湖湖岸区	2.62

公园类包括:(P-1)南长河公园(2013年建成)、(P-2)紫竹院公园(1954年建成)、(P-3)北海公园(1121年始建,1925年设立公园)、(P-4)庆丰公园(2009年国庆60周年前建成)(表2.2)。公园类场地集中了所有长河至通惠河水系周边较大的对公众开放的公园,其建成年代能够代表不同历史时期的设计和建造情况。这些样本场地位于城市中心区的不同圈层,也在一定程度上代表了城市中心地区生态梯度变化的特征。

2. 植被结构绘图样本场地

本研究选取了西海(岸线长度1.2km,陆地面积1.29hm^2,水体面积6.86hm^2)和庆丰公园东区(岸线长度0.91km,公园陆地面积5.87hm^2)进行了植被结构绘图的研究,并计算了两个空间的绿量。以空间量化的

水系周边公园调研场地基本信息表　　　　表2.2

编号	研究场地	面积①（hm²）	绿地类别与等级	管理单位
P-1	南长河公园	20.33	区级公园	海淀区园林绿化局
P-2	紫竹院公园	45.30	市级公园5A景区	北京市公园管理中心
P-3	北海公园	68.97	市级公园5A景区	北京市公园管理中心
P-4	庆丰公园东区	5.87	区级公园4A景区	朝阳区园林绿化局

方式尝试将景观的空间类型和景观生态功能相联系，从生态系统服务的角度对空间进行分析。

2.2　研究数据的选取和获取

风景园林学和城市生态学具有多专业、多尺度、多时空的研究特征，本研究在数据的获取和研究方法的选择上结合了以上特征。其中，地理学遥感专业的数据获取分析研究方法和地理信息系统的空间研究方法，社会学问卷、访谈的数据获取和研究方法，以及新闻学常用的内容分析研究方法等对本研究均有很大启发。

2.2.1　遥感影像数据的选取

（1）中分辨率遥感数据：本研究选取了Landsat 5和8卫星遥感数据，通过USGS下载了北京地区每隔十年左右间隔的四个时相（1984年8月16日，1995年9月16日，2004年9月8日，2014年9月4日）的低云量遥感影像进行植被覆盖提取。

（2）高分辨率遥感数据：本研究选取了中国高分二号的2015年9月2日和3日高分遥感数据，并利用2012年7月29日的美国IKNOS高分遥感数据对国产高分影像的全色和多光谱波段分别进行了几何校正。

---

① 样本场地面积来自于对高分二号遥感影像的样本场地目视解释的面积计算。

（3）高清晰度遥感数据：本研究利用了从谷歌地球下载的2013年冬季、2015年夏季和2015年冬季，研究样本场地的多个时相的高清晰卫星遥感数据。并将国产高分辨率数据与高清晰数据结合对研究区和样本场地进行了配准和人工解译。

2.2.2　田野调查和访谈式问卷调研的数据获取

本研究分别在2014年和2015年对北京城市中心地区水系进行了大量的现场调研和分阶段的访谈式问卷调研。问卷数据的获取主要采用了随机抽样访谈的方式，并利用"问卷网"进行数据的收集和整理。

2.2.3　规划文件文本的选取

本研究收集下载了公开的北京市"十二五"时期61个相关规划文件和《北京市十二五时期国民经济发展规划纲要》，北京市规划设计院公开的《北京城市总体规划2004~2020》和《北京市绿地系统规划》（2010版）。

2.2.4　访谈记录和内容的获取

本研究访谈了北京市城市规划设计研究院、北京市水务局和北京市公园管理中心的三位专家。采用半结构式访谈的方式，进行录音并形成文字获取数据，对记录文字进行扎根理论分三级编码整理数据以获取结论。

2.3　研究方法和技术路线

2.3.1　结合遥感与地理信息系统的多尺度空间分析研究方法

本研究使用了Envi5.3遥感信息处理软件和ArcMap10.2地理信息处理软件对Landsat TM遥感影像（分辨率30m），国产高分二号遥感影像（分辨率1m），以及谷歌地球高清影像（分辨率0.3m）进行了多尺度和历时

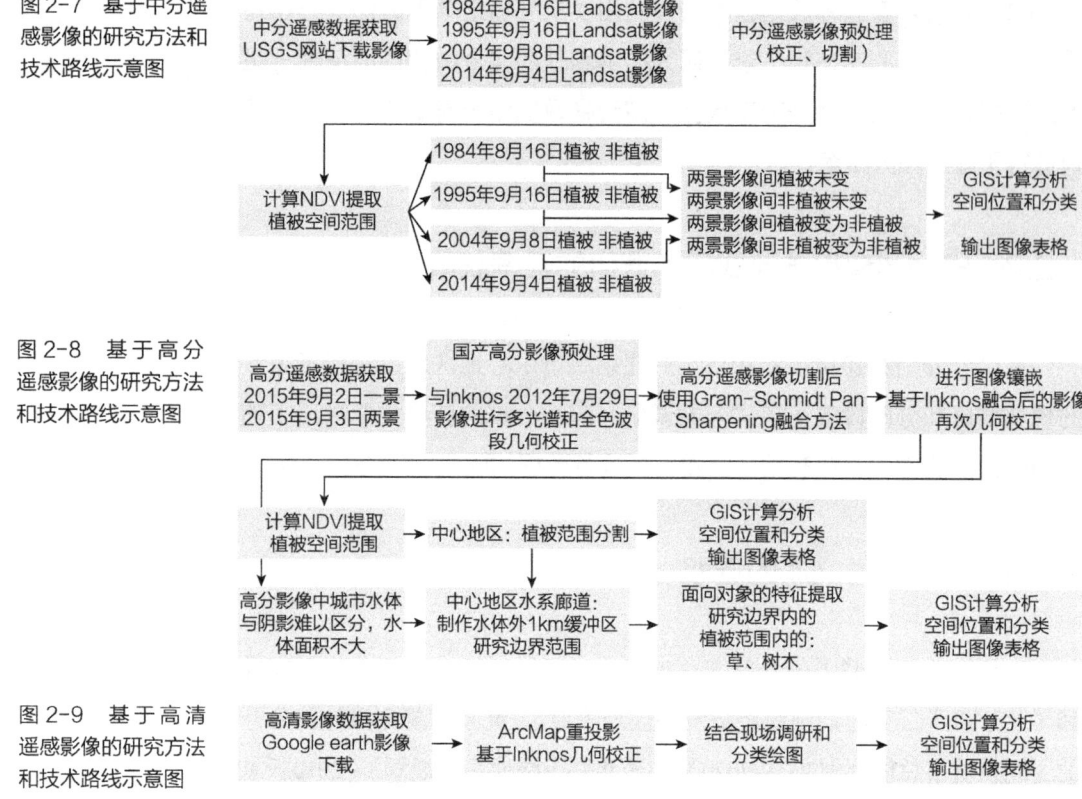

图 2-7 基于中分遥感影像的研究方法和技术路线示意图

图 2-8 基于高分遥感影像的研究方法和技术路线示意图

图 2-9 基于高清遥感影像的研究方法和技术路线示意图

性的空间分析和计算（图2-7～图2-9）。

2.3.2 结合场地调研和问卷调研的统计分析研究方法

场地调研和问卷调研是规划设计领域经常采用的方法，本研究中采用现场观察和分场地分阶段问卷调研的方法展开。问卷的设计经过了预调研的多次调整，调研结果通过统计软件计算量化分析，并展开不同场地和阶段的深入对比。最终与生态系统服务框架进行对照，推导分析出生态系统服务需求。

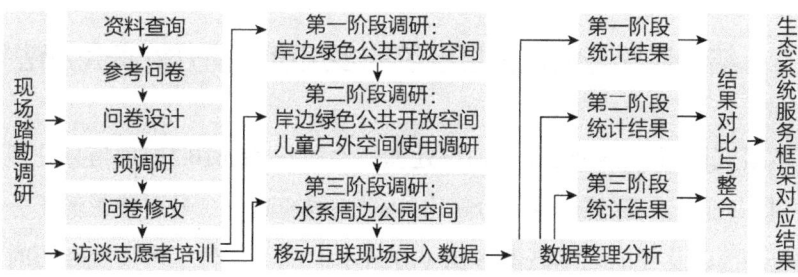

图 2-10 基于场地和问卷调研的研究方法和技术路线示意图

2.3.3 基于规划文本的内容分析研究方法

内容分析法是针对文本的可以重复的量化研究方法，广泛应用于新闻传播学当中。本研究利用该方法的特征词、高频词量化特征与研究目标和生态系统服务框架进行对照。寻找文本中可以定量和重复的信息与生态系统服务框架的关系，并对这一量化关系进行描述、解释以指导未来规划的制定。

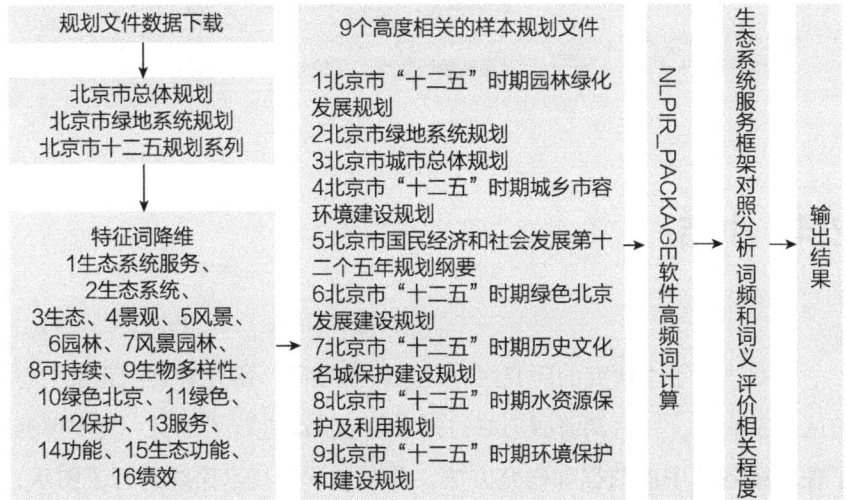

图 2-11 基于规划文本内容分析的研究方法和技术路线示意图

2.3.4 基于专家访谈的扎根理论质性研究方法

访谈和扎根理论是社会学常用的质性研究方法，本研究中对规划、水务、园林方面的专家进行访谈，并对访谈内容用扎根理论进行三级编码，最终重构访谈内容。利用访谈大量信息的收集和编码的深入归纳，寻找不同专家的观点和启发点。并最终和生态系统服务框架进行对照和评价。

图 2-12 基于专家访谈扎根理论的研究方法和技术路线示意图

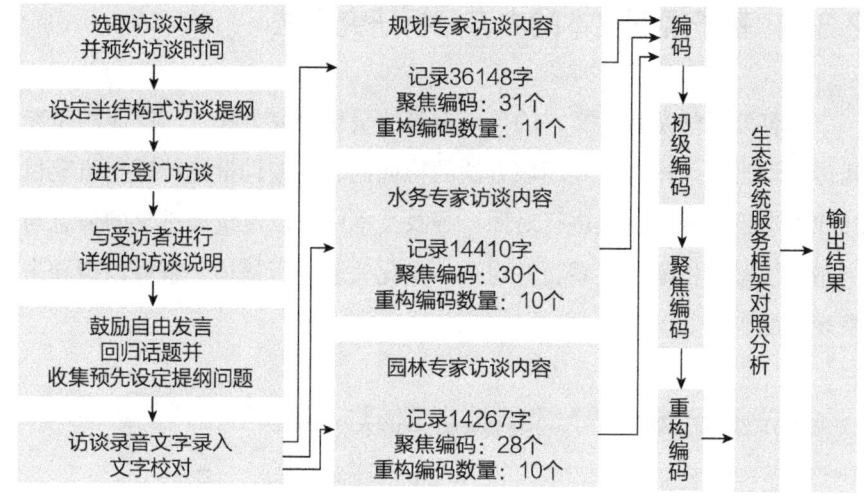

2.4 小结

本章描述了本研究的研究区：北京中心地区，研究对象：北京中心地区水系廊道，并对调研所选取的样本场地情况进行了说明。集中解释了在后续各章中的数据和研究方法，并对各章的技术路线进行了图示，突出了风景园林学多尺度、多时空、多维度的研究特点，也对多专业融合的研究方法做出了一定的尝试。将地理学的遥感研究方法、社会学的田野调研和问卷统计研究方法以及新闻学的内容分析方法，融合于对研究问题的研究中。以上方法也将在接下来的各章中应用，来描述、解释、指导本研究探讨的问题。

第3章 北京中心地区水系廊道多尺度分析

城市中以水体为代表的蓝色空间和以植被为代表的绿色空间是城市中最为重要的生态系统服务供给空间。本章主要针对北京市生态系统服务供给的现状空间展开研究分析，在市域、六环、中心地区、样本场地等多个尺度尝试空间和量化分析，并结合现场实地调研和测绘的方法尝试了一套多尺度的研究途径。目的是对北京中心地区水系廊道生态系统服务的空间基础，在多个尺度的物质空间上有更为深刻的分析。各个尺度对应的研究内容见表3.1及表3.2，研究框架及技术路线见图3-1。

研究结果显示，在北京中心地区334km^{2}范围内，水体、植被和人工设施等非植被空间的占比分别为1.45%，31.45%，67.10%。尺度上推显示，北京水系和绿色空间在市域、六环、城区范围都经过了人工的利用、改造和规划设计。尺度下推显示，旧城的水系和两个样本场地的绿色空间受到人类使用的影响，变化巨大，旧城水系有多条河道消失。样本场地绿色空间在保护和建设以及维护方面受人工影响显著。多个尺度的研究都显示了以蓝色和绿色空间为代表的城市生态系统与人类利用的多层次联系紧密，并为后续章节的供给、需求、规划管理分析提供了研究的基础。

北京水系现状多尺度分析研究内容列表　　　　表3.1

尺度	面积	对象	研究方法
市域尺度	约16411km^2	五大水系分布及各自面域面积及水质分布概况	文献及图片资料收集并抽取重要信息重新整理绘图
北运河水系 1：100000	约4423km^2	水系内主要河流分布，主要功能，及泄洪安全	文献及图片资料收集并抽取重要信息重新整理绘图
北京市中心地区 1：20000	约334km^2	北京中心地区水体空间"量、构、质"及具体河流水面名称位置	基于高分二号遥感影像的水体特征提取
北京中心地区水系廊道 1：10000	约229.92km^2	水系廊道空间内的水面、草地、树林特征提取	基于水体建立1km水系廊道研究边界
北京旧城历史及现状水系 1：2000	约62.52km^2	历史水系分布及旧城水系变迁。探讨恢复水系的位置及可能性	文献及图片资料收集并抽取重要信息重新整理绘图。利用ArcGIS矢量化分析

北京绿色空间现状多尺度分析研究内容列表　　　表3.2

尺度	面积	对象	研究方法
市域尺度	约16411km²	统计年鉴相关绿色空间面积变迁	统计年鉴中绿色空间面积相关指标数值变化分析
六环尺度 1:50000	约2268km²	1984、1995、2004、2014植被覆盖变迁	Landsat影像提取植被覆盖空间，并进行多时相对比分析
北京市中心地区 1:20000	约334km²	北京中心地区水体和植被空间的量、构、质	高分二号遥感影像的水体与植被特征提取，并计算相关景观生态指数
北京中心地区水系廊道 1:10000	约229.92km²	水系廊道空间内的水、草、林	高分二号遥感影像的水体与植被特征提取。并面向对象提取植被空间中的草、林
样本场地1:2000 西海湖岸公共空间 庆丰公园东区	西海岸线长度1.2km，陆面积1.29hm²，水面6.86hm²；庆丰公园东区岸线长度0.91km，公园面积5.87hm²	样本场地周边土地覆盖历时变化，样本场地内生境分类及绘图和绿量	结合现场调研的生境分类，利用谷歌地球2015年夏季影像，进行植被结构绘图。以植被和生境分类计算绿量并分析

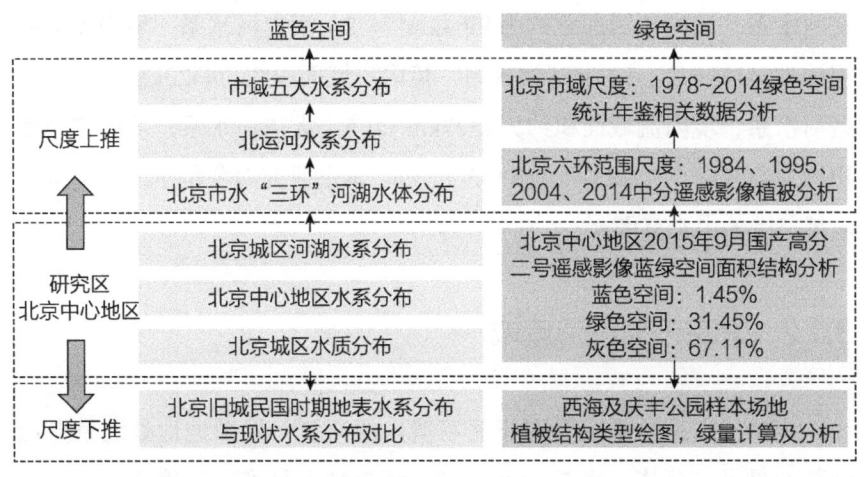

图 3-1　第 3 章研究框架及技术路线示意图

3.1　北京水系多尺度分析

3.1.1　北京市域五大水系流域

北京市域面积约16410.54km²，坐落在华北北部燕山南麓，西北高为

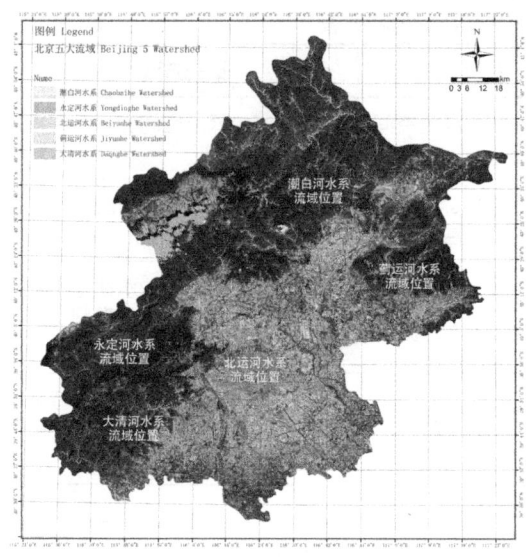 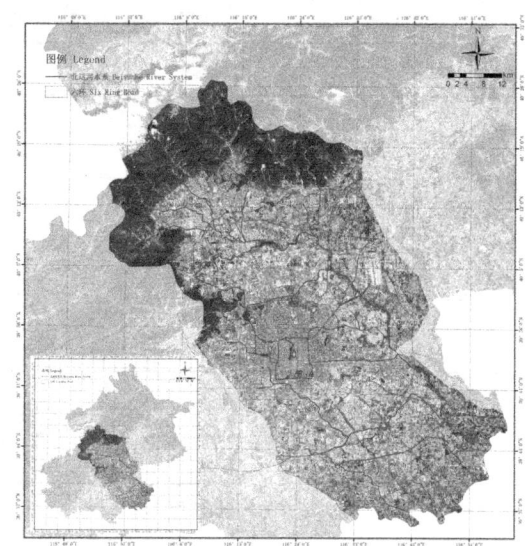

图 3-2　北京市域五大水系分布图　　　　图 3-3　北京市北运河流域图

（以上两图资料整理自温宗勇等，《北京五大水系调查实录》，2012）

山区，东南低为平原地区。北京市域水系由五大流域组成，包括（1）永定河水系，境内流域面积约为4564km²。（2）潮白河水系，境内流域面积约为5613km²。（3）北运河水系，境内流域面积约为4423km²。（4）蓟运河水系，境内流域面积约为1377km²。（5）大清河水系，境内流域面积约为433km²[88]（图3-2、图3-3[88, 89]）。本书研究对象位于北运河水系流域范围的中心范围。

3.1.2　北京市北运河流域

北运河水系是唯一发源于北京境内的河流，发源地地处北京燕山南麓的昌平、延庆、海淀山区一带。该流域也是唯一涵盖北京市人口最集中、产业最聚集、城市化水平最高区域的流域[90]。流域面积约为4423km²，约占北京市总面积25.9%，北京境内干流总长约90km[91]。2014年北运河流域年降水量18.44亿m³，地表水资源量为1.91亿m³，地下水资源量4.11亿m³，水资源总量为6.02亿m³[92]。该流域承担着北京市中心城区90%的排水任务[93]，具有重要的城市防洪排涝和农田灌溉功能。北京中心地区全部位于北运河水系流域境内，流经中心地区的坝河、通惠河和凉水河是北运河水系干流温榆河的一级支流（图3-3[89]）。

3.1.3 北京城市河湖水系

北京市城市的河湖水系经历了历史变迁和当今城市发展建设，市区内水系路径产生了很大的变化。现状河湖水系"西进东排"，密云水库成为北京市唯一的地表水源。2014年北京市政府发布《关于加快推进河湖水系连通及水资源循环利用工作的意见》中明确提出了"三环水系"水环境改善工程，分别连通20km一环水带，60km二环水带，230km三环水带[94]，"并通过再生水、雨洪水利用，实现三环水系的互连互通、循环流动"[95]（图3-4）。市区河湖水系及名称见图3-5。

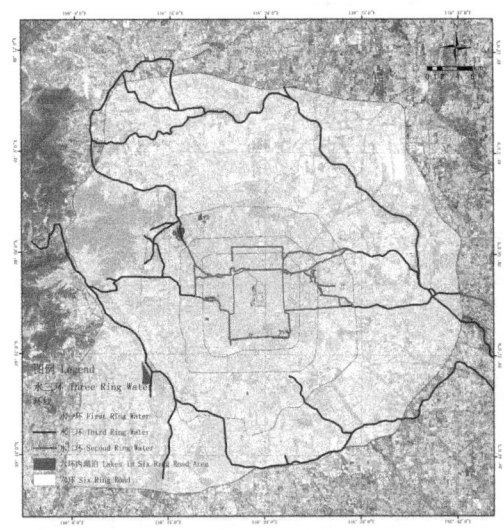

图3-4 北京城市三环水系示意图①

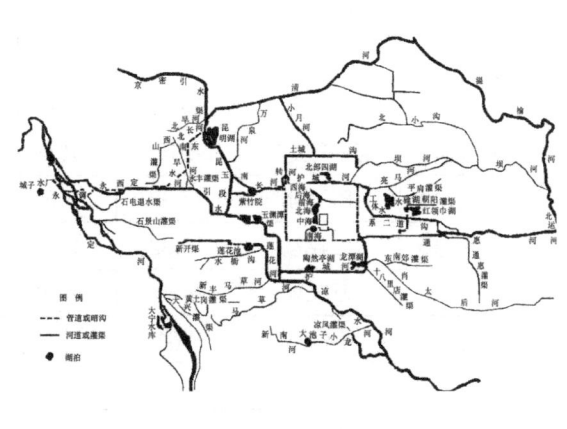

图3-5 北京城市河湖水系水体位置及名称示意图②

3.1.4 北京中心地区水系

北京中心地区水系是首都北京这一超大城市中心地区最重要的城市自然生态资源，也是最重要的生态系统服务供给者。该水系由21条河和37个湖泊水面地表水体和"盖板河""暗河"组成，其中遥感解译出的地表水详见表3.3和表3.4。较大的水面包括旧城内六海、玉渊潭、高碑

---

① 参考北京市三环水系示意图（财新网《财新周刊》2015/09）和谷歌地球高清影像描绘。

② 资料引自：李其军等，北京城市中心区水环境质量改善技术研究与应用. 2010，北京：中国水利水电出版社：第4页。

基于遥感解译提取的北京中心地区河流汇总表　　　表3.3

水体类型	编号	河流湖泊名称	水体面积（hm²）	河流长度（km）	地表水环境质量	流经研究区内的行政区
河流	1	坝河	7.99	4.43	超过V级	朝阳
	2	丰草河	7.41	4.81	超过V级	丰台
	3	金水河	0.73	0.49	Ⅲ级	东城
	4	昆玉河	24.65	7.03	Ⅱ级	海淀
	5	莲花河	4.53	5.08	超过V级	西城、丰台
	6	凉水河	20.64	9.77	超过V级	丰台、朝阳
	7	亮马河	12.18	5.95	符合V级	朝阳
	8	马草河	2.24	1.74	超过V级	丰台
	9	南护城河	45.00	16.06	Ⅳ级	西城、东城
	10	南长河	9.39	11.05	Ⅱ级	西城、东城、海淀、朝阳
	11	清河	1.95	0.57	Ⅲ级	海淀
	12	通惠河	46.04	8.61	超过V级	朝阳
	13	通惠河支流	8.18	10.49	超过V级	朝阳
	14	筒子河	17.38	3.81	Ⅲ级	东城
	15	土城沟	12.82	10.39	超过V级	海淀、朝阳
	16	万泉河	6.70	8.01	超过V级	海淀
	17	小月河	7.61	5.48	符合V级	海淀
	18	新开渠	2.75	3.60	超过V级	丰台
	19	永定河引水渠	34.70	10.05	Ⅲ级	丰台、海淀、西城
	20	转河	2.54	1.95	未知	海淀
	21	北护城河	12.20	13.40	Ⅲ级	海淀、西城、东城、朝阳
		总计	287.64	147.28		

店湖、龙潭湖、紫竹院公园水体、陶然亭公园水体、莲花湖、朝阳公园水体和奥林匹克公园水体等。水系分布见图3-6。

3.1.5 北京旧城历史水系

北京旧城水系随着历史变迁，发生过多次较大的变化。本研究参考了北京历史地图[96, 97]和历史水系研究的相关资料[98-101]，绘制了民国期间与现状水系对比示意图（图3-7），显示了自民国以来北京旧城内及附近

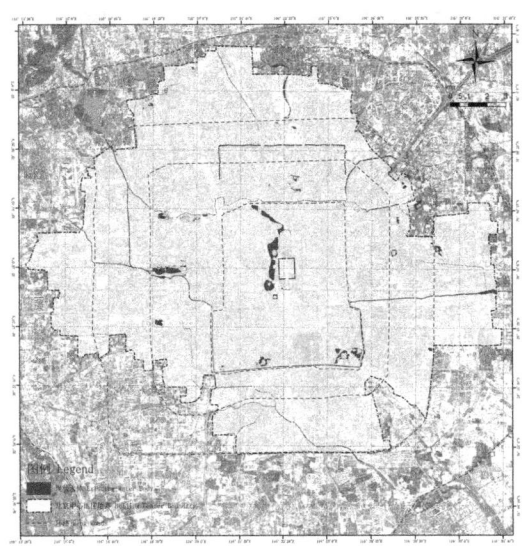 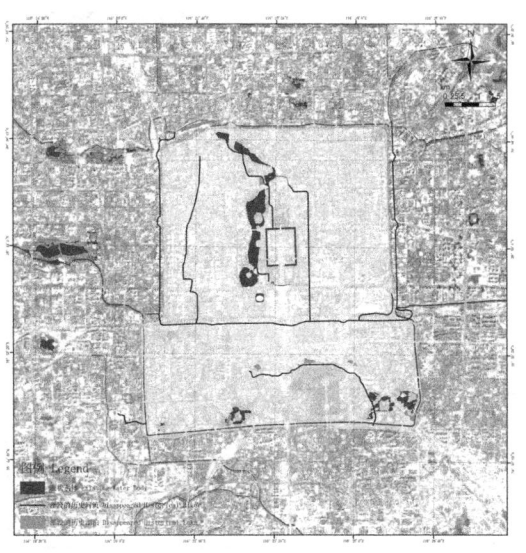

图 3-6　北京中心地区水系现状分布图　　　　图 3-7　北京旧城民国期间湮没的历史水系与现状水系对比示意图

水系变化较为显著的情况。包括：旧城水系的环城和穿城格局被破坏，东西护城河、前三门护城河被改为暗河后，旧城的环城水系隔断；旧城中心的玉河改为下水道，将穿城而过的地表水体彻底打断。北京这座历史古城，其原有的城墙、胡同、水系的历史格局反映了当时人们对当地自然资源条件及生态系统的利用，以及文化的表达。在今天历史水系空间的潜在恢复不仅具有文化、历史价值，还具备提高城市生态系统服务、调节城市环境问题等功能。

3.1.6　地表水质分布

本研究的地表水质分布参考了北京市水务局发布的《北京市水资源公告》（2014版）中水质分布图，可以发现仅有颐和园至西海及昆玉河、后海以及前海三段水系为Ⅱ类水体。永定河引水渠、玉渊潭、紫竹院湖、西海、北二环护城河、西坝河连接北二环护城河段、北海、中海、南海、筒子河水体皆为Ⅲ类水体。Ⅳ类水体包括：玉渊潭南侧河道至南护城河以及柳荫公园湖和青年公园湖。陶然亭湖和龙潭湖水体皆为Ⅴ类水体。而北土城沟以及坝河北段，新开渠连接莲花池、莲花河、凉水河等都是劣Ⅴ类水体。在水质方面，中心地区地表水质现状形势严峻。许多市民们喜闻乐见的景观水体都低于国家景观水质要求，地表水质分布

基于遥感解译提取的北京中心地区湖泊汇总表　　　表3.4

水体类型	编号	河流湖泊名称	水体面积（hm²）	湖泊岸线长度（km）	地表水环境质量	流经研究区内的行政区
湖泊	1	奥森公园洼里湖	23.36	9.27	未知	朝阳
	2	奥体中心内水体	2.19	0.72	未知	朝阳
	3	巴沟山水园内水体	0.22	0.20	未知	海淀
	4	北海	34.96	3.52	Ⅲ级	西城
	5	北展后湖	1.96	0.73	Ⅱ级	海淀
	6	大观园湖	1.02	1.21	未知	西城
	7	东升八家郊野公园水体	1.19	0.94	未知	海淀
	8	动物园湖	3.15	3.42	Ⅱ级	西城
	9	国家大剧院外围水体	3.30	1.53	未知	西城
	10	红领巾湖	11.71	3.49	未知	朝阳
	11	后海	17.11	2.91	Ⅱ级	西城
	12	莲花湖	10.02	1.63	超过Ⅴ级	丰台
	13	龙湖	0.63	0.50	未知	朝阳
	14	龙潭湖	31.78	12.05	符合Ⅴ级	东城
	15	南海	21.52	2.95	Ⅲ级	西城
	16	农展馆旁水体	3.18	1.77	未知	朝阳
	17	前海	11.27	3.66	Ⅱ级	西城、东城
	18	青年湖	4.16	2.03	Ⅳ级	东城
	19	清华池	1.72	1.67	未知	海淀
	20	人定湖	0.58	0.58	未知	西城
	21	人工湖——北大校内	1.63	2.38	未知	海淀
	22	勺海	0.73	0.80	未知	海淀
	23	树荫公园湖	4.25	2.48	Ⅳ级	东城
	24	四季高尔夫俱乐部水体	3.10	0.79	未知	朝阳
	25	陶然亭湖	13.02	4.58	符合Ⅴ级	西城
	26	天泽路旁水体	3.47	1.02	未知	朝阳
	27	团结湖	3.53	2.13	未知	朝阳
	28	未名湖	2.85	1.19	未知	海淀

续表

水体类型	编号	河流湖泊名称	水体面积（hm²）	湖泊岸线长度（km）	地表水环境质量	流经研究区内的行政区
湖泊	29	西海	6.91	1.36	Ⅲ级	西城
	30	肖村地铁站旁水体	0.17	0.27	未知	朝阳
	31	霄云路旁水体	2.28	0.88	未知	朝阳
	32	玉渊潭	46.19	10.45	Ⅲ级	海淀
	33	中海	26.18	2.74	Ⅲ级	西城
	34	中华民族园内水体	0.05	0.10	未知	朝阳
	35	中山公园内水体	0.36	0.44	未知	东城
	36	竹溪园旁水体	0.29	0.35	未知	海淀
	37	紫竹院湖	10.29	3.87	Ⅲ级	海淀
		总计	310.30	90.58		

注：以上两表中河流湖泊面积以遥感影像提取为准，河流长度以各段河流水体周长一半为准减去河段宽度计算，湖泊岸线长度以各湖泊水体周长为准。顺序以自上游至下游和自西向东顺序为准。

现状也显示了依靠水体循环自净的可能性不大，亟须对北京地表水质进行改善（图3-8）。

图3-8 北京城区地表水水质分布示意图
（资料来源：北京市水务局，《北京市水资源公报》2014版）

3.2 北京绿色空间多尺度分析

3.2.1 北京市域绿色空间相关统计数据分析（1978~2014）

1. 统计指标的选取

《北京市统计年鉴2015》中统计了11项目与园林绿化及森林情况相关面积的指标和9项与农田及造林相关的面积指标。本研究选取了时间跨度较长的常住人口和地区生产总值数据以及8项与城市绿色空间和自然系统面积相关的统计指标进行分析。8项指标分别为：

（1）年末公园绿地面积（1978~2014）；
（2）人均公园绿地面积（1978~2014）；
（3）城市绿化覆盖率（1978~2014）；
（4）年末园林绿地（2000~2014）；
（5）森林面积（2005~2014）；
（6）年末实有耕地面积（1978~2014）；
（7）实际农田播种面积（1978~2013）；
（8）造林面积（1978~2013）。

2. 统计数据分析结果

统计结果显示，自1978年至2014年36年间，北京经历了快速的城市发展，常住人口从1978年的871.5万人增加至2014年的2151.6万人，增长幅度为2.47倍。地区生产总值从1978年的108.8亿元增加至21330.8亿元，增长幅度为196倍。在园林绿地方面，相关指标随时间发展也持续增加，显示了自上而下的园林绿地规划管理在面积管理方面发挥的作用。年末公园绿地面积从1978年的2693公顷增加到28798公顷（图3-9），增长幅度为10.69倍。虽然北京常住人口增加了2.47倍，但人均公园绿地面积依然保持增长，从1978年的5.07m^2/人增加至2014年的15.90m^2/人（图3-10），增长幅度为3.14倍。城市绿化覆盖率从1978年的22.30%增加至2014的47.40%（图3-11），增长幅度为2.13倍。此外，年末园林绿地面积从2000年的26680公顷增加至2014年的80223公顷。森林面积从2005年的619243.2公顷增加至2014年的734530.6公顷。这些都反映了园林绿地及城市绿色空间在数量上的增加。

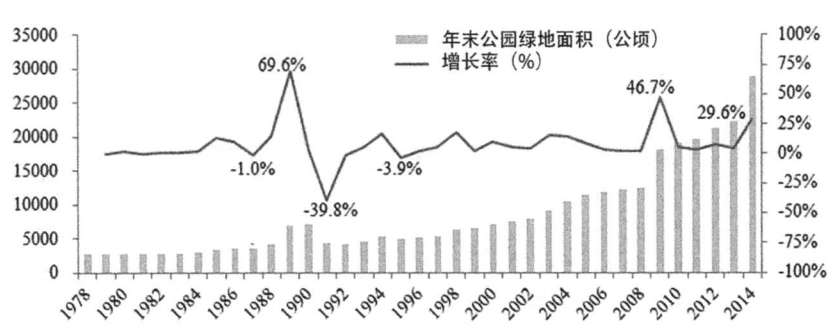

图 3-9 北京市域年末公园绿地面积统计数据变化分析图

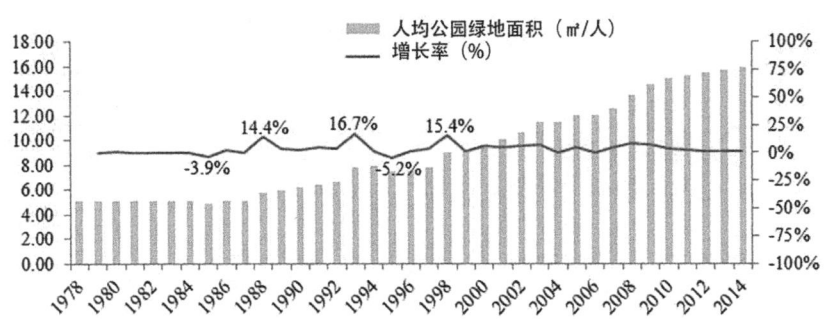

图 3-10 北京市域人均公园绿地面积统计数据变化分析图

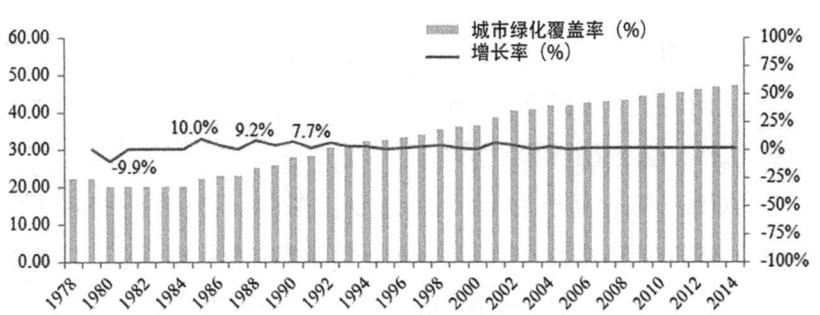

图 3-11 北京市域城市绿化覆盖率统计数据变化分析图

从农业耕地角度来看，年末实有耕地面积下降迅速，从1980年的42.9万公顷下降至2013年的22.1万公顷（图3-12），下降幅度为48.48%，将近一半实有耕地面积转变为其他土地利用。农作物播种面积从1978年的69.16万公顷下降至2014年的20.0万公顷，下降幅度为71.06%，显示了北京农作物生产用地的迅速转化。与农田面积和播种面积的大幅下降相伴随的是人口的增长和生活水平的提高，这些反映了北京的食物供给越来越依赖于外部供给，北京的生态足迹和生态债务不断增大。

因为北京市域约有62%的山区（面积约为10072km²）[102]，作为北京的生态屏障，退耕还林成为重要的生态补偿政策。统计数据中的造林面积反映了这一政策的执行情况，这一指标也在持续增长，从1978年的1.4

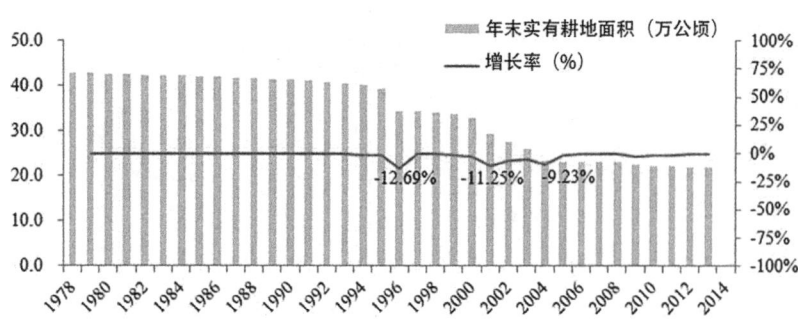

图 3-12 北京市域实有耕地面积统计数据变化分析图

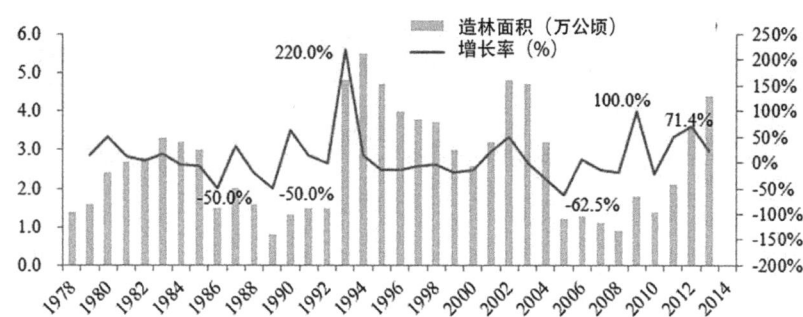

图 3-13 北京市域造林面积统计数据变化分析图

万公顷增长至2013年的4.4万公顷（图3-13），增长幅度为3.14倍，36年间数据上合计在北京山区及乡村地带造林96.4万公顷。

3. 统计数据变化的相关性分析

通过对统计数据间相关性的分析显示，在1980~2013年的34年间，年末公园绿地面积的增加和年末实际耕地面积具有直接相关性。每增加一公顷年末公园绿地面积，会平均减少10.65公顷年末实际耕地面积。其中，1978~1994年，除了1989年和1990年外，其他14年每增加1公顷年末公园绿地面积，平均会减少10公顷年末实际耕地面积，相关系数为0.94（高相关性，见图3-14）。1995~2004年，每增加1公顷年末公园绿地面积，会减少26公顷年末实际耕地面积，相关系数为0.89（高相关性）。2005~2013年，每增加1公顷年末公园绿地面积，会减少1公顷年末实际耕地面积，相关系数为0.97（高相关性）。通常我们认为公园绿地面积在城市建成区增加，耕地面积在城市边缘或者近郊减少以作为开发使用。北京的数据显示了新开发的城市用地中公园绿地面积和耕地较少，其开发为城市用地的面积比例是严格控制的，也就是说新的城市建设用地具有相对严格的用地开发管理。这35年的数据显示为有可能10%的耕地在开发中被替代为公园绿地（图3-14）。

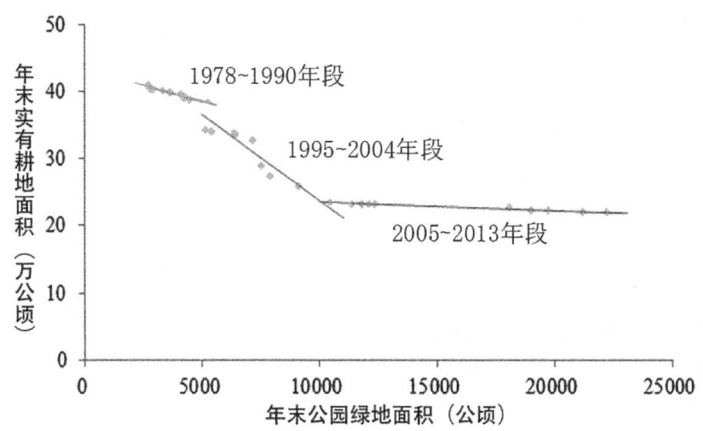

图 3-14 北京市域年末公园绿地面积和实有耕地面积变化相关性分析图

4. 统计数据变化的影响因素

绿色空间相关的统计数据中也显示了北京不同的发展阶段。在年末公园绿地面积的变化曲线中，分布在1989年和2009年出现了两个跳跃（图3-9）。1989年的跳跃与1990年北京举办亚运会的城市庆典和景观绿化建设活动有关。2009年公园绿地的快速增加与2008年奥运会和2009年国庆六十周年庆典活动的城市景观建设活动相关。此外，在2014年出现了第三次快速增加，这与2013年北京市开始进行一系列为减轻雾霾影响而推动的"万亩造林"活动有关。

人均公园绿地面积和城市绿化覆盖率两项指标的统计数据显示出逐步缓慢的增长（图3-10），这也是越来越大的人口基数和越来越多的城市土地作为绿地所带来的经济代价。同时意味着之前以大力发展城市中心地区之外的绿色空间来带动相关城市绿色指标的发展模式逐渐受到了限制。未来随着外围绿色空间增长的限制，北京城市中心地区的绿色空间增加显示出一定的潜力，这也是城市生态系统真正在城市中发挥作用的机遇。

5. 统计数据分析结果的启发与意义

北京市域具有良好的生态和绿色空间总量，但是其空间配置和居民体验并不一致。根据统计数据变化的分析可以让我们比较清晰地了解到北京自上而下的规划和管理特征。随着社会的进步，城市生态问题越来越受到各级相关部门和人民群众的重视，如果有深入细致甚至直接相关的统计数据，可以对风景园林规划设计及景观绩效潜在的验证和证实起到积极的推动作用。从另外一个侧面来看，北京统计年鉴中的统计数据还缺乏与生态系统服务相关的统计数据，而且有待细化和深化相关数据。如果直接或间接反映生态系统服务的数据出现在统计年鉴当中，有利于通过城市生态系统服务的相关指标变化来促进社会各界共同关注城市的自然系统，促进城市的可持续发展。

虽然统计指标存在多方的质疑与否定的验证，但它是反映历年变化和当年情况的有效途径。本研究尽量选取相对保留完整、历时性较长、统计口径相对稳定和较为容易获取的统计数据进行分析，为未来的研究者利用之前的数据进行阶段性总结。

3.2.2 北京六环内城市植被覆盖多时相变化分析(1984~2014)

在关注北京绿色空间的研究中，有一些是尝试利用遥感影像对城市植被覆盖变迁展开研究。但是关注于30年间历时性变化和北京六个环线所形成的物质空间范围内的植被覆盖变化的专项研究，相对比较缺乏。因为城市生态系统服务更专注于城市中心地带，所以本研究在尺度推译的过程中选取了北京六环的范围尺度进行研究，来作为北京中心地区水系廊道的生态系统服研究的背景和支撑。

1. 数据的获取和预处理

本研究从美国USGS网站提供下载的Landsat5/7/8系列遥感影像数据进行获取及研究分析。在数据选择中选取了云量占比非常低的且无条带损坏的影像数据，并按照接近十年的间隔进行选择，选取了Landsat5：1984年8月16日，Landsat5：1995年9月16日（1994年数据有损坏条带），Landsat7：2004年9月8日，以及Landsat8：2014年9月4日的影像进行分析。图像处理中利用了ENVI 5.0遥感软件进行图像预处理，并计算了归一化植被指数（NDVI）。在ArcMap10.2软件中按照北京市六环范围进行切割。提取出NDVI>0.2[103]①的区域作为植被区进行植被提取，计算像元面积作为植被覆盖面积（图3-15~图3-18）。之后利用ArcMap10.2中的Raster analysis工具，将两个年份间的NDVI数值进行乘10倍求和的差值计算。例如：用1984年影像像元中的NDVI数值乘以10再加1995年NDVI数值，以此类推，之后可以分别计算出代表（a）植被未变，（b）植被

---

① 本研究中的植被分布选取了NDVI>0.2的区域，Tucker（1979）的研究认为在城市范围内NDVI>0.2为主要植被分布区。

转为其他土地覆盖，(c)其他土地覆盖转为植被，(d)其他土地覆盖未变，四类的像元数值分布。再利用(1)二环内(2)二环~三环(3)三环~四环(4)四环~五环(5)五环~六环，这五个面域进行切割，得到上述a~d数值和1~5面域在1984~1995年十一年，1995~2004年九年，2004~2014年十年以及1984~2014年三十年，这些阶段的植被覆盖度的变化情况（图3-19~图3-22，表3.5）。

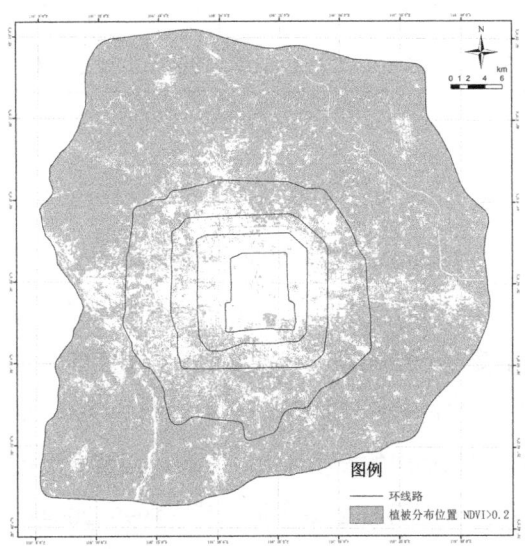

图3-15　1984.08.16六环内植被分布图

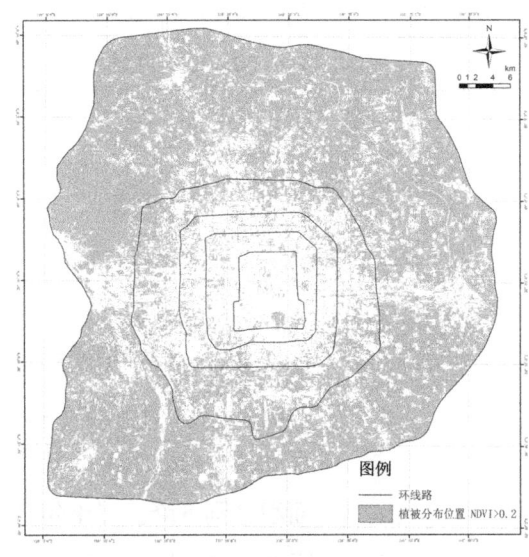

图3-16　1995.09.16六环内植被分布图

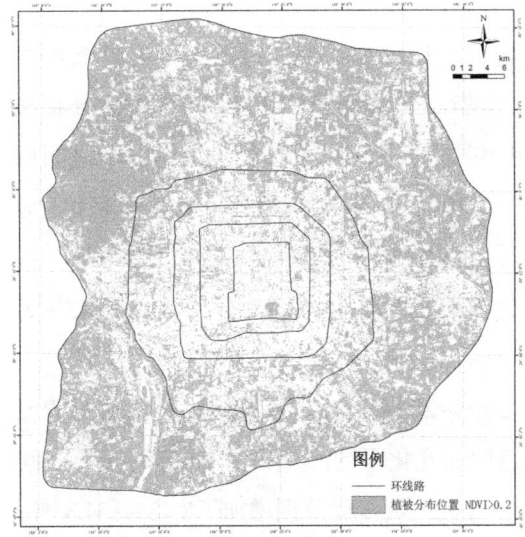

图3-17　2004.09.08六环内植被分布图

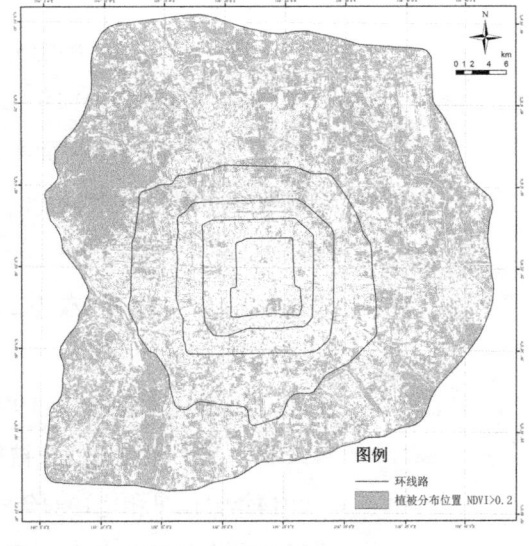

图3-18　2014.09.04六环内植被分布图

1984、1995、2004、2014北京六环内植被面积与比例分布统计表　　　表3.5

（单位：hm²）

位置	1984.08.16		1995.09.16		2004.09.08		2014.09.04	
二环内	422	6.74%	730	11.67%	1014	16.21%	949	15.17%
二环~三环	1509	15.69%	1562	16.24%	2039	21.20%	1925	20.02%
三环~四环	5170	36.01%	3605	25.11%	3046	21.21%	3415	23.78%
四环~五环	23966	65.69%	18568	50.90%	14216	38.97%	13890	38.07%
五环~六环	143177	89.40%	124009	77.43%	102102	63.75%	90382	56.43%
合计	174244	76.80%	148474	65.45%	122417	53.96%	110561	48.73%

2. 研究结果

（1）1984~1995~2004~2014三十年六环内植被覆盖的变化幅度和速度

结果显示，1984~1995~2004~2014三十年间，北京六环内的植被面积从1742.44km²（图3-15）下降到1105.61km²（图3-18），在六环面域2268km²中占比从大于四分之三的76.80%下降至不足一半的48.73%，总合计减少636.83km²，比十个北京二环内的面积还大。六环内的植被覆盖面积急剧下降。三十年平均降幅速度为21.23km²/年。其中1995~2004年降幅速度最快，达到28.95km²/年（图3-16），2004~2014年降幅速度趋缓，为11.86km²/年（图3-17）。具体每个时相植被覆盖的幅度和速度变化详见图3-23。

从各个环线内部的分布情况可以看出，越靠近城市中心植被覆盖度越低。例如，2014年9月4日的Landsat8影像NDVI>0.2的数值分布显示，二环内植被覆盖面积为9.49km²（占比15.17%），二环~三环之间植被覆盖面积为19.25km²（占比20.02%），三环~四环之间植被覆盖面积为34.15km²（占比23.78%），四环~五环之间植被覆盖面积为138.90km²（占比38.07%），五环~六环之间植被覆盖面积为903.82km²（占比56.43%），详见图3-23。

从各个环线1984~1995~2004~2014内三十年间植被覆盖度的情况来看，各个环线内的植被覆盖情况变化不同。二环内和二环~三环之间2014年9月4日相比1984年8月16日植被覆盖度分别增加了8.43%和4.33%，平均三十年间每年分别增加17.56公顷和13.87公顷。而三环~四环，四环~五环以及五环~六环，随着远离城市中心，植被覆盖度降幅增大，分别为12.23%、27.62%、32.97%。同样这些环带30年间的平均降幅速度也是随着远离城市中心而逐渐增大，分别为58.50hm²/年、335.87hm²/年、1759.83hm²/年。具体每个环带植被覆盖的幅度和速度变化详见图3-23。

（2）1984~1995十一年六环内植被覆盖变化状况

按照计算得出的（a）植被未变，（b）植被转为其他土地覆盖，（c）其他土地覆盖转为植被，（d）其他土地覆盖未变，四类的像元数值的分布情况。从1984年8月16日和1995年9月16日十一年间的对比可见，六环内整体60.51%的"植被覆盖未变"，其中由边缘至中心逐渐减少，尤其在五环~六环之间74.19%的植被覆盖没有改变。"植被转为其他土地覆盖的"情形显示，六环内整体只有16.30%的发生改变，其中三环~四环和四环~五环之间改变最多，分别为21.01%和23.58%，说明这些地方的城市绿色覆盖在这十一年间改变较多。对于其他土地覆盖转变为植被覆盖的情况，六环内整体只有4.90%的空间发生了恢复"绿化"的转变，三环~四环之间土地覆盖的变化较为剧烈，城市自然变迁较大。对于其他的是在三环~四环，10.09%的面积变为植被覆盖面积。以上两组数据说明在这十一年间"土地覆盖未变"的情况，则显示由边缘至中心逐渐增加，二环内、二环~三环、三环~四环分别为87.01%、74.35%、53.85%未变，而四环~五环和五环~六环明显减少，尤其后者仅为7.34%，六环内整体只有18.24%的空间是其他土地覆盖未变（表3.6，图3-19）。

从各个环带分部来看，二环内、二环~三环的特征是土地覆盖没有改变比较明显，分别占87.01%和73.35%，同时植被转变为其他土地覆盖也特别少，分别为1.36%和9.43%，可见以植被为代表的城市自然覆盖率较低，已有的其他土地利用较多，同时城市开发改变变化很少。但三环~四环、四环~五环之间的特征是植被转变为其他土地覆盖的比例较高，而五环~六环之间显示了城市自然状况较好，开发强度低。整体这十一年间的变化显示，六环空间范围内植被超过一半面积（60.51%）没有改变（图3-23）。

（3）1995~2004九年六环内植被覆盖变化状况

1995年9月16日和2004年9月8日这九年间的两个时相的对比显示，六环内整体46.69%的"植被覆盖未变"，其他土地覆盖未变的相比较之前的时段（1984~1995）明显增多，达到27.29%。"植被覆盖未变"的情

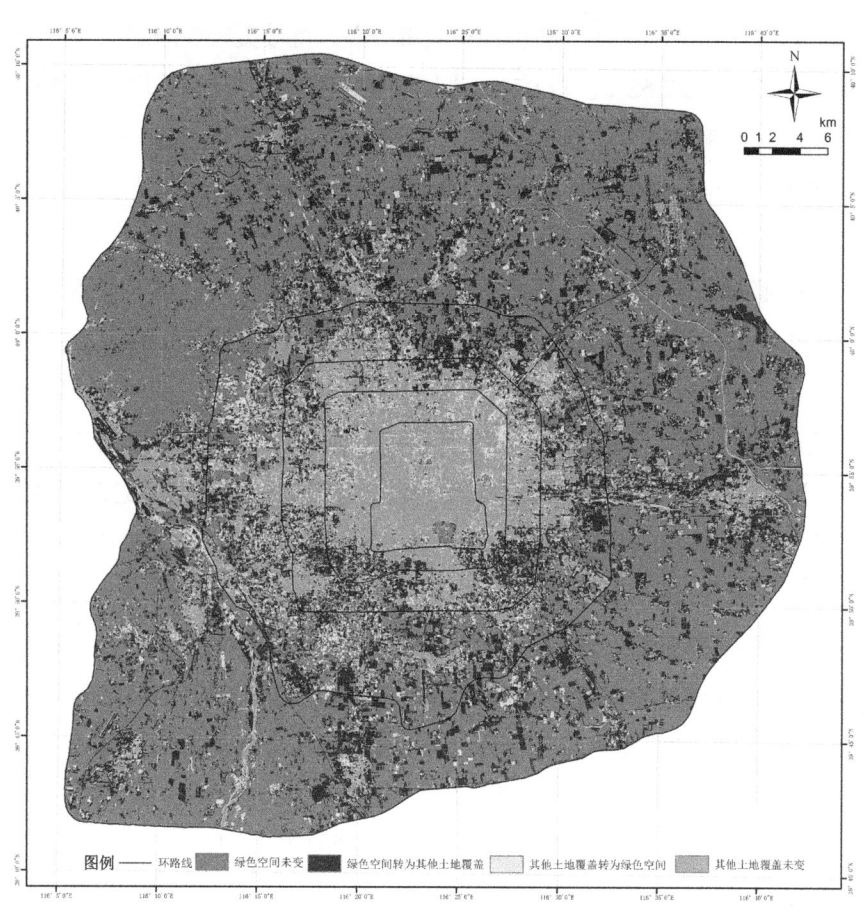

图 3-19 1984~1995年间北京六环内植被变化分布图

1984~1995年间北京六环内各环带植被变化面积与比例分布统计表　　表3.6

（单位：hm²）

	植被未变		植被转为其他土地覆盖		其他土地覆盖转为植被		其他土地覆盖未变	
二环内	337	5.39%	85	1.36%	393	6.28%	5444	87.01%
二环~三环	602	6.26%	907	9.43%	960	9.98%	7150	74.35%
三环~四环	2154	15.00%	3017	21.01%	1449	10.09%	7732	53.85%
四环~五环	15362	42.11%	8604	23.58%	3191	8.75%	9302	25.50%
五环~六环	118821	74.19%	24356	15.21%	5130	3.20%	11755	7.34%
合计	137276	60.51%	36969	16.30%	11123	4.90%	41383	18.24%

况与之前时段类似，由外及内逐渐减少，但四环~五环区间植被覆盖减少较多，损失12.24%的植被覆盖。植被覆盖转变为其他土地覆盖的情况相比于之前的时段，五环~六环之间的变化明显增多，增加4.87%，而四环~五环、三环~四环之间明显减少，分别降低2.55%和7.04%，说明植被外围逐渐受到损失，人类的干扰活动外移。其他土地覆盖转变为植被的情况，除了三环~四环几乎没有变化外，其他都有所增加，说明城市绿化在提升，但是转变为植被覆盖的面积幅度非常有限。其他土地覆盖未变的情况同样由外延至内部逐渐增大。但相比于上一个时段，三环内都有所减少，而三环外都有所增加，尤其以三环~四环、四环~五环之间增加较多，分别为10.96%和14.52%，说明这些城市空间的自然系统受到人为开发建设等持续干扰的状况加剧较大（表3.7，图3-20）。

从各个环带角度来看，相比于前一时段，五环~六环的变化指标都有较大增加，说明城市人为干扰活动加剧，干扰外移。相反的是二环内、二环~三环的范围"植被覆盖未变"的情况增多（分别增加3.58%

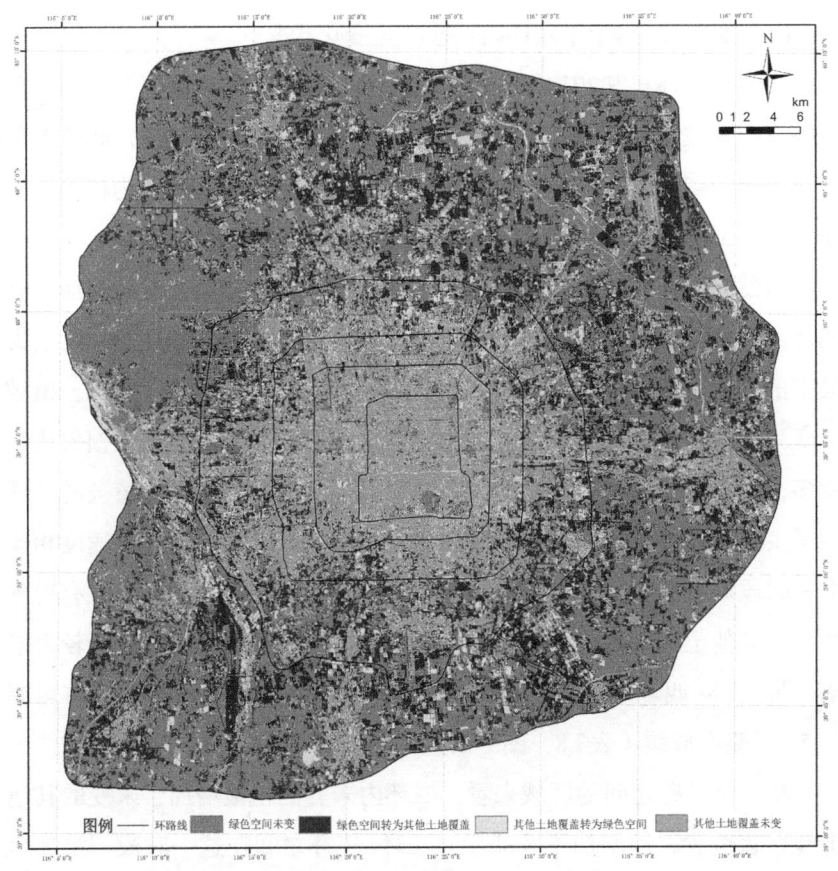

图3-20 1995~2004年间北京六环内植被变化分布图

1995~2004年间北京六环内各环带植被变化面积与比例分布统计表　　　表3.7

单位：(hm²)

	植被未变		植被转为其他土地覆盖		其他土地覆盖转为植被		其他土地覆盖未变	
二环内	561	8.97%	169	2.70%	453	7.24%	5076	81.13%
二环~三环	1007	10.47%	555	5.77%	1032	10.73%	7026	73.06%
三环~四环	1599	11.14%	2006	13.97%	1447	10.08%	9305	64.81%
四环~五环	10897	29.87%	7671	21.03%	3319	9.10%	14600	40.02%
五环~六环	91853	57.35%	32156	20.08%	10248	6.40%	25895	16.17%
合计	105917	46.69%	42557	18.76%	16499	7.27%	61902	27.29%

和4.21%），其他土地覆盖转变为植被的情况也增多（分别增加0.96%和0.75%），而未变的其他土地覆盖都有所减少（分别减少了5.88%和1.29%）。虽然比例和基数面积在三环内数量都非常有限，但也说明了这一空间内的人为干扰向绿化好的方向转移（图3-23）。

（4）2004~2014十年六环内植被覆盖变化状况

2004年9月8日和2014年9月4日这十年间的两个时相数据显示，六环内整体"植被覆盖未变"类型的面积急剧下降，仅为37.63%，相比上一时段（1995~2004）减少了9.06%，虽然"其他土地覆盖转变为植被"的比例增多3.87%，但"其他土地覆盖未变"的面积增加了7.65%，说明植被依然在减少。"植被覆盖未变"的面积在四环内都有少量增加，而四环~五环和五环~六环都有较大的植被覆盖损失，相比上一时段损失最多的为五环~六环之间，达193.80km²，占该环带面积的12.1%。植被转变为其他土地覆盖的数据显示，相比上一时段，三环内植被损失比例变多，三环至六环损失比例变少，同时其他土地覆盖转变为植被的三环内减少，三环外增多。说明三环内绿化情况变差，三环外开发速度相比上一时段略有放缓，但植被继续减少的面积依然在很大程度上没有得到回补。其他土地覆盖未变的情况显示三环内有所减少，而三环为较大增幅，但三环~四环和四环~五环的增幅程度略有放缓。六环内整体增幅7.65%，略有放缓（表3.8，图3-21）。

从各个环路之间的区域来看，二环内未变的植被增加，未变的其他土地覆盖减少，但增加不及减少。二环~三环之间在这一时段"植被覆

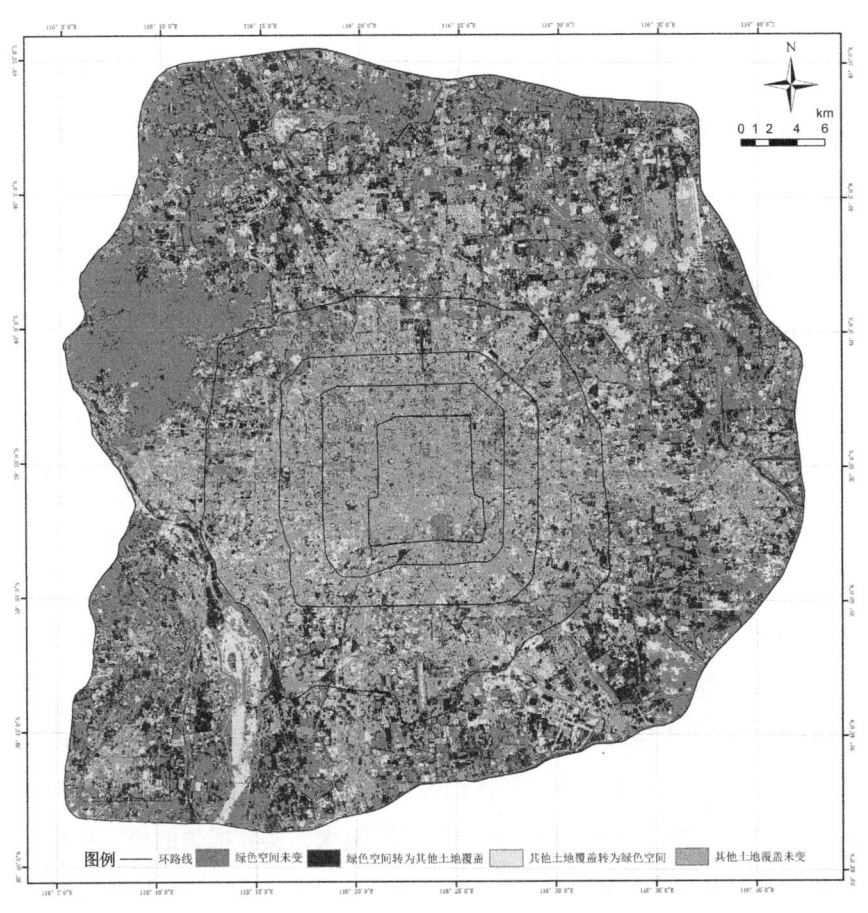

图 3-21 2004~2014年间北京六环内植被变化分布图

2004~2014年间北京六环内各环带植被变化面积与比例分布统计表　　表3.8（单位：hm²）

	植被未变		植被转为其他土地覆盖		其他土地覆盖转为植被		其他土地覆盖未变	
二环内	641	10.24%	373	5.96%	308	4.92%	4937	78.90%
二环~三环	1156	12.02%	884	9.19%	770	8.01%	6811	70.82%
三环~四环	1811	12.61%	1236	8.61%	1605	11.18%	9707	67.61%
四环~五环	9280	25.44%	4936	13.53%	4611	12.64%	17660	48.41%
五环~六环	72473	45.25%	29629	18.50%	17909	11.18%	40142	25.06%
合计	85361	37.63%	37058	16.33%	25203	11.11%	79257	34.94%

盖未变"的略有增多,但"植被转变为其他土地利用"的速度相比前一时段加快。三环至六环之间的趋势比较相似,"植被覆盖未变"和"其他土地覆盖转变为植被"的增幅面积都有减少,由"植被转变为其他土地覆盖"的面积增幅也变少,但是维持其他土地覆盖不变的面积有较大增幅,尤其在四环~五环间有将近一半(48.41%)的面积维持了非植被的覆盖面积,五环~六环之间"其他的土地覆盖未变"类型的面积维持在25.06%(图3-23),城市生态系统被侵蚀的状况加剧。

(5) 1984~2014三十年六环内植被覆盖变化状况

通过计算1984年8月16日和2014年9月4日相差三十年的植被覆盖变化情况,六环内整体只有不到一半的面积(占42.99%)维持着植被覆盖,超过三分之一(33.82%)的面积由植被转为其他土地覆盖,17.42%的面积其他土地覆盖未变,城市生态系统被蚕食超过三分之一。分项来看,二环内和二环~三环间分布只有5.07%和5.91%的面积"植被覆盖未变",城市核心区稳定的植被面积非常有限。五环~六环之间超过一半的面积(52.85%)在三十年间还是植被。在六环整体三分之一的植被覆盖被改变的面积中,二环内和二环~三环仅损失1.68%和9.87%,但三环外出现明显的巨大植被损失,由于越向外围环带面积越大,实际损失的植被面积逐步扩大,三环~四环为36.74km^2,占25.59%,四环~五环为134.60km^2,占36.89%,五环~六环为585.42km^2,占36.55%。其他土地覆盖变为植被的情况在四环内明显好于三环外部,二环内为6.32km^2,占10.10%,二环~三环13.58km^2,占14.12%,三环~四环为19.17km^2,占13.35%,但是由于四环外围面积基数增大,显示由其他土地覆盖变为绿色空间的比例就会显得较少。"其他土地覆盖未变"的类型由外围向中心比例逐步增大,但面积随着各个环带的基数减小而变小。其中五环~六环之间只有6.98%的面积是三十年前后一直维持"其他土地覆盖"的面积(表3.9,图3-22)。

各个环线的情况为,二环内以其他土地覆盖未变为绝对大部分面积,二环~三环之间有其他土地覆盖转为植被的多于植被转为其他土地覆盖的情况(多4.34%),但70.22%的面积是非植被覆盖的面积。三环~四环之间一半以上面积为"其他土地覆盖未变"类型占50.59%,四分之一以上的面积是植被转化为其他的土地覆盖。四环外的情况显示植被转变为其他土地覆盖的趋势都非常强,四环~五环为36.89%,五环~六环为36.55%,而其各自保留的植被面积也比较有限,分别为28.80%和52.85%(图3-23)。

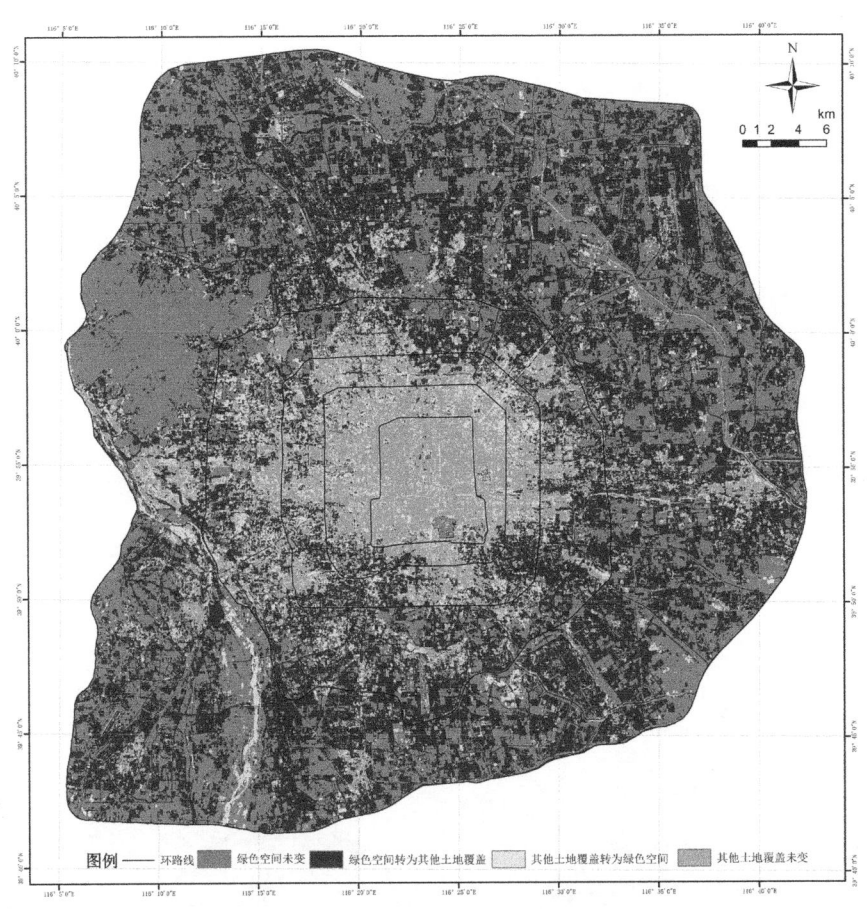

图3-22 1984~2014年间北京六环内植被变化分布图

1984~2014年间北京六环内各环带植被变化面积与比例分布统计表　　表3.9

（单位：hm^2）

	植被未变		植被转为其他土地覆盖		其他土地覆盖转为植被		其他土地覆盖未变	
二环内	317	5.07%	105	1.68%	632	10.10%	5205	83.19%
二环~三环	568	5.91%	941	9.78%	1358	14.12%	6753	70.22%
三环~四环	1497	10.43%	3674	25.59%	1917	13.35%	7264	50.59%
四环~五环	10507	28.80%	13460	36.89%	3372	9.24%	9121	25.00%
五环~六环	84635	52.85%	58542	36.55%	5705	3.56%	11180	6.98%
合计	97524	42.99%	76722	33.82%	12984	5.72%	39523	17.42%

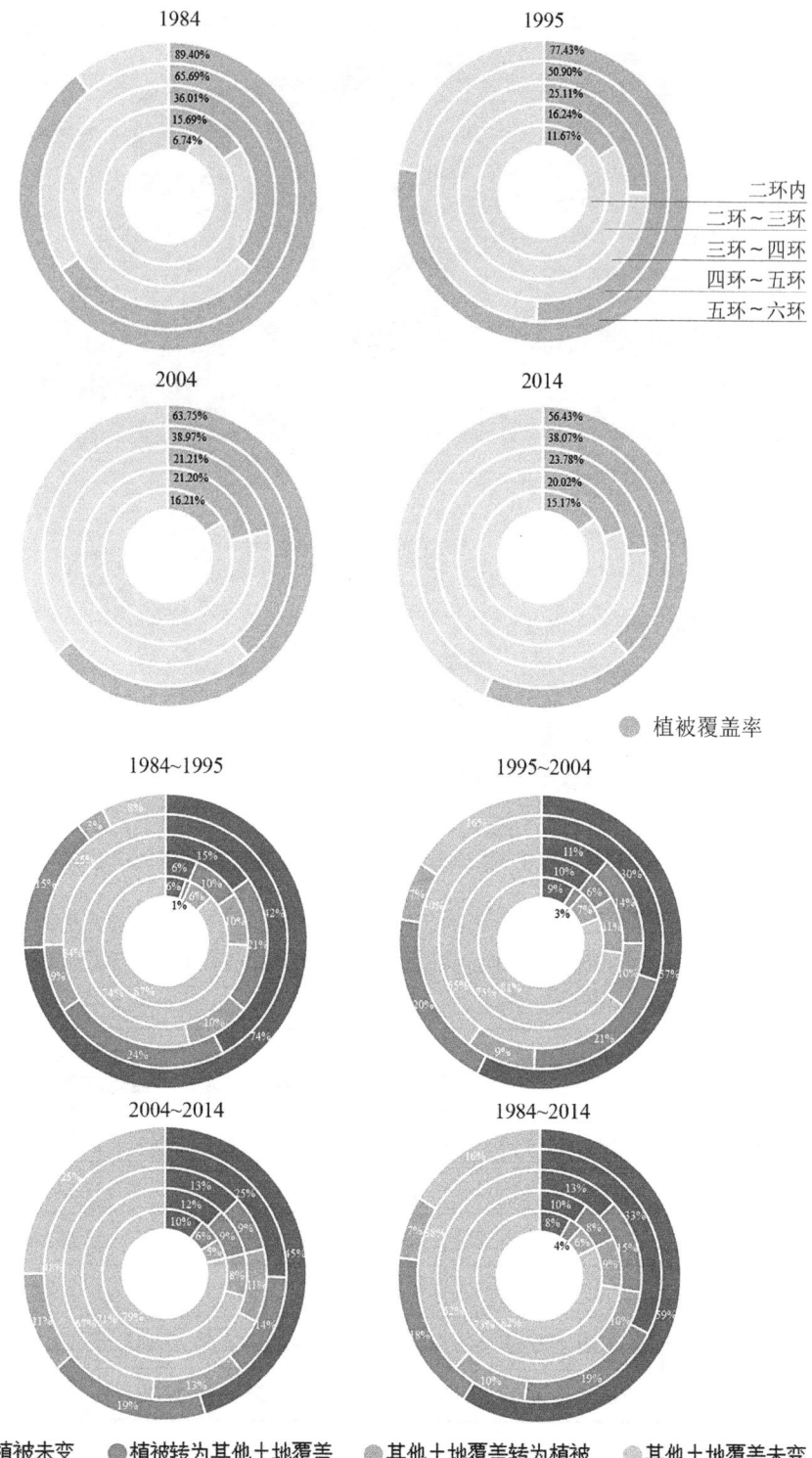

图 3-23 北京六环内植被面积指标分环统计分析图

3. 六环内植被覆盖变化研究结论

从北京六环范围内1984~1995~2004~2014三十年的植被覆盖变化状况可以看出，由外围到中心城市植被空间比例逐渐减少，三环~四环、四环~五环、五环~六环范围被开发强度在1995年后逐渐增强。虽然2004~2014年间略有减弱，但总体城市生态系统被侵蚀的程度非常严重。尽管城市中心区的植被面积增加，但是相对于建设开发强度和历史都非常稳定的城市中心地区，生态系统成为非常珍贵的物质空间，亟待系统化增强。

城市核心区的植被覆盖空间总量有限，再加上结果较为分散且不具备连接性和系统性。导致城市中心地区的生态系统非常脆弱，且很容易退化，无法形成良好的生态系统服务。北京中心地区水系廊道，是城市中心地区自然生态空间连接形成系统的重要生态廊道和景观廊道，更是城市生态系统服务最有潜力的供给者。沿着水系建设生态和景观空间，相比较在城市道路两边建设沿路绿带，其生态效果更好，效率更高，更加稳定，生态系统服务更优。

此外，由于北京六环内地表水体利用Landsat TM遥感影像分类所代表的情况随时间、天气状况、大气辐射等的变化影响较大，虽然也有研究利用MNDWI系数计算水体进行提取的研究，但是本研究涉及的遥感影像数据提取的MNDWI在多时相对比中效果并不理想。

3.2.3 北京中心地区蓝色和绿色空间现状分析（2015/09）

1. 高分二号遥感影像数据的预处理和特征提取

本研究主要选取Envi5.3和ArcGIS10.2内部工具模块来实现数据的处理和分析，因为高分影像巨大的数据量，本研究选用了多步骤处理和分析的方法减少巨大数据的产生。具体步骤为：（1）利用城区矢量边界对高分遥感影像数据进行剪裁。（2）分别对高分二号遥感影像的多光谱和全色波段进行配准。（3）利用高分遥感影像的高分辨率特征，对多光谱和全色波段进行了融合（使用了Envi5.3的Gram-Schmidt Pan Sharpening融合模块）。（4）将融合后的影像进行图像镶嵌并基于2012年7月的INKNOS融合后的高分影像再次进行配准。（5）由于高分影像中城市地区的阴影和水体在分类中无法完全自动提取分离，同时研究区内水体

图 3-24 北京中心地区蓝、绿、灰空间分布图

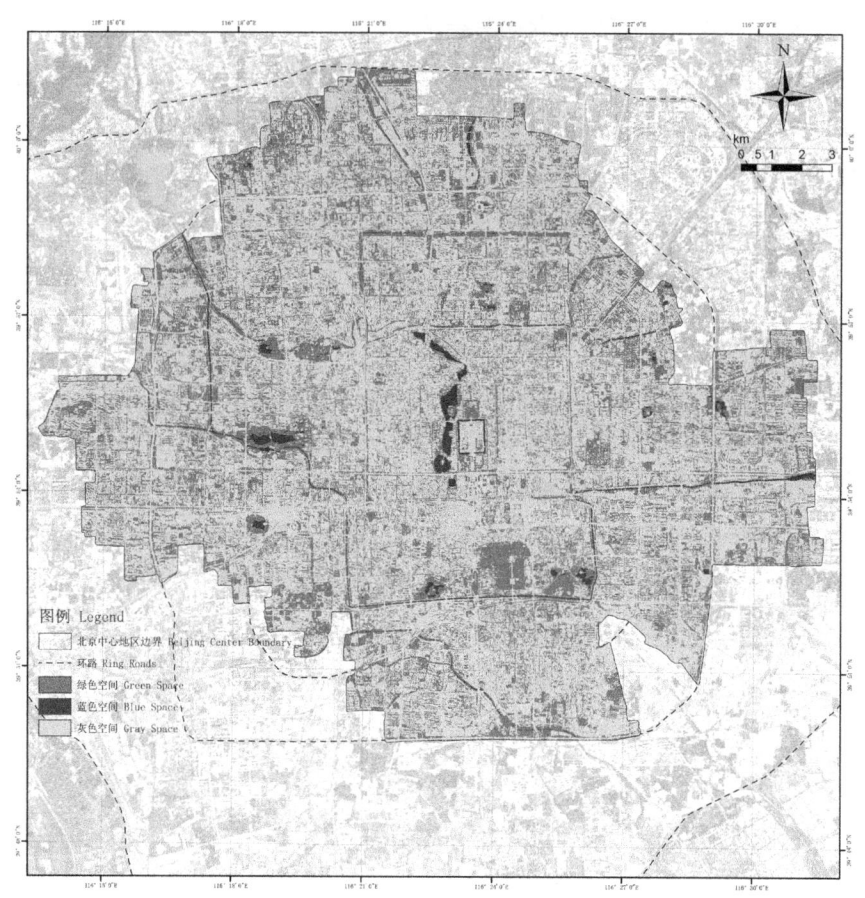

面积不大,因此对水体进行人工目视解译。(6)对水体制作1km宽缓冲区作为水系廊道和进一步开展生态服务评价的研究对象。(7)对以上数据利用城市中心地区矢量边界进行二次切割。(8)利用植被增强指数NDVI提取出北京中心地区的植被范围,进而可以得到北京中心地区内的水体、植被和人工硬化地表。(9)利用水系廊道边界对指标范围进行剪裁。(10)为了详细评价水系周边的生态服务,对水系廊道范围内的植被在光谱及空间纹理上的差异,以面向对象特征提取的方法得到树木和草地两类土地覆盖。进一步将该区域内的绿地细分为林地和草地。

2. 研究结果

(1)面积和数量比例方面:通过解译得出研究区内水体面积为484.16hm^2(占比1.45%),植被面积为10523.60hm^2(占比31.45%),非水体和植被面积为22458.15(占比67.10%)。生态空间和非生态空间之间比例约为3∶7(图3-24~图3-27,详细数据参见表3.10)。

研究区北京中心地区蓝绿灰空间面积及比例列表　　　表3.10

分类	面积（hm²）	比例（%）
植被（绿色空间）	10523.60	31.45
水体（蓝色空间）	484.16	1.45
非水体和植被（灰色空间）	22458.15	67.10
合计	33465.90	100.00

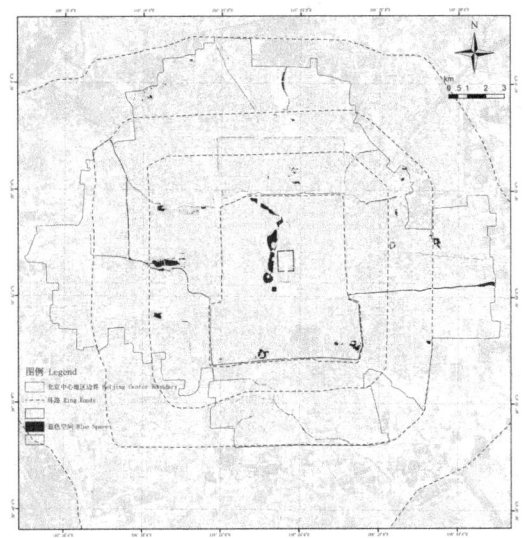

图3-25　北京中心地区水体分布图

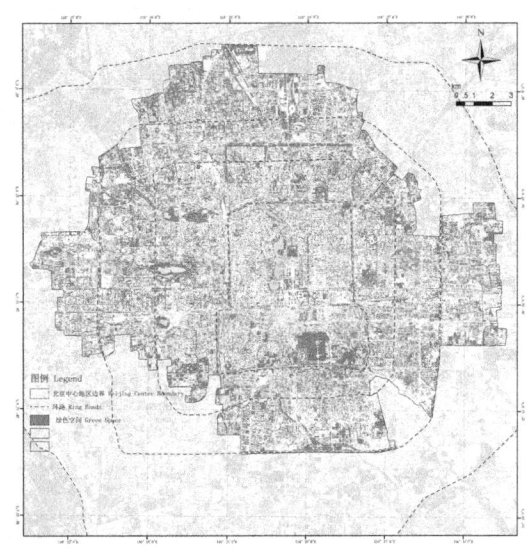

图3-26　北京中心地区植被分布图

（2）结构分布方面：蓝色空间整体比例非常小，且没有形成穿过城市中心的河道。六海水体与中心地区其他地表水体之间没有地表连接，中心地区的核心部位水体联系不足不能形成网络。东西护城河的缺失导致城市缺乏南北向流通的水体。前三门护城河的缺失导致东西向缺乏连接（图3-25，图4-2）。

绿色空间在结构方面显示出和水体的联系较为紧密的特征。河道方面：如长河两岸、转河两岸、西坝河和东坝河两岸、小月河两岸、凉水河两岸、莲花河西侧、

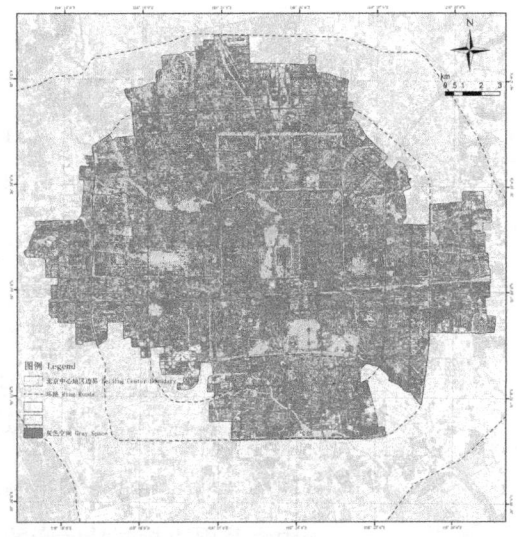

图3-27　北京中心地区人工硬化地表（非水体与植被）空间分布图

北二环和南二环水边及环路两边的绿带，都显示出很明显的蓝绿依存关系。公园方面：如西部的南长河公园、紫竹院公园、动物园、玉渊潭公园、莲花池公园、北部的元土城遗址公园、奥林匹克公园、地坛公园、青年湖公园、柳荫公园、人定湖公园等、中部的北海公园、中山公园等，南部的万泉公园、陶然亭公园、石榴庄公园，东部的日坛公园（和使馆区）、团结湖公园、庆丰公园、红领巾公园等，都反映了公园、水体和绿色空间强烈依存的结构关系。相比之下，城市环路的绿化廊道和斑块在连接性、廊道宽度和面积方面，不及水系形成的廊道和网络（图3-26）。

3.2.4 样本场地植被结构类型制图分析（2015/08）

通过以上市域、六环范围和中心地区三个尺度的空间分析，本研究还在场地尺度对绿色空间的结构和质量展开了研究。当前有多种方法对城市尺度的生态空间进行分析，常用的为生境制图（也称为生态单元制图，Biotope Mapping）的方法。但是从规划设计和生态系统服务出发，对于小尺度城市开放空间展开基础制图的研究相对较少。本研究尝试在北京中心地区水系廊道中选取的场地尺度对植被结构类型（Vegetation Structure Type，VST）进行研究。

在研究中分别展开了针对植被结构的调研、分类、制图、绿量计算和分析。并尝试为北京建立一种植被结构类型分类和制图系统，该系统可以从样本地块开始，利用收集到的植被结构类型逐渐积累相关数据，生成一种可以适用于今后此类基础研究的成套方法。植被结构类型制图和分析结果还可以与城市规划的各层总规、详规、专项规划包括绿地系统规划紧密衔接，并应用于保护城市范围内的重要的生态空间和珍贵的自然空间。

1. 样本场地的选取

本节研究选取了两个样本场地：西海（积水潭）湖岸周边绿色空间（场地一）和通惠河河岸庆丰公园东区（场地二），进行调研、分类、绘图和绿量计算。这两个样本场地分别代表了水系岸边公共空间和公园空间的状况，都处于城市中心地区的历史水系沿岸。场地一属于历史街区中水系周边胡同社区旁的公共绿地，场地二属于水系周边新建城市公园绿地的情况。场地位置及高清影像见图3-28。

图 3-28 西海和庆丰公园东区样本场地卫星影像
（图片来源：2015年8月谷歌地球影像）

2. 研究方法

（1）场地土地覆盖变迁目视判读法

为了分析样本场地土地覆盖、使用和植被的变化状况，本研究利用了谷歌地球自2001至2015年的高清遥感影像，对十四年来样本场地及周边土地覆盖的变化进行目视判读和分析。并从街区和水体岸边两个空间尺度收集历史影像。在街区尺度主要关注样本场地周边环境的土地覆盖变化情况，水体岸边尺度主要关注场地内绿色空间的变化情况。根据两个场地影像可以下载的最早日期为始，分别从2001年或2002年年初开始，以两年为间隔，目视判读影像内同一位置上的土地覆盖变化。按照年份间分别框选出有变化的位置，最终将十四年间的变化进行汇总。

（2）植被结构制图研究方法

植被结构绘图的方法是借鉴生境制图方法在小尺度展开的绘图研究方法。生境制图于20世纪70年代引入德国景观规划和研究领域，主要用于为规划人员提供详尽的生态空间信息。起初多应用于乡村地带，之后逐渐利用于城市生态研究和城市规划[104, 105]。20世纪80年代德国研究协会（DFG）设立景观生态重点制图项目，工作底图比例1∶10000，成图1∶25000[105]。其主要目的是为了将生境制图服务于其当时的规划体系。城市范围内的生境制图也非常关注土地利用，并将土地利用作为核心用于城市生态和城市自然保护领域。20世纪90年代在德国发展成为集调研、分类、评价定居区域和周边情况于一体的方法[106]。"这些方法可以通过城市功能特征和植被结构准确地为同质性城市生境进行界限确定"[107]。

生境制图常常在城市范围以全区域和典型区域展开。但是按照生态网络或廊道进行生境制图的案例较少，而沿着水系廊道进行更为详尽的植被结构类型制图基础研究更为缺乏。这种研究能帮助城市管理部门收集具体详尽的生态网络基础资料，并对提高其廊道和网络的保护与认知有帮助，对规划建设和发展，以及城市生态空间的连接和网络构建有积极作用。这一方法特别适用于生态空间较少、类型相对较少、人工干预较多、没有太多大面积自然空间的北京中心地区。

植被结构类型制图的研究方法中，对植被结构展开调查也成为研究生态系统服务的基础之一。为了解场地现状的植被结构，生物多样性和绿量的相关量化信息。本研究在两个样本场地中根据现状条件设定了分类参数。如：不同植被层的比例、绿量、养护程度、封闭或过度建设的区域比例等。这些参数对不同单元按照绿色环境和植被结构进行归类。在参考德国德累斯顿莱布尼茨城市生态与区域发展研究中心进行的几个相似项目[107]的基础上，本研究设计了数据输入表格，见图3-29。绿色框内参数用于获取生态多样性的信息，红色框内参数用于计算绿量。

空间层次：调研中显示，植被结构往往包含多个层次，例如地被、草本、灌木及乔木等。这些层次可以根据它们的高度以及物理形态用肉眼观察得出。因此在数据输入表格中，定义了9个不同的层次。根据植被结构的高度将其分为三类：第一类是低矮植被，高度在1m之内，在九个层次中占三个；第二类是中层植被，高度大于1m而小于3m，在9个层次中占四个；第三类是高层植被，高度高于3m，在9个层次中占两个。

研究范围：为了准确控制植被结构类型的研究范围，在进行正式调研前，先定义了两个地块内的植被研究范围。场地一：西海湖岸样

图 3-29 调研参数数据输入表示例

	Layer of vegetation	Proportion	Average height	Average distance to bottom	Amount of sealed surface	Amount of overbuilt surface	Level of maintanence	Shape of canopy
		in %	in m	in m	in %	in %	Level (1 / 2 / 3)	Cyl / Cone / Sphere / Cyl with Caps
low Veg. < 1 m	lawn				2,00	0,00	2	x
	waterplants							x
	bushes, shrubs, herbs	15	0,30	0,00			2	x
medium Veg. > 1 m < 3 m	bushes, shrubs, herbs							x
	hedge	80	1,00	0,15			3	x
	shrubbery							x
high Veg. > 3 m	trees < 3 m	10	2,20	1,20			2	Sphere
	trees < 10 m	25	7,00	2,00			2	Sphere
	trees > 10 m							

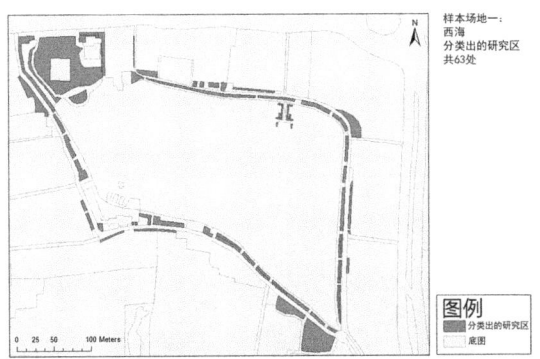

图 3-30　样本场地一：西海湖岸植被结构研究范围图

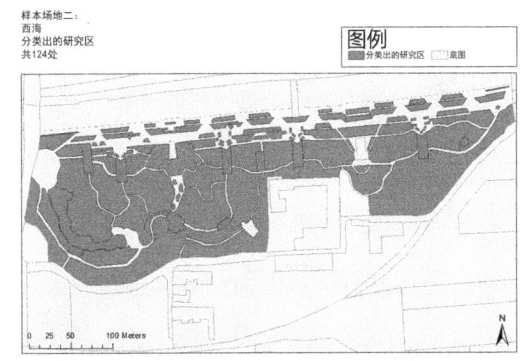

图 3-31　样本场地二：庆丰公园东区植被结构研究范围图

本场地中，将湖岸边至第一排房子之内的可见绿色空间纳入研究范围；场地二：庆丰公园东区由于有公园围栏，所以该地块不需要其他研究边界的限制条件（图3-30、图3-31）。绘图以及随后的计算分析过程均在以上研究范围展开。借助于ArcGIS10.2地理信息系统软件完成。

养护情况：由于生物多样性与植被养护有关，养护尤其会对小的生态系统产生扰动，包括：灌溉、修剪、使用肥料或杀虫剂，以及化学或机械的方式除草，收集落叶阻断营养循环等。为了归纳相关信息，本研究也定义了养护情况的分类。共分三类：第一类指受到养护影响较小或基本无影响的区域；第二类指受到中等程度养护的区域；第三类指受到频繁养护且养护影响强烈的区域。

（3）绿量计算方法

本研究用于计算绿量的参数包括：植被层的比例、平均高度、植物离地的距离、郁闭度。研究中对每一类植被结构斑块都进行了计算，所有植被分类（低矮植被、中层植被、高层植被）都包含在计算当中。由于各个层次的差异，计算方法是将覆盖底面积同各层植被平均高度相乘，得到一个能表示每平方米单位面积绿量的数值因子。在计算中，由于没有特定的测量工具，可能会因遥感影像分辨率和个人测绘过程中估算的不精确而产生一定的误差，但该误差在可接受范围内。

根据相关资料的研究，利用形体转移法对绿量进行计算。草坪、树篱、小灌木、灌木和灌木林都属于中低高度的植被层次，它们可以

图 3-32 基于不同几何形体的绿量计算示意图
（资料来源：Großmann, Pohl, Schulze 1984[108]，Arlt et al., 2005[109]和Lehmann et al, 2014[110]）

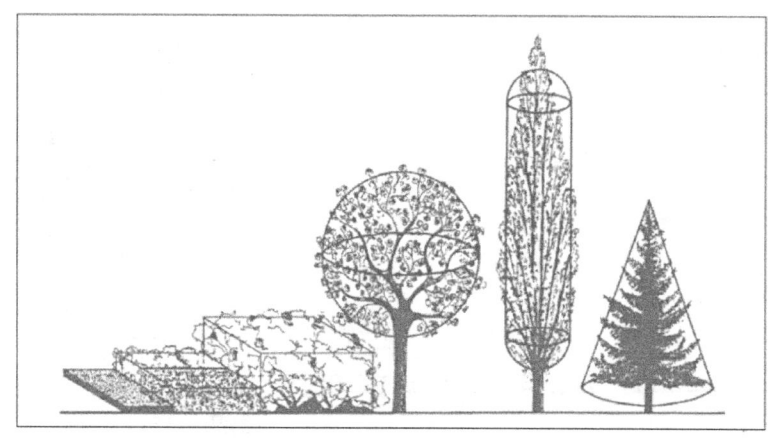

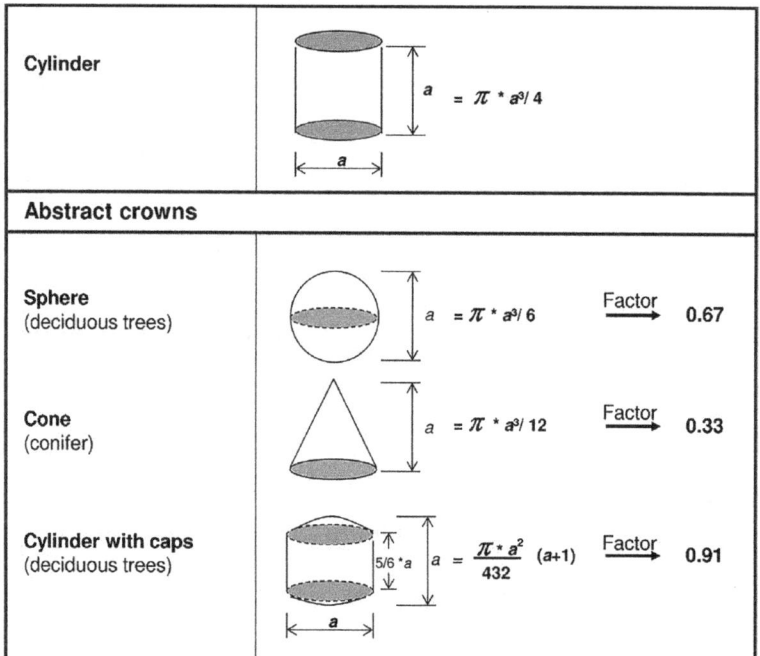

被看作是带有不同高度的长方体。绿量计算中可以依据它们不同的体量特点，选择合适的计算方法，并遵循图解系统进行计算。较高层次的植被乔木在计算中可以被近似视为几何体的四种冠型，包括：圆柱体、球体、圆锥体和球形与圆柱的复合体（带球冠的圆柱形）（图3-32）。

为了防止错误发生，需要用精确的校正系数来计算树的体积。本书中所用到的校正系数都是参考阿勒特等（Arlt et al, 2005）的计算方法[109]。

以圆柱体为基础，并且用校正系数推广到另外三种形状。例如球形树冠，绿量需要乘以校正系数0.67；而计算圆锥形树冠需要乘以系数0.33；若是带盖圆柱体的树冠，校正系数则为0.91（图3-32）。在数据计算表格式中，关于遮盖和重叠部分的空间可以通过被赋值进行调节，如果不多可以进行忽略。

3. 西海周边土地覆盖变迁目视判读结果与分析

（1）样本场地周边土地覆盖变化

通过对2001~2015十四年间，西海周边高清影像的目视判读发现，西海周边街区土地覆盖在2001~2005年时段变化最多，尤其在西海西侧的街区变化最多，其余土地覆盖变化在二环内外都有发生。主要是较大规模的建筑物建设和街区改造项目。2005~2007年和2007~2009年时间段变化减少，变化也还是以建筑物和道路变化为主，建筑密度在增加。2009年之后土地覆盖变化明显减少，除了个别地方，如积水潭医院和西海东北角地块土地覆盖发生变化外，其余基本稳定。但是在城市自然空间方面，没有新建和增加较大空间的公共绿色空间。建筑物的屋顶也没有增加绿化，城市生态空间在这十四年间随建筑密度的增加呈现衰退现象（图3-33）。

（2）样本场地附近土地覆盖变化

通过对西海附近环境高清遥感影像的目视判读分析发现，在2001~2003年和2005~2007年，西海附近的绿色空间变化较少，但修建了滨湖餐厅，在积水潭医院和西海南沿社区土地覆盖发生少量变化。从2006年左右开始，西海东北角土地覆盖发生变化，由原来小尺度的胡同居住区变成工地，而且一直维持到2014年。影像显示为临时建筑的不断拆建，没有在这十四年间恢复出绿色空间，由于人为的干扰，自然演替也没有在这块未被建设的土地上萌发（图3-34）。

除了这个特例之外，西海周边整体被传统的胡同所包围，显示相对稳定的肌理。夏季影像明显可以看出在胡同民居中，乔木高于建筑，构成了散布在胡同民居片区的绿色结构。总体来讲，西海样本场地周边的植被空间以滨水绿带和路旁绿带以及散落在胡同社区中的乔木为主，并相对稳定。这也说明如果不进行大规模建设，城市中公共空间的绿色植被覆盖可以得到相对稳定的保持。此外，传统胡同的院落和植被对城市形成有机疏散的绿色生态结构有积极作用。

4. 庆丰公园东区周边土地覆盖变迁目视判读分析

（1）样本场地周边土地覆盖变化

庆丰公园东区位于北京东三环国贸桥南，北京核心商务区的边缘。通过对2001~2014十四年间高清遥感影像的判读发现，在过去的十四年间，这一片区的土地覆盖发生了巨大的变化。2001~2010十年间，周边土地覆盖的建设项目众多，2007年庆丰公园从密集混杂的平房居住区，转为公园工地，并在2009年变为公园。2010年之后庆丰公园周边，除在个别地方土地覆盖发生变化外，绿色空间的数量明显增加。2001~2014年，滨水岸边变化不大，由于防洪安全的规划，没有出现河岸亲水景观的改变。城市肌理逐渐稳定。总体上由相对杂乱细碎的城市结构转变为高层建筑多，并有较大间距的绿色空间。但是高层建筑间的绿地因为城市路网而隔离，没有形成绿色空间连接和成网的布局。大尺度、低密度、高容积率的建设模式没有带来有机疏散的绿色生态空间格局，且尺度并不宜人（图3-35）。

（2）样本场地附近土地覆盖变化

从样本场地庆丰公园东区来看，2001~2007年间通惠河北岸的快速路修建项目是较大的土地覆盖变化，但是对于沿河岸的绿色空间和景观变化没有带来影响。说明了当时和现状的基础设施建设缺乏对城市设计和生态景观的考虑。最大的变化来自2007~2009年间，庆丰公园位置自小尺度、高密度的居住及多用途土地覆盖，转变为公园的逆城市化过程。2009年公园建成后，附近土地覆盖变化相对稳定，虽然新建项目相对谨慎，但也没有出现新的小尺度的绿色空间增加的情况（图3-36）。

5. 植被结构类型分类结果

通过对两个样本地块的田野调查，本研究确立了19种不同的植被结构类型，第一层次分类主要根据用地性质分为五大类[①]：（1）居住及生产用地，（2）交通用地，（3）绿色空间及休闲用地，（4）水面，（5）乔木、灌木、小灌木。第二层次根据各个用地分类中的植被特征再被分为19个植被结构类型（VST）。分类结果见表3-11，每种用地分类和植被结构类型在调研中都进行了图片分类，详见图3-37 a~e所示。

---

① 该分类参考了德国德累斯顿莱布尼茨城市生态与区域发展研究中心进行多年的德累斯顿绿色空间研究的分类和方法，并结合北京的情况作了调整。

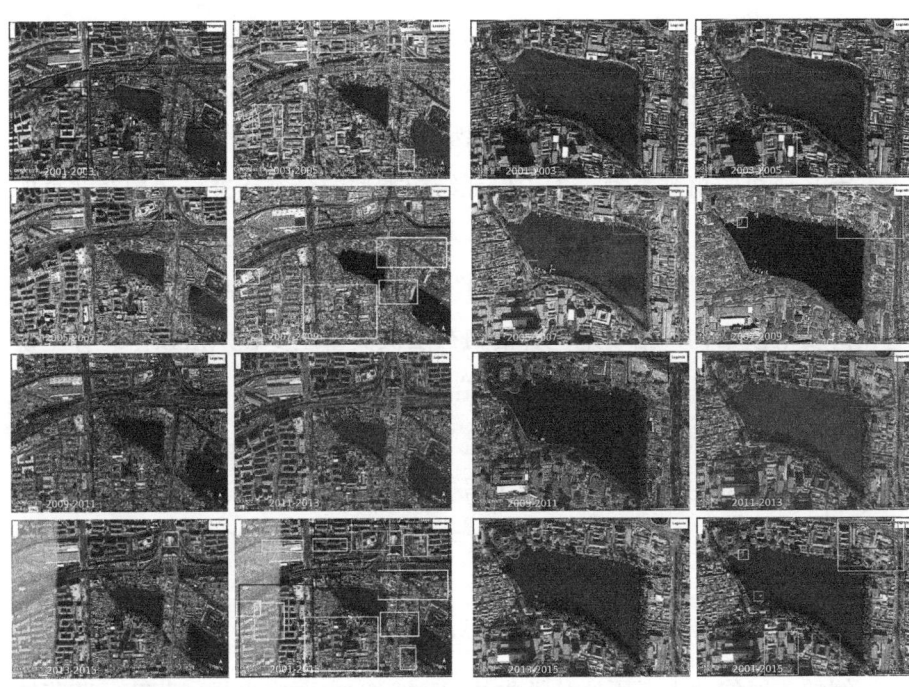

图 3-33 样本场地一 西海周边区域土地覆盖变化目视判读分析图
（底图来源：谷歌地球，图片来源：2015暑期调研成果，作者指导）

图 3-34 样本场地一 西海周边土地覆盖变化目视判读分析图
（底图来源：谷歌地球，图片来源：2015暑期调研成果，作者指导）

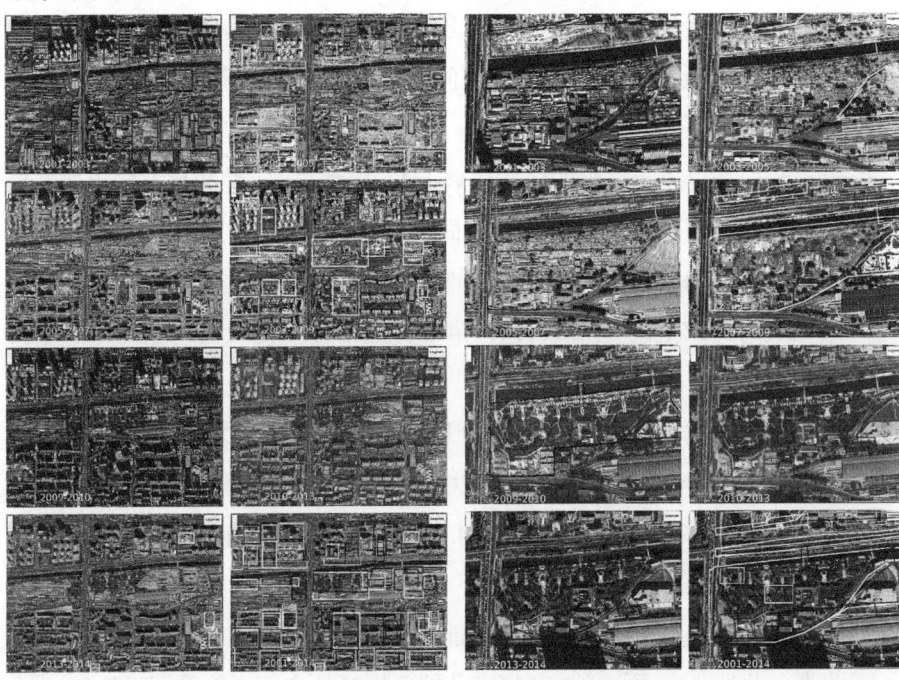

图 3-35 样本场地二 庆丰公园东区周边区域土地覆盖变化目视判读分析图
（底图来源：谷歌地球，图片来源：2015暑期调研成果，作者指导）

图 3-36 样本场地二 庆丰公园东区周边土地覆盖变化目视判读分析图
（底图来源：谷歌地球，图片来源：2015暑期调研成果，作者指导）

用地类型的分类可以用于划分所有绿地的斑块。例如：街旁绿地归属于用地类型2"交通用地"，住宅私有花园归属于用地类型1"居住及生产用地"。在不同的用地类型分组中，可根据更详细的描述，精确定义地块的植被类型。为了保证结构类型的分类能推广运用在北京的其他区域，此分类方法采用了一种简单的归纳方法，分为"高丰富度植被结构"、"中丰富度植被结构"、"低丰富度植被结构"三种。"高丰富度植被结构"指场地包含的植被层次类型至少在六层以上，甚至是九层全部都有；"中丰富度植被结构"指植被结构包含三到五层不同的植被层次；"低丰富度植被结构"指地块植被层次少于三层。这些通用的结构类型在用地分类1到3（居住及生产用地、交通用地、绿色空间及休闲用地）中使用，占据了这三类用地类型的前三项植被结构类型（VST1.1,1.2,1.3）。

一些不包含在这三项的植被结构类型（VST）根据其特征进行命名例如：居住及生产用地分类中的"VST 1.4主要由水果、蔬菜、草药植物构成的植被结构"，"VST 1.5主要由树木构成的植被结构"等带有主要结构特征的命名。因为它们的植被结构不能简单使用"高、中、低丰富度"来描述，需要参考其生物多样性特征，所以增加了这些分类。此外，在"交通用地"和"绿色空间及休闲用地"两个土地利用类别中，分别增加了更加详细的结构类型。在公共交通区域中，经常出现的一种植被结构是单排、群组的树，用VST 2.4表示。另一种明显不同于普通植被的分类是在密闭或过度建设表面上的植被结构，列在VST 2.5。另外，在"绿色空间及休闲用地"中也增加了两个结构类型，第一种是带有绿化斑块的开放空间（VST3.4），第二种是带有绿化斑块的座椅休息空间（VST3.5）。

由于在西海和庆丰公园两个地块水域内的植被均不能使用本书中"高、中、低丰富度"的通用结构分类，水面上的植被被分入类别VST 4.1 "芦苇，多年生植物"和VST4.2 "浮岛花园，具有低丰富度的植被结构"中。第五组也是最后一组的用地分类叫做"乔木、灌木、小树丛"，能在各种用地类型中找到，却不能被详细分类的植被结构类型都被归入此类。此外，在西海地块和庆丰公园个别场地中都还能发现VST 5.1 "古树名木"和VST5.2 "树篱、排状灌木"。

植被结构类型（VST）分类表 表3.11

Landuse Type 用地类型	No. 编号	Legend 图例	Vegetation Structure Type（VST）Description 植被结构类型分类描述
1 Residential and industrial area 居住及生产用地	1.1		garden, yard, rich in structrue 花园、庭院，具有高丰富度的植被结构
	1.2		garden, yard, medium structure 花园、庭院，具有中丰富度的植被结构
	1.3		garden, yard, poor in structure 花园、庭院，具有低丰富度的植被结构
	1.4		mainly fruits, vegetables, herbs 主要由水果、蔬菜、草药植物构成的植被结构
	1.5		mainly wooden structures 主要由树木构成的植被结构
2 Traffic area 交通用地	2.1		attending vegetation, rich in structure 路旁植被，具有高丰富度植被结构
	2.2		attending vegetation, medium structured 路旁植被，具有中丰富度植被结构
	2.3		attending vegetation, poor in structure 路旁植被，具有低丰富度植被结构
	2.4		row, group of trees 成行成组的树木
	2.5		mainly sealed or overbuilt, low vegetation 不透水面密闭或过度建设的植被结构
3 Green and recreation area 绿色空间及休闲用地	3.1		park, rich in structure 公园植被，具有高丰富度的植被结构
	3.2		park, medium structured 公园植被，具有中丰富度的植被结构
	3.3		park, poor in struture 公园植被，具有低丰富度的植被结构
	3.4		open space with patches of green 带有绿化斑块的开放空间
	3.5		seating accomodation with patches of green 带有绿化斑块的座椅休息空间
4 Water surface 水面	4.1		reed, perennials 芦苇，多年生植物
	4.2		floating garden, poor in structure 浮岛花园，具有低丰富度的植被结构
5 Trees, shrubs, bushes 乔木、灌木、小树丛	5.1		prominent / ancient tree 古树名木
	5.2		hedges, row of shrubs 树篱、排状灌木

1.1 花园、庭院，具有高丰富度的植被结构　　1.2 花园、庭院，具有中丰富度的植被结构　　1.3 花园、庭院，具有低丰富度的植被结构

1.4 主要由水果、蔬菜、草药植物构成的植被结构　　1.5 主要由树木构成的植被结构

（a）VST 1 居住及生产用地中植被结构类型典型照片示例

2.1 路旁植被，具有高丰富度植被结构　　2.2 路旁植被，具有中丰富度植被结构　　2.3 路旁植被，具有低丰富度植被结构

2.4 成行成组的树木　　2.5 不透水面密闭或过度建设的植被结构

（b）VST 2 交通用地中植被结构类型典型照片示例

3.1 公园植被，具有高丰富度的植被结构　　3.2 公园植被，具有中丰富度的植被结构　　3.3 公园植被，具有低丰富度的植被结构

3.4 带有绿化斑块的开放空间　　3.5 带有绿化斑块的座椅休息空间

（c）VST 3 绿地及休闲用地中植被结构类型典型照片示例

4.1 芦苇、多年生植物　　　　　4.2 浮岛花园，具有低丰富度的植被结构

（d）VST 4 水面中植被结构类型典型照片示例

5.1 古树名木　　　　　　　5.2 树篱、排状灌木

（e）VST 5 乔木、灌木、小树丛中植被结构类型典型照片示例

图 3-37　植被结构类型分类及样本场地典型照片
（图片来源：2015暑期调研成果，德累斯顿工业大学实习生绘图，作者指导，迪尔克/Dirk Schmidt、伊丽莎白·舒册/Elisabeth Schütze、朱丽亚·曼特/Julia Manthe拍摄整理）

6. 植被结构类型制图结果

根据制图结果统计，本研究共对两个样本地块中的187块不同的植被结构空间进行了评价。场地一西海湖岸绿色空间共有63个植被属性图块，场地二庆丰公园东区共有124个属性图块。因为两个样本场地的使用性质和周边环境有非常大的差别，所以19种结构类型并不都在两个样本场地中分别出现。图3-38显示了不同植被结构类型斑块的数量分布，及各个样本场地中的总量。用地类型中的"1居住及生产用地"、"2交通用地"及其植被结构子项只出现在了西海样本场地。而庆丰公园样本场地原本就是一个逆城市化的新建公园，所以除了一些古树、树篱及一片水域，这里大多数植被结构都归属于"3绿地及休闲用地"。也没有VST 4.2 "浮岛花园，具有低丰富度的植被结构"。但场地出现了VST 3.5 "带有绿化斑块的座椅休息空间"和VST 5.1 "古树名木"。因为本研究的目的之一是探索建立可能的广泛研究的系统，虽然以上几种植被类型只在个别场地出现，但在北京中心地区的水系廊道内还是有较大数量的出现。

（1）样本场地一：西海湖岸绿色空间植被结构制图斑块数量结果分析

63个与西海相关的植被结构类型斑块中，18个属于"居住和生产

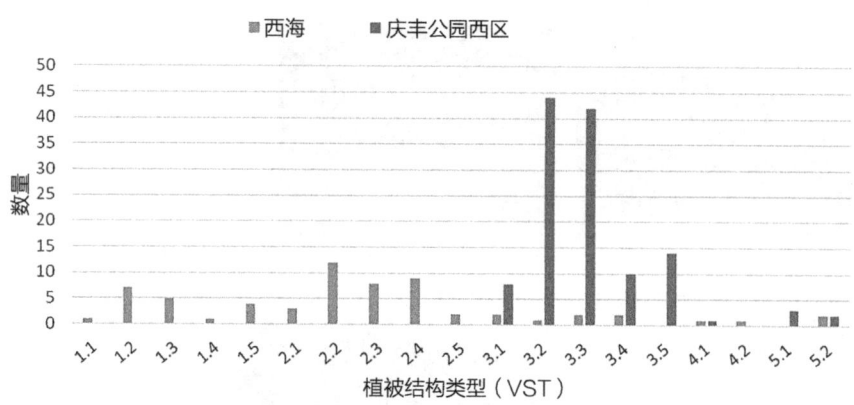

图 3-38 样本场地植被结构类型（VST）斑块数量分布统计分析图
(图片来源：2015暑期调研成果，德累斯顿工业大学实习生绘图，作者指导)

用地"，34个属于"交通用地"，7个属于"绿地及休闲用地"，2个属于"水面"，2个属于"乔木、灌木、小灌木"分类。西海样本场地中最具代表性的结构是VST 2.2"路旁植被，具有中丰富度植被结构"，有12个斑块属于此结构。其次是VST 2.4"成行成组的树木"，数量为9个。VST 2.3"路旁植被，具有低丰富度植被结构"则有8个。符合VST 1.2"花园、院子，具有中丰富度的植被结构"类型的有7个地块。VST 1.3"花园、庭院，具有低丰富度的植被结构"类型有5个。其余植被结构类型的数量都较少。

（2）样本场地二：通惠河岸庆丰公园东区植被结构制图斑块数量结果分析

在庆丰公园东区的124个植被结构斑块中，118个斑块主要分布在用地类型"3绿地及休闲用地"中。只有一个地块属于用地类型"4水面"的植被结构VST 4.1"芦苇，多年生植物"。剩余的5个斑块均分布在用地类型"5乔木、灌木、小灌木"中，其中有3个属于VST 5.1"古树名木"结构分类，另外两个属于VST 5.2"树篱、排状灌木"。44个斑块属于VST 3.2"公园植被，具有中丰富度的植被结构"。42个斑块属于VST 3.3"公园植被，具有低丰富度的植被结构"。这两种植被结构类型构成为了庆丰公园样本场地的主要结构，见图3-38。结构类型VST 3.5"带有绿化斑块的座椅休息空间"和VST 3.4"带有绿化斑块的开放空间"分别有14个和10个。而最为理想的植被结构VST 3.1"公园植被，具有高丰富度的植被结构"只有8个斑块。

（3）样本场地一：西海湖岸绿色空间植被结构制图斑块面积结果分析

在各类植被结构类型斑块面积分布方面，两个场地之间分布差异的情况更为明显。样本场地一西海各植被结构类型中,三个主要的代表类型占研究场地总面积的比率超过一半。其中VST 3.1"公园植被,具有高丰富度的植被结构"占区域面积最大,达到3752.16m²,约占总面积的29%,但斑块的数量只有两个。此外,VST 2.2"路旁植被,具有中丰富度植被结构"的面积1742.72m²,占比约为14%。VST 3.4"带有绿化斑块的开放空间"的面积1736.68m²,占比约为13%。其余植被结构类型面积大小较为分散,详见图3-39、图3-40。

(4)样本场地二:通惠河岸庆丰公园东区植被结构制图斑块面积结果分析

样本场地二中各植被结构类型的面积分布情况非常不同。庆丰公园中没有用地类型的1和2大类。场地最具代表性的用地类型为"3绿色及休闲区域"。其中,VST 3.2"公园植被,具有中丰富度的植被结构"占地31962.59m²,占整个研究场地约55%的面积。另外,约28%(16124.31m²)为VST 3.1"公园植被,具有高丰富度的植被结构"。庆丰公园内VST 3.4"带有绿化斑块的开放空间"的面积为4219.38m²,占比约7%,远小于前两个优势类型。余下的水覆盖区域由VST 3.3"公园植被,具有低丰富度的植被结构"(2141.44m²),VST 4.1"芦苇,多年生植物"(1857.5m²),同VST 3.5"带有绿化斑块的座椅休息空间"(1301.62m²)占据。由于VST5.1"名木古树"和VST5.2"树篱、排状灌

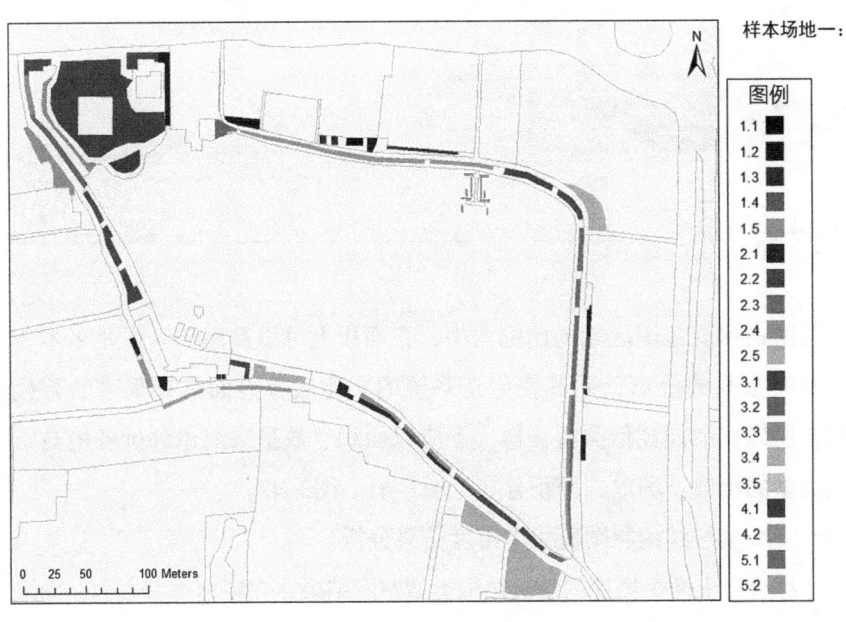

图3-39 样本场地一西海沿岸绿色空间植被结构类型分布图
(图片来源:2015暑期调研成果,德累斯顿工业大学实习生绘图,作者指导)

图 3-40 样本场地一西海沿岸绿色空间植被结构类型面积分布统计图
（单位：m², 图片来源：2015暑期调研成果，德累斯顿工业大学实习生绘图，作者指导）

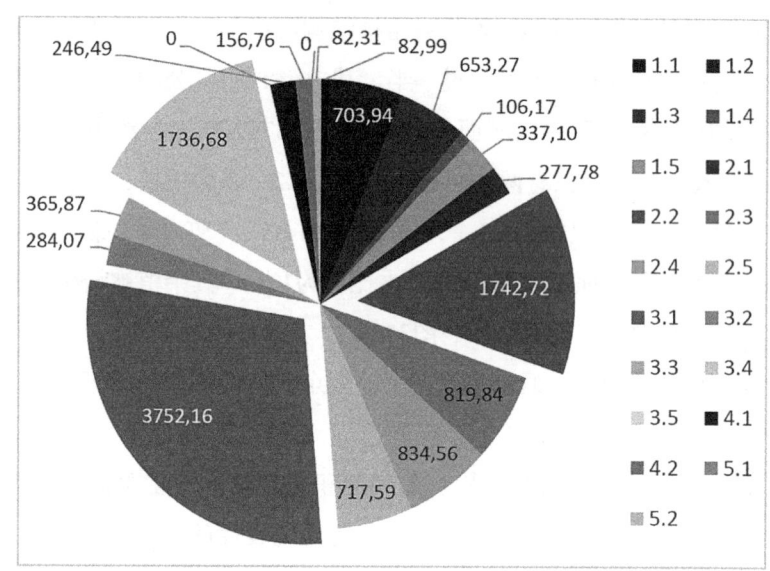

图 3-41 样本场地二庆丰公园东区绿色空间植被结构类型分布图
（图片来源：2015暑期调研成果，德累斯顿工业大学实习生绘图，作者指导）

木"所占研究范围区域的比例太小，在面积上可以被忽略。但是名木古树具有极高的价值，尤其在生态系统的文化服务方面具有很难的替代性，所以正如同其他类型一样，不应以面积、数量来简单评价各植被结构类型的价值。场地二面积分布见图3-41，图3-42。

（5）植被结构制图斑块丰富度结果分析

综合以上两个场地的植被结构类型制图结果，在用地类型方面，"3绿

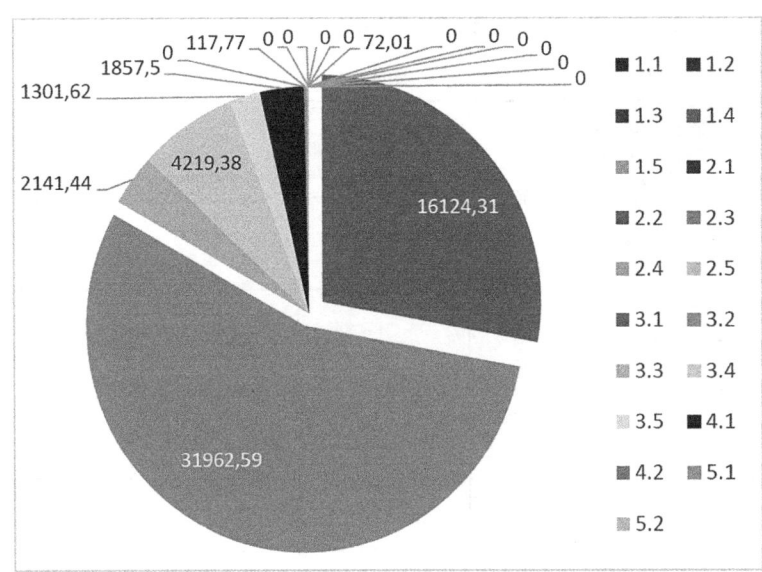

图 3-42 样本场地二庆丰公园东区绿色空间植被结构类型面积分布统计图（单位：m², 图片来源：2015暑期调研成果，德累斯顿工业大学实习生绘图，作者指导）

色空间及休闲用地"是西海和庆丰公园东区最有代表性的用地类型。从生物多样性的角度来看，人为干扰小会具有更为稳定的高丰富度的植被结构。在本研究方法设计中的植被结构类型"高/中/低的植被丰富度"分类对绘图和评价都有帮助，而且可以在空间上显示植被结构的丰富程度，使得评价各个植被结构的丰富程度变得相对直观和便捷。19个VST中的10个在类型描述中都包含植被现状的丰富程度信息，在量化统计和空间制图分布上也建立了联系。

表3.12显示，利用两个样本场地中的相关信息和分层框架计算出了各类植被覆盖层数的平均值。第一层次"高丰富度结构"，指带有6~9层不同植被类型丰富度层次。该层次包含了所有高丰富度的植被结构类型VST 1.1/2.1/3.1。这三个类型的结构中所包含的植被层数平均值约为6。这样看来VST 1.1/2.1/3.1没有显示出在植被丰富度上的巨大差别。也显示了高丰富度层次的丰富度相对较低（6/9）。

第二层次"中等丰富度结构"，指地块带有3~5层不同植被类型的层次。该层次的平均植被层数为4.22，包含8个植被结构类型。各具体植被结构类型的平均层数在2.36~5之间浮动，平均值最高的植被结构类型是VST 1.4"主要由水果、蔬菜、草药植物构成的植被结构"和VST 2.5"不透水面密闭或过度建设表面的植被结构"，平均值都是5，最低的结构类

植被结构类型丰富度分类面积及比例统计表　　　　　　　表3.12

土地利用	编号	图例	平均层数	场地一	场地二	合计
高丰富度的植被结构 （6~9层植被）	1.1		6.00	31.88% 4112.93m²	27.90% 16124.31m²	28.63% 20237.24m²
	2.1		6.00			
	3.1		6.13			
中丰富度的植被结构 （3~5层植被）	1.2		4.57	43.63% 5628.27m²	64.85% 37483.59m²	60.98% 34693.32m²
	1.4		5.00			
	1.5		4.00			
	2.2		4.33			
	2.5		5.00			
	3.2		4.53			
	3.4		4.00			
	3.5		2.36			
低丰富度的植被结构 （1~2层植被）	1.3		1.75	24.49% 3159.10m²	7.24% 4188.72m²	10.39% 4252.51m²
	2.3		2.00			
	2.4		1.44			
	3.3		1.66			
	4.1		2.00			
	4.2		2.00			
	5.1		1.00			
	5.2		1.34			

型是VST 3.5"带有绿化斑块的座椅休息空间"，平均值是2.36。其余的四个植被结构类型层次平均值从高到低为VST1.2/3.2/2.2/1.5/3.4，平均值都大于等于4，说明整体中等丰富度层次的丰富度相对较高（4/5）。

第三层次的"低丰富度层次"，指地块带有1~2层不同植被类型的层次。在这个分类中的第三层次有八个不同的结构类型。其中有三类平均值最高，为2.00，分别为VST 2.3/4.1/4.2。其次为VST 1.3/3.3/2.4/5.2，平均值都大于1。只有VST 5.1"古树名木"只有平均为1层的植被，表示在场地二中的名木古树下为铺装地表。该层次的结构类型拥有良好生态多样性的可能性最低。详细数据见表3.12。

图3-43显示为两个样本地块中三个植被结构丰富度层次面积分布情况。场地一植被丰富度分布的统计结果显示，43.63%为中等丰富度结构的植被，31.88%为高丰富度结构的植被，但是约有四分之一的绿色空间是低丰富度植被结构，占比24.49%。场地二中三个层次的分布情况为，64.85%为中等丰富度结构的植被，27.90%为高丰富度的植被，低丰富度的仅占7.24%。将两个场地的情况进行比较显示，顺序方面，中丰富度＞高丰富度＞低丰富度。但场地二的丰富度情况优于场地一，中丰富度明显增多，低丰富度明显减少。但高丰富的植被结构，场地一比场地二有优势。总体来说，场地一的生物多样性更低。这说明新建的庆丰公园植被丰富度整体高于西海，但是新建公园的高丰富度结构较低。这显示了景观设计较为注重视觉和植物搭配，在现场施工及日常维护中也对自然形成的具有丰富复层结构的植被关注较低。最为丰富的植被结构在研究中显示出，保护比新建有优势。但是在用地功能不同的空间对丰富度影响较大，需要进行更为细致的多时相跟踪对比研究。

7. 绿量计算结果

本研究中与绿量计算相关的重要因素包括：树冠遮盖比例、平均高度、植被离地距离以及阴影面积。虽然绿量不是直接与植被结构类型相关，但对于不同的结构类型，现状绿量有所不同。为了获取每个植被结构类型斑块的详细绿量面积，需要计算19类植被结构类型的单位面积绿量值，再乘以相应斑块的面积之后，得到绿量。

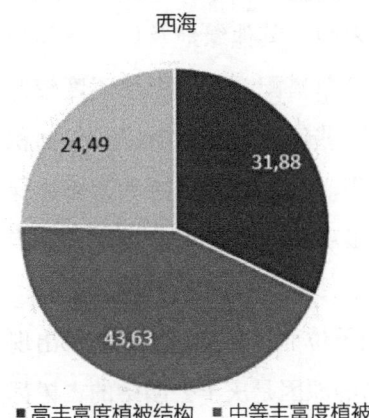
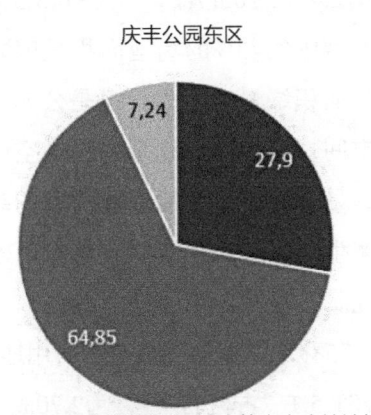

图3-43 两个样本场地三种植被丰富度面积比例对比示意图

调研计算结果显示,单位面积的绿量值在0.33~9.49m³/m²之间(表3.13)。最高的单位面积绿量在"2交通用地"当中。如,湖边并列生长的约12米树高、2~3米冠高、有大量叶子的乔木(图3-37d)。此外,VST 2.4 "成行成组的树木",在非常小的区域内有大量的树,因此其单位面积绿量最高,计算结果显示约9.49m³/m²。另一个绿量高的原因是有大量1米左右高的密集灌木树篱形成复层结构(图3-37b)。其中最低的分类在"4水面"用地类型中。VST 4.2 "浮岛花园,具有低丰富度的植被结构"(1.24m³/m²)和VST 4.1 "芦苇,多年生植物"(0.33m³/m²)单位面积绿量低,原因是水覆盖的面积较大,缺少植被。以上两类只在西海样地出现。

"居住及生产用地"的单位面积绿量值在1.57~3.75m³/m²之间。其中VST 1.5 "主要由树木构成的植被结构"中的值最高为3.75m³/m²。因为该结构类型的主要特征是有很多密集的灌木、乔木和大量枝叶的树篱,所以其植物生物量和绿量均较高。VST 1.4 "主要由水果、蔬菜、草药植物构成的植被结构"的单位面积绿量也较高,为2.41m³/m²。VST 1.1 "花园、庭院,具有高丰富度的植被结构"和VST 1.2 "花园、庭院,具有低丰富度的植被结构"都是草坪、草本、灌木、小乔木和高于3米的乔木的混合,分别为2.07和2.02m³/m²。而VST 1.3 "花园、庭院,具有低丰富度的植被结构"最低,仅为1.57。

用地类型"4绿地及休闲用地"的单位面积绿量数值为1.89(VST 3.5带有绿化斑块的座椅休息空间)~3.11m³/m²(VST 3.2公园植被,具有中丰富度的植被结构)之间。VST 3.1/3.4/3.3的绿量居中,分别为3.01/2.49/2.10m³/m²。在VST 3.5类型中单位面积绿量低是由于该类用地类型中的43%的场地面积是铺装封闭表面。其他绿地及休闲空间的单位面积绿量,因为很多是公园中的乔灌草搭配,并配合郁闭度较低的空间,及观花、观果等观赏空间以及一些使用空间,所以单位面积的绿量没有一些交通用地类型的绿量密集。但是对于公园和道路边绿地产生的绿量和生态系统服务及效益等多项指标的关系还需要进一步研究。

"5乔木、灌木、小树丛"用地类型的单位面积绿量相对高的值出现在VST 5.1 "古树名木",为2.70m³/m²,高的原因是庆丰公园中的古树都有密集的叶子,枝繁叶茂。VST 5.2 "树篱排状灌木"仅为1.63m³/m²。

植被结构类型单位面积绿量平均数值统计表　　　表3.13

Landuse 土地利用	No. 编号	Legend 图例	Specific Green Volume (m^3/m^2) 单位面积绿量（m^3/m^2）
Residential and industrial area 居住及生产用地	1.1		2.07
	1.2		2.02
	1.3		1.57
	1.4		2.41
	1.5		3.75
Traffic area 交通空间	2.1		4.25
	2.2		3.37
	2.3		7.32
	2.4		9.49
	2.5		7.42
Green and recreation area 绿色空间及休闲用地	3.1		3.01
	3.2		3.11
	3.3		2.10
	3.4		2.49
	3.5		1.89
Water surface 水面	4.1		1.24
	4.2		0.33
Trees, shrubs, bushes 乔木、灌木、小树丛	5.1		2.70
	5.2		1.63

　　由以上单位面积的平均绿量数值和利用ArcMap10.2绘制的植被结构图中的各类结构斑块面积进行计算，得出两个样本场地的总绿量：西海研究范围面积约为12900.30m^2，计算得出的绿量是52714.11m^2。庆丰公园东区的研究范围为57796.62m^2，总绿量为99222.98m^2（表3.14）。根据样本地块的用途和大小，结果与研究前的预判有一定差别。主要体现在庆丰公园作为城市公园应该比西海湖岸公共空间有更大的单位面积绿量供给效率，但统计和绘图结果表明，西海和庆丰公园两个场地的单位面积绿量供给分别是4.09m^3/m^2和1.72m^3/m^2，比例约为2.38∶1，即西海的单位面积湖岸公共开放空间提供的绿量更高。虽然绿量的计算、指标的

场地一和场地二绿量计算结果列表 表3.14

	样本场地一：西海	样本场地二：庆丰公园东区
研究场地植被区面积	12900.30m²	57796.62m²
绿量合计	52714.11m³	99222.98m³
场地单位面积绿量	4.09m³/m²	1.72m³/m²

组合、误差的产生，甚至绿量与生态系统服务的提供只是相关性关系，但是从绿量的角度可以得出，新建公园不及现有遗留的绿色空间的单位绿量供给能力。虽然不能从全市的情况得到这样的结论，但是从两个场地的调研、制图和计算可以发现，保护比新建具有更好的绿量供给效率。主要原因是植物生长需要时间，植被作为生态系统服务的供给者需要时间进行生长和累积，保护尤为重要。如果能够利用现状进行生态空间的增建，其成本和效益将会更加优化。

8. 讨论与结论

本小节关注于场地尺度的、反映绿色空间质量的量化研究。对选取的西海湖岸和庆丰公园东区两个场地进行了植被结构类型制图。制图不仅在空间研究方面收集了数据，调查了场地的生物多样性，而且计算了场地植被的绿量。本研究由于时间的限制，只能收集和分析有限的场地和有限的基础数据。但针对植被结构类型的调研、分类、制图、计算绿量、统计分析的整套路径可以成为可行的城市地区生态空间研究途径。在未来，该途径可以随着研究的深入而逐渐完善，最终建立起包含北京中心地区所有植被结构类型的完备系统。为未来的城市自然保护、规划设计、发展建设等，提供最为基础的资料。

研究中通过对场地的多次调研和资料整理，最终分类出5类用地类型和19类植被结构类型（表3.11）。在此基础上进行了制图和统计分析，对不同植被结构类型的斑块在数量、面积和丰富度方面进行了分析。其中植被层次丰富度反映了生物多样性现状。由于庆丰公园高和中丰富度植被结构所占比例大于西海湖边公共空间的相应比例，所以庆丰公园的植被多样性现状高于西海湖岸公共空间。

此外，还需要把不同场地的使用方式和周边环境情况纳入考虑范围中。因为公共空间和有明确边界的公园空间相比，其植被和生物的多样性受到人类活动影响更高。公园内由于有规律性的养护介入，对场地自然生物多样性的干扰也较大。如果可以让城市中某些场地中的植被和绿色空间在较低程度的维护下，使得其在更加自然的状态下生长，将会是一个增加生物多样性的方法。

在绿量的计算方面，首先对两个场地的各类植被结构类型的平均单位面积绿量进行了调研和统计。之后按照类型和相应面积得到各个类型和场地的绿量数值。其结果显示，场地二整体绿量大于场地一，但场地一西海湖岸公共空间的单位面积绿量是场地二庆丰公园的2.38倍。这说明了在本研究的两个场地的绿量方面，保护比建设有更好的效果。

3.3 小结

本章研究分别对北京蓝色空间和绿色空间在多尺度、多维度方面展开研究和分析。在以水系水体为主的蓝色空间方面，分别在（1）市域五大流域，（2）北运河水系流域，（3）市域水三环系统，（4）城市河湖水体，（5）北京中心地区水系，（6）旧城历史水系进行了资料的整理和基于ArcGIS的地理信息系统空间绘图研究。在以植被为主的绿色空间方面，分别对（1）市域1978~2014年间绿色空间相关统计年鉴数据情况，（2）六环范围1984~2014年约每十年间植被覆盖变化情况，（3）北京中心地区2015年8月高分遥感影像特征解译与提取情况，（4）选取的两个样本场地（西海和庆丰公园东区）的植被结构和绿量情况进行了空间制图和量化研究。

主要得到研究结果包括：在水系方面，北京中心地区水系由21条河流、37个湖泊水面作为地表水系与多条"盖板河""暗河"组成城市中心地区的水系，其中遥感解译出的地表水体详见表3.3、表3.4。在水质方面，仅有颐和园至西海及昆玉河、后海以及前海三段水系为II类水体。永定河引水渠、玉渊潭、紫竹院湖、西海、北二环护城河、西坝河连接北二环护城河段、北海、中海、南海、筒子河水体皆为III类水体。其余中心城地表水体水质较差，有大量V类和劣V类地表景观水体存在。

绿色空间方面，市域统计年鉴的30余年的指标反映出园林绿地的增加和农地的大量减少，新的城市建设用地具有相对严格的用地开发管理，35年的数据显示为10%的耕地在开发中被替代为公园绿地（图3-14）。在六环范围30年间的遥感植被覆盖变迁显示，六环内的植被覆盖由从外围到中心城市植被空间比例逐渐减少，多年变化也逐渐变小。六环范围植被面积从1742.44km²下降到1105.61km²，在六环面域2268km²中总计减少636.83km²，比十个北京二环内的面积还大。城市以植被为代表的绿色空间在退化。在北京中心地区，水体面积为484.16hm²（占比1.45%），植被面积为10523.60hm²（占比31.45%），非水体和植被面积为22458.15（占比67.10%）。水体面积极低，亟待增加，恢复历史水系可以带来很好的效果（参见本书7.2.2中关于历史水系恢复的策略）。样本场地的结果显示出保护比新建城市绿色空间在单位面积的绿量方面更有效率，在植被类型的多样性方面新建公园更具优势。

  北京的蓝色和绿色空间是城市生态空间的主体，其"量、构、质"直接反映了城市生态系统的状况和可能提供的服务和功能。虽然当前对于城市生态空间的供给、需求、规划管理以及研究都呼吁增加北京的生态空间，但是较少从生态系统服务的角度进行考量。在本书接下来的三章，将以本章多尺度空间研究为基础，分别对这三个方面从生态系统服务的视角，以北京中心地区水系廊道的229.92km²为对象展开研究。

第 4 章 北京中心地区水系廊道生态系统服务供给评价

对城市内生态系统所供给的服务进行评价，是当前生态系统服务研究的热点和难点之一。因为城市生态系统复杂，异质性高，与人类活动密切相关，所以没有广泛认可的评价方法和途径。本研究尝试利用现有相对成熟的研究方法对北京中心地区水系廊道的生态系统服务进行供给程度和供给价值的双重评价。利用国产高分二号遥感影像数据，以面向对象的特征提取方法，提取出了（1）水体，（2）草地，（3）树木三类土地覆盖特征的生态空间。在整理现有量化评价研究方法的基础上，对水系廊道的4类26项生态系统服务的供给程度进行评价。结合我国生态系统服务面积当量因子，对生态系统服务价值进行评价。最后利用地下水物质量供给计算和北京水生态文化服务公摊计算，调整了依据面积当量计算得出的北京中心地区水系廊道生态系统服务价值（研究流程见图4-1）。

空间分析的结果表明，以北京中心地区水系周边1km缓冲区范围作为水系廊道，整体面积约为229.92km²，其中水体面积约为491.61hm²占比2.14%；草地约为1176.88hm²，占比5.12%；树木约为5402.97hm²，占比23.50%。对生态系统供给程度评价的结果显示，文化服务供给程度高，支持、产品供给和调节服务程度低。通过对生态系统服务面积当量法进行的价值评价并计算调整后，得到北京中心地区水系廊道全年总价

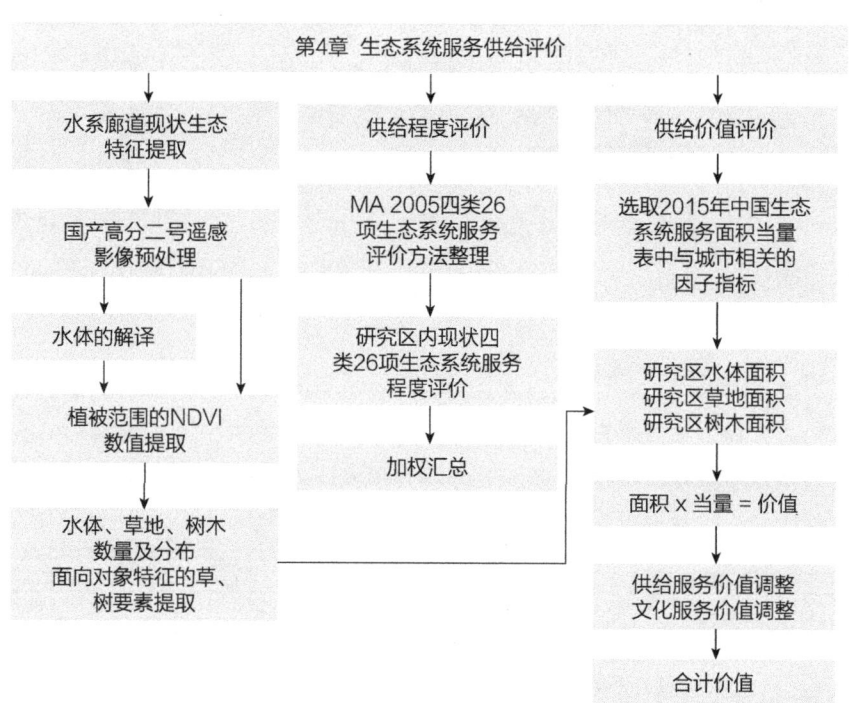

图4-1　第4章研究框架及技术路线示意图

值约为34.42亿元，该价值一方面反映了价值评价对生态系统服务的低估，另一方面也反映了当前水系廊道生态系统服务提供的价值较低。

4.1 北京中心地区水系廊道生态要素空间特征提取

4.1.1 数据的获取与预处理

本章研究选取和利用了我国高分遥感二号卫星在2015年9月2日和3日采集的北京城区三景高分辨率遥感影像数据。该影像云量极低，成像清晰，数据质量较好。在对数据的预处理中使用了Envi 5.3遥感软件进行了配准、切割、融合。在使用Envi5.3的Gram-Schmidt Pan Sharpening融合模块将全色和多光谱波段融合后，影像分辨率为1m。通过对国产高分二号遥感影像水体的目视解译提取，利用ArcMap10.2地理信息系统软件以1km为缓冲区宽度，得到北京中心地区水系廊道的研究对象范围（图4-2）。

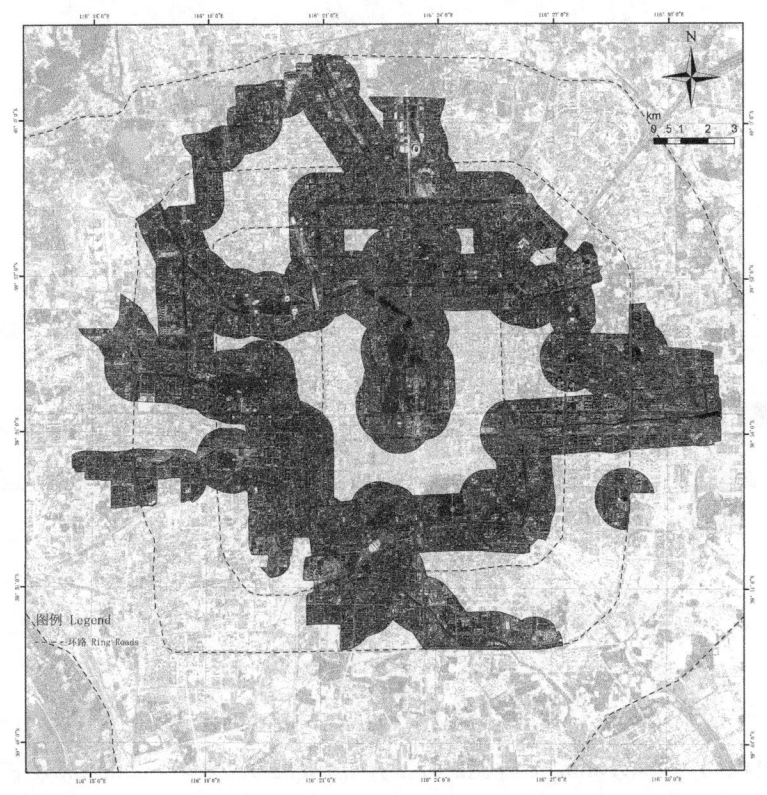

图4-2 北京中心地区水系廊道位置遥感全彩色影像图

4.1.2 分类特征提取的方法与过程

因为树和草所提供的生态系统服务差异较大，在研究对象内需将这两种生态要素进行特征分类。首先对该研究对象内的植被利用NDVI数值的判读，提取出植被空间。之后利用ENVI 5.3中的分割和面向对象的特征提取功能，提取出了草、树两种特征分类。最终得到研究对象内以蓝色和绿色空间组成的城市生态空间，包括：水、树、草三种土地覆盖分类与分布（图4-3）。

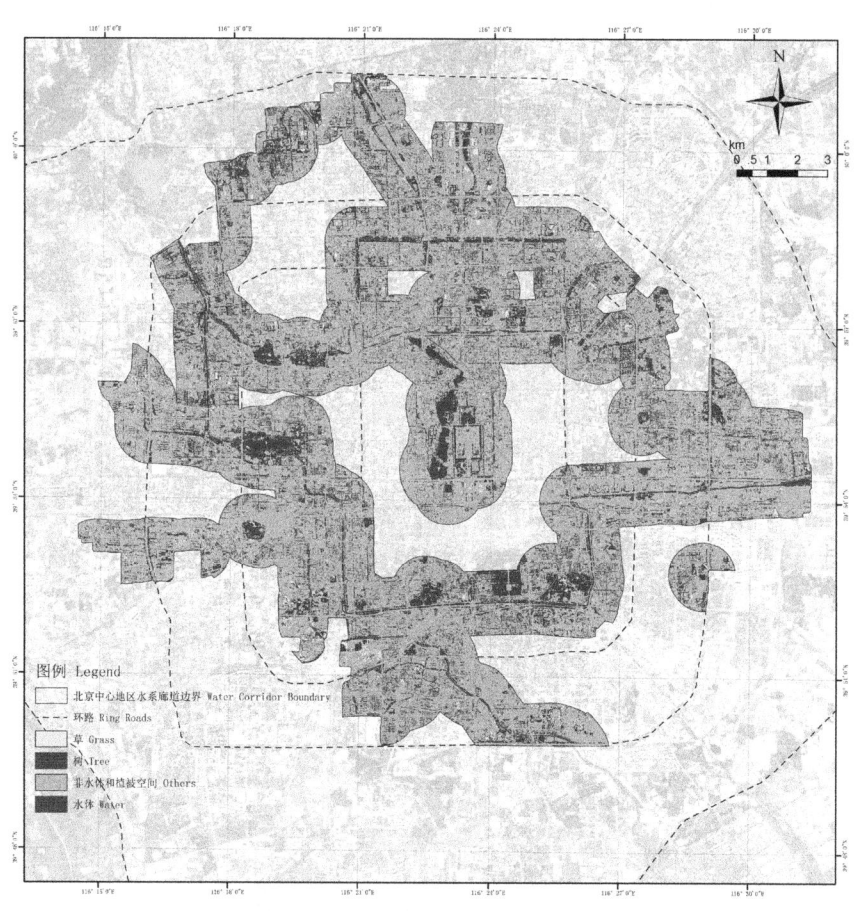

图4-3 北京中心地区水系廊道内水体、草地、树木分类特征提取分布图

4.1.3 分类特征提取的结果

通过对北京中心地区生态空间的特征要素提取，得到研究对象内水体面积约为484.16hm²（占比2.11%），植被面积约为6579.85hm²（占比

28.62%），不透水面面积约为15920.92hm²（占比69.27%）。其中的植被空间利用面向对象的特征提取，分类出草地面积约为1176.88hm²（占比5.12%），树木面积约为5402.97hm²（占比23.51%）。详细数据见表4.1，各要素分布图详见图4-4~图4-7。

北京中心地区水系廊道内水体、草地、树木、不透水面四类特征要素分布面积及比例列表　　表4.1

分类	面积（hm²）	比例（%）
水	484.16	2.10
草	1176.88	5.12
树	5402.97	23.51
不透水面	15920.92	69.27
合计	22984.93	100.00

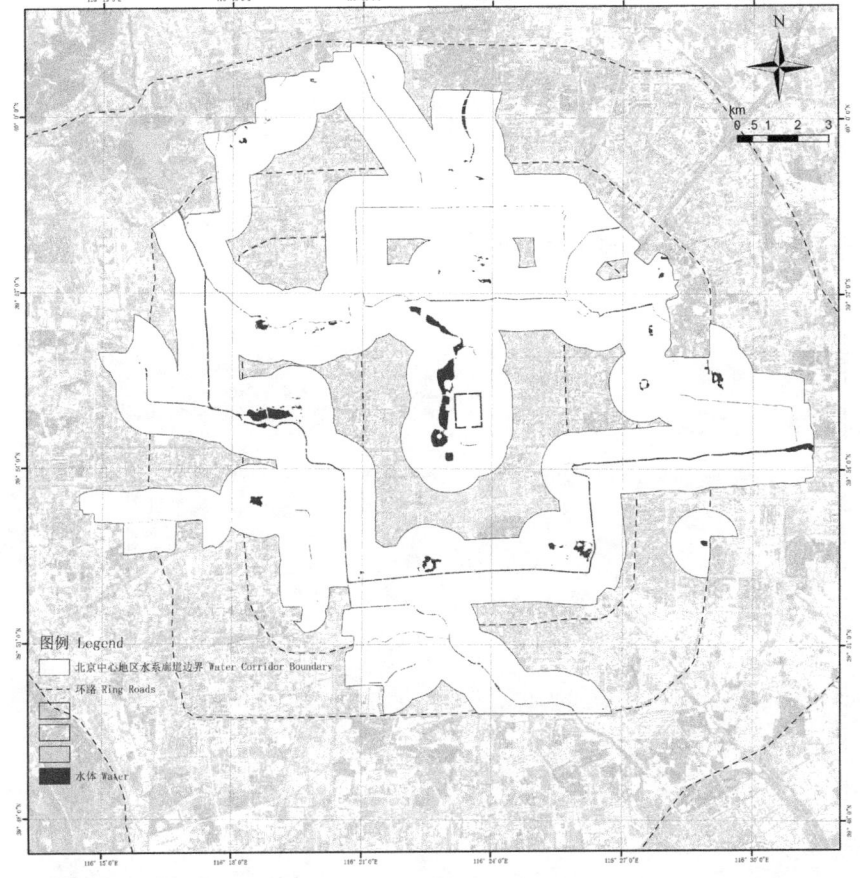

图4-4　北京中心地区水系廊道内水体分布图

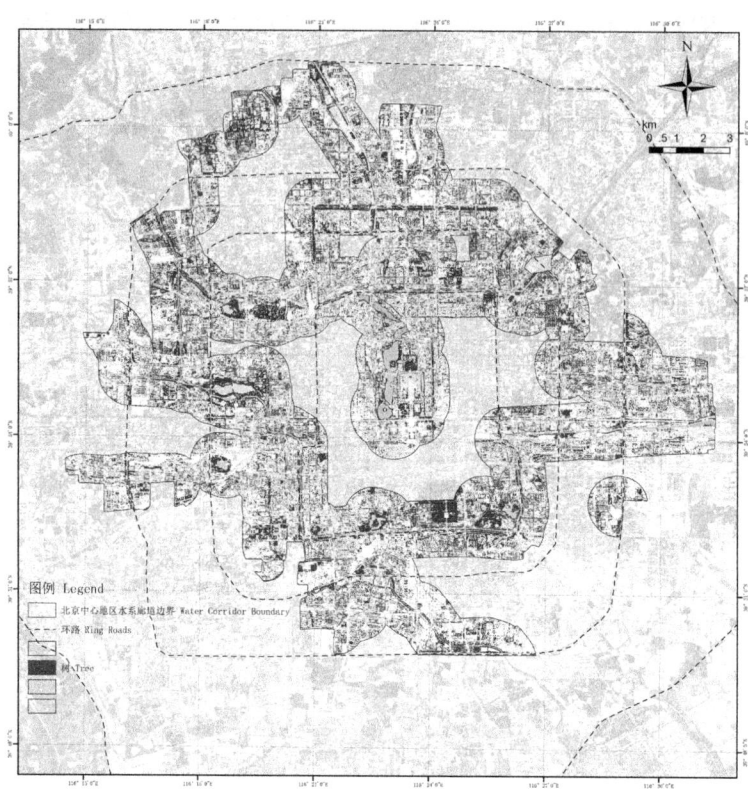

图 4-5 北京中心地区水系廊道内树木分布图

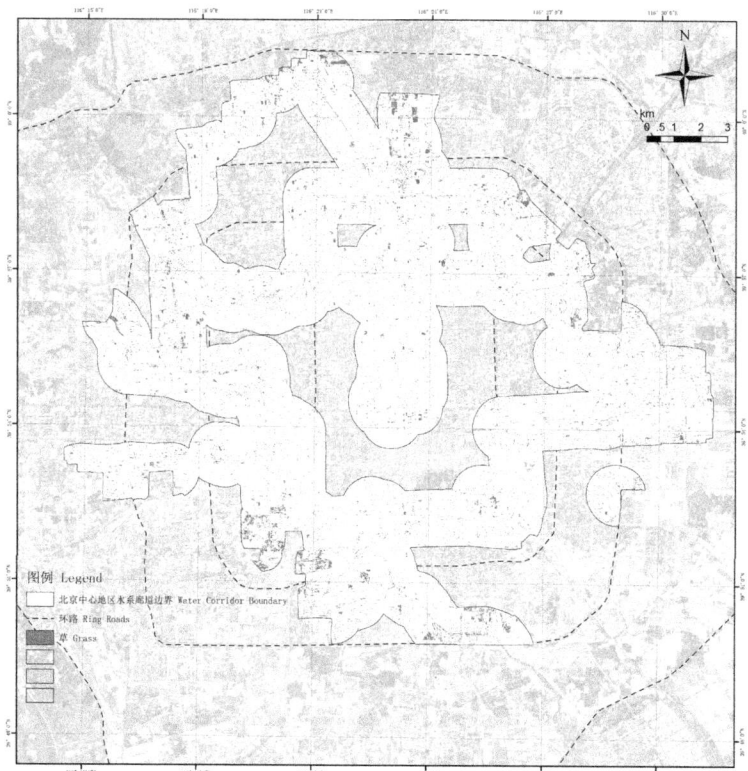

图 4-6 北京中心地区水系廊道内草地分布图

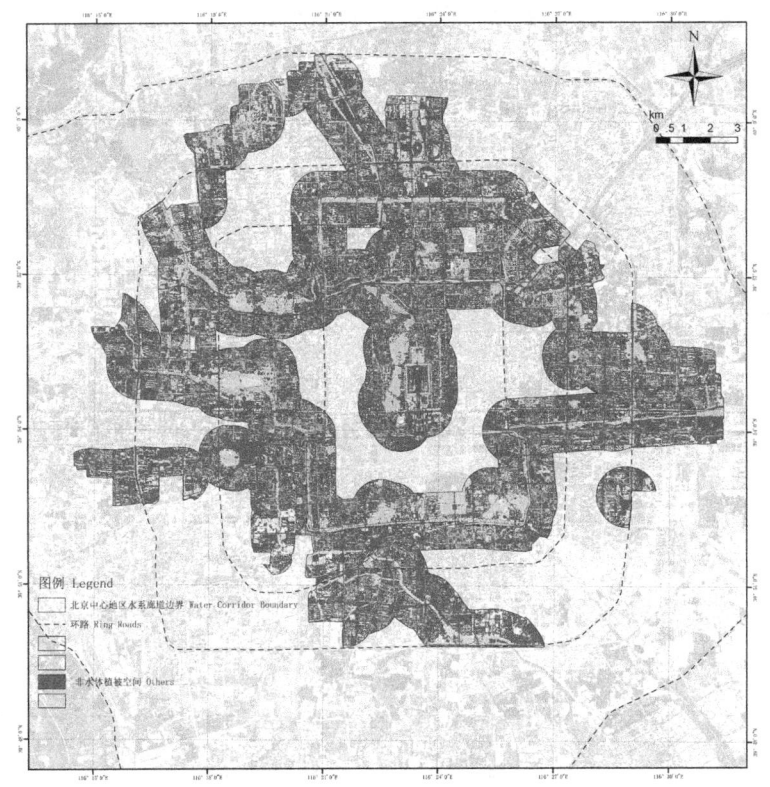

图 4-7 北京中心地区水系廊道内不透水面分布图

4.2 基于生态系统服务分类分项的程度评价

4.2.1 评价方法

当前世界范围还没有成熟和公认的生态系统服务定价计算方法[111, 112]，而在城市生态系统中的定价更为困难。本研究尝试整理已有的研究成果中较为多见的量化评价方法，并借鉴利用多个尺度的评价，尝试对北京中心地区水系廊道的生态系统服务进行供给程度的评价。评价过程中按照MA 2005生态系统服务分类的4类26项，逐一进行对照，并尝试评价"有无"该项服务和有服务项目的"高、中、低"提供程度。程度的判定一方面借鉴了已有的量化研究方法，另一方面参考了研究对象的实际供给情况。该方法也尝试了为中小尺度的城市生态系统进行服务供给状况、程度情况、量化方法和研究案例进行收集和整理。

4.2.2 生态系统服务分类分项程度评价过程

由表4.2的可否程度评价和可否量化的梳理，并借鉴不同尺度的量化方法，可以尝试对北京中心地区水系廊道的生态系统服务供给分类的4类26项逐一进行程度评价。先评价"有无供给"，之后对"有供给"的项目进行"可否程度评价"，对可以的项目按照"高中低"三个程度逐个进行评价。

生态系统服务分类分项程度和量化评价分析表　　　　表4.2

MA 2005 生态系统服务 4类26项	可否程度评价	可否量化评价	量化方法举例
支持 Supporting			
1）光合作用 Photosynthesis	可	可*	计算绿量或叶绿素面积，光合作用方程计算
2）初级生产 Primary Production	可	可*	净初级生产力计算
3）营养循环 Nutrient Cycling	可	可*	根据氮磷钾含量，以净初级生产力和土壤养分库持留法计算土壤营养物质持有量[113]
产品供给 Provisioning			
4）食物 Food	可	可	农作物物质量计算
5）新鲜水源 Fresh Water	可	可	供水量物质量计算
6）纤维制品原料 Fibre	可	可	产品量物质量计算
7）基因遗传资源 Genetic Resource	可	可*	生物物种多样性调研和统计
8）生物化学原料 Biochemicals	可	可	物种或产品物质量计算
调节 Regulating			
9）空气质量调节 Air Quality Regulation	可	可*	滞尘，森林持留二氧化硫，吸收PM10、PM2.5的计量
10）气候调节 Climate Regulation	可	可*	光合作用方程计算固碳排氧调节，调节小气候：如植被和水体降低热岛效应计量，降噪的量化等
11）水调解 Water Regulation	可	可*	雨洪调蓄：依据水面面积与水位年变化计算洪水调蓄量；水质调节：氮磷净化能力计量；涵养水分：降水贮存法计算
12）侵蚀调节 Erosion Regulation	可	可*	水土流失方程计算[114]
13）土壤形成调节 Soil Formation Regulation	可	可*	废弃物降解计算

续表

MA 2005 生态系统服务 4类26项	可否程度评价	可否量化评价	量化方法举例
14）授粉 Pollination	否	否	—
15）害虫调节 Pest Regulation	否	否	—
16）人类疾病调节 Human Disease Regulation	可	否	—
文化 Cultural			
17）文化多样性的价值 Values of Cultural Diversity	可	否	—
18）精神和宗教价值 Spiritual and Religious Values	否	否	—
19）知识系统的价值 Values of Knowledge System	可	否	—
20）教育价值 Educational Values	否	否	—
21）激发灵感的价值 Inspirational Values	否	否	—
22）审美价值 Aesthetic Values	可	否	—
23）社会关系价值 Values for Social Relations	否	否	—
24）场所感价值 Values of Sense of Place	可	否	—
25）文化遗产价值 Cultural Heritage Values	可	否	—
26）休闲和旅游价值 Values for Recreation and Tourism	可	可*	可部分进行量化，常用游客量及消费休闲人数和单人消费量来计算旅游总价值

注：*代表可以量化，但是不能完全量化该项服务，评价是不完全的。

4.2.3 生态系统服务分类分项程度评价结果

关于"有无服务供给"的评价结果显示，北京中心地区水系廊道在MA 2005中所列举4类服务中，都发挥了作用。在26项具体的服务中共提供了其中的22项，4项没有提供（包括：食品供给、纤维原料供给、生物化学原料供给、害虫调节）。其中的15项可以进行程度评价，7项因为服务自身特点和研究对象的特点无法进行程度评价（包括：光合作用、授粉、精神和宗教价值、知识系统的价值、教育价值、激发灵感的价值和社会关系价值）。对可以进行程度评价的项目使用"高中低"三个程度逐个进行评价显示，4项文化服务具有高程度的供给。3项服务具有中等程度的供给，8项具有低程度的现状供给。之后对4类的生态系统服务的供给程度分别加权平均进行评价，得出：支持、产品供给和调节服务供给程度低，文化服务供给程度高。

北京中心地区水系廊道的15项可以进行程度评价的服务中有4项提供了高程度的服务（包括：文化多样性的价值、知识系统的价值、文化遗产价值、休闲和旅游价值）。3项提供了中程度的服务（包括：新鲜的水、人类疾病调节和场所感价值）。其他10项都只提供了低程度的生态系统服务。具体每项服务及程度评价见表4.3。

1. 支持服务

水系廊道为生态系统的光合作用、初级生产和营养循环提供了空间和物种的支持，并为城市中的动物及其他生物物种提供了栖息地，也为人类的户外活动提供了栖息修养的空间。但由于整体面积低（仅占31.76%），供给程度也低。

2. 产品供给服务

几乎没有食物、纤维制品、生物化学原料的供给，但是具有常见城市物种的基因遗传资源的供给，而且物种多样性在城市空间中会更高。新鲜水源的供给主要以地下水和异地调水为主，地表水丧失供给能力，所以供给程度低。

北京中心地区水系廊道生态系统服务程度评价分析表　　　表4.3

MA 2005生态系统服务分类 四类26项	有无供给	可否程度评价	程度高	程度中	程度低
支持 Supporting					低
1）光合作用	有	否			
2）初级生产	有	可			低
3）营养循环	有	可			低
产品供给 Provisioning					低
4）食物	无				
5）新鲜的水	有	可		中	
6）纤维原料	无				
7）基因遗传资源	有	可			低
8）生物化学原料	无				

续表

MA 2005生态系统服务分类 四类26项	有无供给	可否程度评价	程度高	程度中	程度低
调节 Regulating					低
9）空气质量调节	有	可			低
10）气候调节	有	可			低
11）水调解	有	可			低
12）侵蚀调节	有	可			低
13）土壤形成调节	有	可			低
14）授粉	有	否			
15）害虫调节	无				
16）人类疾病调节	有	可		中	
文化 Cultural			高		
17）文化多样性的价值	有	可	高		
18）精神和宗教价值	有	否			
19）知识系统的价值	有	否			
20）教育价值	有	否			
21）激发灵感的价值	有	否			
22）审美价值	有	可	高[①]		
23）社会关系价值	有	否			
24）场所感价值	有	可		中	
25）文化遗产价值	有	可	高		
26）休闲和旅游价值	有	可	高		

3. 调节服务

水系廊道的生态系统可以提供大部分MA2005中所列举的调节服务，但是对于"害虫调节"方面发挥的作用有限，对"授粉"程度无法评价。此外可以提供的调节服务由于面积、数量和结构质量的限制，其调节程度也非常有限。

4. 文化服务

北京中心地区水系廊道的生态系统提供了所有MA2005列举的文化服务。这些价值大部分不能进行量化，甚至有一些服务不能进行程度评价。综合可以进行评价的服务项目得出，其中除了"场所感"为中等程度外，其余都提供了高程度的文化服务。

---

① 该结果来自第五章场地问卷调研满意度评价结果。

4.3 基于生态系统服务价值面积当量的价值评价

4.3.1 面积当量因子价值评价方法

1997年康斯坦兹利用面积当量法对全球17种生态系统服务进行了价值计算，得出了当年全球生态系统服务的平均价值约为33万亿美元，相当于全世界当年生产总值（GNP）的1.83倍，而且这一价值也是被严重低估的最小价值[115]。在我国谢高地等（2007，2015）利用多种方法汇总统计出了我国生态系统服务的面积当量，并计算了我国生态系统服务的价值约为38.10万亿元，进而得出2010年我国人均生态价值量与人均国民生产总值的比例接近1∶1，并且这一计算也同样是低估了我国生态系统服务的价值，更表明了中国生态系统服务相对社会经济价值的高度稀缺性[111]。该研究还提出了基于面积（每公顷）的生态系统服务当量因子，本研究选取了其研究结果的森林生态系统中的针阔混交林、草地生态系统的灌草丛和水域生态系统中水系的服务面积当量因子作为计算因子（表4.4）。

单位面积生态系统服务价值当量因子修订表（节选）　　　表4.4

生态系统分类		供给服务			调节服务				支持服务			文化服务
一级分类	二级分类	食物生产	原料生产	水资源供给	气体调节	气候调节	净化环境	水文调节	土壤保持	维持养分循环	生物多样性	美学景观
森林	针阔混交	0.31	0.71	0.37	2.35	7.03	1.99	3.51	2.86	0.22	2.6	1.14
草地	灌草丛	0.38	0.56	0.31	1.97	5.21	1.72	3.82	2.4	0.18	2.18	0.96
水域	水系	0.8	0.23	8.49	0.77	2.29	5.55	102.24	0.93	0.07	2.55	1.89

注：本表格数据节选自：谢高地等. 中国生态系统服务的价值[J]. 资源科学，2015（09）. 当量单位为千元/公顷。

4.3.2 面积当量因子价值评价结果

通过对北京中心地区水系廊道的主要生态要素进行特征提取，并计算其面积，可以得出相应的生态系统服务价值约为2.10亿元/年（209678477元）。其中，针阔混交林面积约为5402.97hm²（面积占比23.50%），生态系统服务价值约为1.25亿元/年（124754577元，占比59.50%）。灌草丛面积约为4495.682hm²（面积占比5.12%），生态系统服务价值约为0.23亿元/年（23172.767元，占比11.05%）。水系面积约为102.24hm²（面积占比2.14%），生态系统服务价值约为0.62亿元/年（61751132元，占比29.45%）。虽然水体的生态系统服务面积当量最高，但因为北京中心地区的水体面积太少，所以水在北京中心地区的服务价值很低（表4.5）。

从生态系统服务的四大类别来看，调节服务价值最高，合计约1.50亿元（149861076元，占比71.47%），其次是支持服务，合计约0.38亿元（38036034元，占比18.14%），产品供给服务合计约0.14亿元（13563034元，占比6.47%），文化服务最低，约0.08亿元（8218334元，占比3.92%）。

因为该价值评价是以全国生态系统服务面积当量展开，存在一定的误差。而且城市生态系统与全国生态系统不同，城市中生态系统的文化服务功能占比较高，所以该计算的文化服务价值存在严重低估的现象。此外，由于北京中心地区产品供给的现象非常少，所以产品供给服务的

基于面积当量的北京中心地区水系廊道生态系统价值评价计算表　　　表4.5

分类景观类别	面积	供给服务 6.47%			调节服务 71.47%		
		食物生产	原料生产	水资源供给	气体调节	气候调节	净化环境
针阔混交		*0.31*	*0.71*	*0.37*	*2.35*	*7.03*	*1.99*
	5402.97	1674.921	3836.109	1999.099	12696.980	37982.879	10751.910
灌草丛		*0.38*	*0.56*	*0.31*	*1.97*	*5.21*	*1.72*
	1176.88	447.214	659.053	364.833	2318.454	6131.545	2024.234
水系		*0.8*	*0.23*	*8.29*	*0.77*	*2.29*	*5.55*
	491.61	393.288	113.070	4075.447	378.540	1125.787	2728.436
合计	7071.46	2515.423	4608.232	6439.379	15393.973	45240.211	15504.579
占比（%）		1.20%	2.20%	3.07%	7.34%	21.58%	7.39%
		供给服务合计13563.034			调节服务合计149861.076		

续表

分类景观类别	调节服务	支持服务 18.14%			文化服务	合计	占比
	水文调节	土壤保持	维持养分循环	生物多样性	美学景观		
针阔混交	*3.51*	*2.86*	*0.22*	*2.6*	*1.14*	23.090	13.71%
	18964.425	15452.494	1188.653	14047.722	6159.386	124754.577	59.50%
灌草丛	*3.82*	*2.4*	*0.18*	*2.18*	*0.96*	19.690	11.69%
	4495.682	2824.512	211.838	2565.598	1129.805	23172.767	11.05%
水系	*102.24*	*0.93*	*0.07*	*2.55*	*1.89*	125.610	74.59%
	50262.206	457.197	34.413	1253.606	929.143	61751.132	29.45%
合计	73722.313	18734.204	1434.905	17866.926	8218.334	**209678.477**	100.00%
占比%	35.16%	8.93%	0.68%	8.52%	3.92%	100.00%	
		支持服务合计38036.034					

注：表中斜体字为生态系统服务面积当量单位为千元/公顷，表中其他面积单位为公顷，价值单位为千元。

计算也是偏高的。同样，在支持服务方面也存在高估的现象。而对于该研究对象中调节服务评价的偏差情况，依据现有资料和文献暂时还不能确定是高估还是低估。

4.3.3 面积当量因子价值评价结果的修正

本研究选取的生态系统服务当量因子是针对全国生态系统服务的情况，建立在基于专家知识的生态系统服务价值化方法上，并结合了遥感影像数据的初级净生产量（NPP）和生物量等实物量计算而得出以上当量因子[111]。但是，北京中心地区属于典型的城市生态系统，其中产品供给服务和文化服务具有明显的城市特征。例如农业生产产生的服务较低，而文化服务价值相对较高等。因此，本研究尝试对基于生态系统服务面积当量得出的服务价值评价结果，在产品供给服务和文化服务两方面进行调整。

1. 产品供给服务的价值评价调整

在产品供给服务方面，由于研究对象所在的北京城市中心地区的生态系统在面积当量分类中的"食品生产、原料生产、水资源供给"

方面的服务非常少。按照MA 2005的分项:"食品、新鲜供水、纤维制品原料和生物化学原料"的供给也非常少。结合北京中心地区水系廊道田野调查的观察,仅有个别胡同社区的家庭会种植一些蔬菜水果,也没有纤维、生物化学原料的生产。相对于229km²的水系廊道范围来讲,几乎可以忽略不计。由于中心地区地表水质整体不佳,没有新鲜的地表水供给,但在地下水方面有供给。北京市对于地下水的开采和使用管理严格,城市中心区所有范围内地下水取水机井占全市机电井总数的11.57%(2011年北京市水务普查结果)[116]。2014年北京市域总地下水供水量为19.6亿m³(《北京市水资源公报2014》)。北京市居民水价分为5元/m³,7元/m³,9元/m³三个阶梯水价(以家庭为单位分别约占90%,6%,4%[117])。

按照以上数值可以计算出北京中心地区整体地下水的物质量价值总量,再按照水系廊道占北京中心地区面积的比例(68.86%),最终计算得到需要调整的产品供给价值。研究对象的地下水供给方面价值约为8.12亿元(未区分居民使用和非居民使用,未区分机井的采水量大小)。

这样调整的结果是去除了"食物生产和原料生产"的价值,但修改了"水资源供给"的价值为8.12亿元。值得一提的是,北京市居民用水和产业用水的单价较高,研究对象地下水供给水量不是很高,且北京市在尽量减少地下水开采。然而北京市中心地区依然依赖于生态系统所供给的干净新鲜的地下水,为近一千多万人使用,计算得出的一年8.12亿元的价值并不高。

2. 文化服务的价值评价调整

生态系统的文化服务是北京中心地区生态系统各类服务中最高供给的类别。但是大部分文化服务的价值无法量化,存在很大的不确定性。本研究尝试利用已有研究中的结果,根据分摊法按照面积分摊到研究对象范围进行计算。孟庆义和欧阳志云等(2012)计算了北京水生态服务价值中的文化价值为1749.81亿元[118]。如果按照面积比例以分摊法计算到研究对象范围中,则中心地区水系廊道的文化价值为:24.42亿元(未考虑2008年至2016年间货币和物价变化等因素)。由于面积分摊法是将北京市域整体的16410km²水的服务均质分摊到229.92km²水系廊道中,现有的资料和计算方法也不适宜按照水体面积和河流长度分摊相应的服务价值。所以以上价值也是低估了水系廊道中生态系统所提供的文化价值。

以上价值计算还是遗漏了多项无法计量的北京中心地区水系廊道所提供的生态系统文化服务价值，包括："文化多样性的价值、精神和宗教价值、知识系统的价值、激发灵感的价值、审美价值、社会关系价值、场所感价值以及文化遗产价值"。无论这些价值的分类是否完全，但是可以想见以上对于北京中心地区水系廊道的生态系统文化服务的计算还不够准确和全面。生态系统文化服务的价值还是被低估并无法完全计量。

3. 调整后的价值评价

通过对北京中心地区水系廊道所提供的"产品供给服务"和"文化服务"的调整，得到水系廊道现状生态系统服务价值评价结果约为34.42亿元，生态系统服务分类价值评价及比例详见表4.6。

北京中心地区水系廊道生态系统服务价值评价调整前后对照表　　表4.6

	原数价值	原比例	调整后数值	调整后的比例
供给服务	13563.034	6.47%	811906.390	23.59%
调节服务	149861.076	71.47%	149861.076	4.35%
支持服务	38036.034	18.14%	38036.034	1.11%
文化服务	8218.334	3.92%	2442000.000	70.95%
合计	209678.477	100%	3441803.500	100%

注：表中价值单位为千元。

4.4　讨论

生态系统服务价值的度量往往具有多元、模糊、冲突等特性，所以很难精准量化。但在相关研究中，很多国家和城市已经采用替代指标的方式进行了价值转化。例如柏林利用生境面积指标（Biotope Area Factor, BAF）的方式根据生境的生态潜力，对城市建成区的生态系统服务价值进行了量度。如英国的南安普顿市（Southampton）利用绿色空间指标

（Green Space Factor, GSF）来评价绿色空间对雨洪的调节[25]。但李双成等（2014）认为，关于生态系统服务的价值计算已经不是当前生态系统服务研究的热点，而更多转向深入具体的服务内容和机制研究当中[119]。

因为管理和决策往往使用经济指标或与经济相关的信息进行控制和分配资源，成本效益分析往往被政府主管部门重视。但是生态系统服务作为自然赐予的"公共产品"，具有低度的"排他性"和"竞用性"，且不能完全被经济价值化或者货币化，极大程度地依赖政府的管理，并与自然系统协调。很多学者认为，经济补偿不能补偿自然和生态系统提供的服务。虽然有学者认为，生态系统服务的经济价值可以让"被隐藏"的价值（例如，人造基础设施的造价相当于生态基础设施的价值）变得可见[25]，但是，生态系统服务的经济价值评价往往遭到了对于价格补偿的争论和非议。正如清洁的空气和水源没有了，花再多的钱也无法弥补，尤其是对不可逆的生态系统的破坏型干扰更是如此。

所以，本章虽然尝试进行了对北京市中心地区水系廊道生态系统服务的价值评价，也仅仅是对相关和潜在价值量评估研究的参考。各项服务供给程度的评价能够反映出当前北京中心地区生态系统服务的程度，对于相关研究对比有一定帮助。但是中小尺度且非常复杂的城市生态系统价值评价的不准确和不清晰特征，现有的科学研究方法还有很长的路要走。

4.5　小结

本章对北京中心地区水系廊道的生态要素利用高分遥感数据，以面向对象特征提取的方法对水、草、树三类要素提取结果为：水体面积约为491.61hm^2（占比2.14%），草地面积约为1176.88hm^2（占比5.12%），树木面积约为5402.97hm^2（占比23.50%）。针对生态系统服务在现状供给程度和供给价值两个方面的评价结果表明，研究对象生态系统服务的现状支持、产品供给和调节服务供给程度低，文化服务供给程度高。经过调整的生态系统服务价值约为34.42亿元，该价值仅仅是数量的评价参考。一方面反映了本身水系廊道研究对象提供生态系统服务水平较低，同时也反映出当前对于城市中心地区，中小尺度生态系统服务价值量评估方法会对生态系统服务价值产生低估。由于科学方法和资料的局限，现有的价值评价在很大程度不能涵盖和清晰计算生态系统服务的价值。而在复杂的超大城市生态系统中更加困难。

从以上结果我们不难发现，北京中心地区的水系廊道在生态系统服务评价中综合水平较低，现状有诸多不能提供的服务和不能进行程度评价的服务以及不能展开量化评价的服务。这说明当前的科学研究对生态系统服务的认知水平也有一定的局限。因为认知的局限，导致我们在使用中往往会忽略甚至遗忘来自生态系统的服务。从规划设计的角度出发，我们可以发现在支持、产品供给、调节和文化服务的供给都有提升的潜力。尤其在物质空间规划设计领域，可以通过适宜的规划设计改善现状供给，提升功能服务。这也是后面章节将逐渐展开的内容。

此外，本章对研究对象范围内生态系统的供给层面研究反映了相对客观的状况，但是对于生态系统服务的需求，因个体和对象的多元，存在很大程度的主观特征。对于生态系统服务认知的缺乏，以及现状生态系统服务水平的限制，针对需求的相关研究也显示出一定的难度，下一章将尝试展开对生态系统服务的需求的调研与分析。

第5章 北京中心地区水系廊道生态系统服务需求调研

生态系统服务的对象是人，对于生态系统服务的需求也是来自人的需求。本章将尝试对这一需求进行研究，目的是了解当前北京中心地区水系廊道中使用者对生态系统服务的哪些方面有什么程度的需求。本章将通过场地调研和访谈式问卷的方式对北京中心地区水系廊道的生态系统服务需求展开场地层面的调研。场地选取了水系岸边绿色公共开放空间和水系周边公园两类场地类型。因为生态系统服务是一个比较抽象、内涵较广泛的专业名词，在场地的预调研显示出受访者不知道这个专业词。所以只能通过对受访者使用特征、行为偏好、满意度评价等相关情况与生态系统服务分类框架进行对照，得到受访者对生态系统服务的需求。

通过对样本场地市民抽样访谈问卷的研究，得出受访者对生态系统服务的需求主要在于："调节服务"，尤其重视水质、空气质量的调节；"文化服务"，包括偏向自然的景观审美、向自然学习、休闲娱乐和儿童活动及教育等；"支持服务"和"产品供给服务"方面则基本没有显示出直接的需求。但在生物多样性和栖息地方面，显示出对生态空间和植物的需求，以及欣赏动植物、观赏鱼类鸟类、育儿等人与自然共用的空间需求。本章研究框架及技术路线见图5-1。

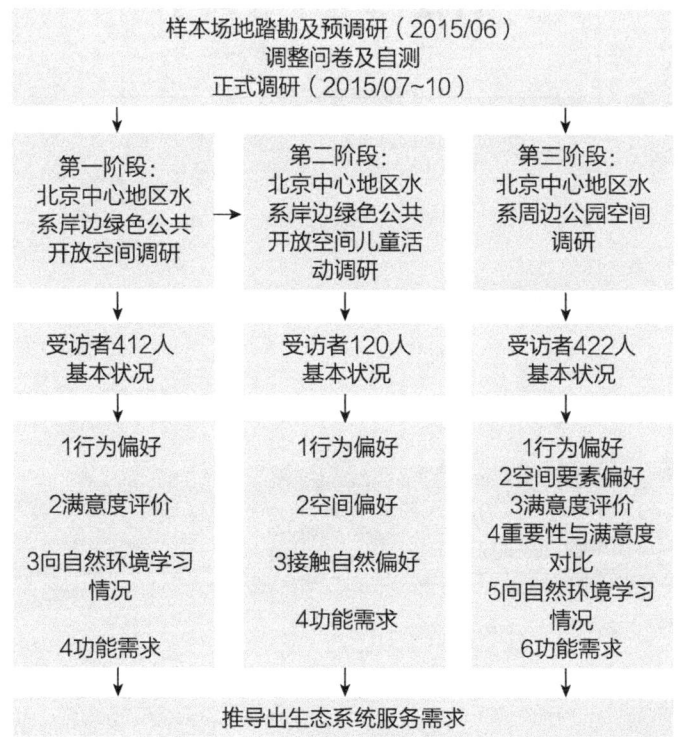

图 5-1　第 5 章研究框架及技术路线示意图

5.1 调研过程与研究方法

由于"生态系统服务"作为一个专有名词在国内还没有被广泛传播，甚至很多风景园林和城乡规划的专业人士对这一名词所具有的内涵和外延也没有深入了解。所以本研究在调研过程中没有直接对"生态系统服务"和其具体分类进行提问。而是基于受访者的行为偏好特征以及满意度评价等推导出对于生态系统服务的需求情况。

5.1.1 调研过程

根据北京市统计局发布的《2014年北京市人口发展变化情况及特点》显示："北京市常住人口为2151.6万人，增速呈现平稳下降的趋势"[120]。本研究按照两万分之一的抽样率标准选取受访对象，在北京市中心地区的水系廊道内选取样本场地展开调研。本次调研的总样本量为1085份，其中有效样本量为960份。为保证样本的真实性和代表性，笔者及志愿者均在水系廊道范围内采取分阶段分地点随机抽样的方法，展开现场问卷调研。同时依据水系廊道空间的类型确定抽样区，针对不同的内容和空间类型共分三个阶段进行调研。

1. 第一阶段水系岸边绿色公共开放空间调研

第一阶段针对北京城市中心地区水系廊道代表性河道沿岸和湖边沿岸选取调研场地为抽样点，采取随机抽样的方法共得到有效问卷共418份。

第一阶段选择的样本场地为：

1）北长河岸边绿色公共开放空间，有效问卷101份；
2）西海（积水潭）湖岸边绿色公共开放空间，有效问卷106份；
3）庆丰公园通惠河岸边绿色公共开放空间，有效问卷109份；
4）高碑店湖岸边新农村绿色公共开放空间，有效问卷102份。

2. 第二阶段水系岸边绿色公共开放空间儿童活动调研

第二阶段调研在第一阶段的基础上，专门针对水系岸边绿色公共开放空间内的儿童活动特征，在上述四个样本场地对成组的家长和儿童（即家长和其子女一起）进行了抽样调研。由于这类成对出现的家长和儿童较少，所以没有限定每个调研场地的具体样本数量，仅采取随机采访的形式，共得到有效问卷120份。

3. 第三阶段水系周边公园空间调研

这一阶段所选取的水系周边公园分别成立于不同时期，并且有明确边界和专属单位或机构进行管理维护。本阶段使用长访谈式问卷[①]，比较全面细致地对受访者进行了调研。第三阶段有效问卷合计422份。

第三阶段选择的样本场地为：

1）南长河公园2013年建成（海淀区级公园），有效问卷108份；

2）紫竹院公园1953年成立（市属公园），有效问卷102份；

3）北海公园1150年始建，1925年成立（市属公园），有效问卷105份；

4）庆丰公园2009年建成（市属公园），有效问卷107份。

5.1.2 调研方法

本次调研的受访对象均为第一次接受该问卷调查的人群，空间位置都是在水边绿色空间内，采取随机抽样的方式。本次调研由笔者及受邀的37位经过培训的志愿者[②]，采用户外现场采访的形式，由志愿者提问并填写问卷记录，但也有少数年轻受访者要求主动阅读填写以缩短访谈时间。问卷中的专业词汇和问题由志愿者进行提示和解答。调查结束并收集访谈式问卷后，利用手机移动互联录入网络后台汇总。

本次调研历时两个半月（2015年7月15日至2015年10月3日）。总接触样本1085例，成功收回有效样本960份，有效回收率88.48%。

5.1.3 调研问卷结果的分析方法

本研究主要采用了EXCEL、"问卷网"和SPSS统计分析软件进行分析。对不同场地的问卷结果分别进行统计，之后将各个阶段的结果汇总分析。

---

① 该问卷改编自奥地利萨尔斯堡大学Jürgen Breuste教授研究组在2014年与华东师范大学联合使用的问卷。

② 37位志愿者来自北京、天津、山东的不同高校的大二、大三和大四及研究生一年级的学生，所学专业有风景园林、环境艺术、城乡规划以及地质工程。培训方式包括会议培训和现场问卷讲解及访谈示范培训。

并对第一阶段和第三阶段的部分结果进行比较。所用到的统计学分析包括：相关性分析、逻辑回归等。最后将结果利用EXCEL和SPSS软件制图输出。

5.2 调研结果与分析

5.2.1 第一阶段水系岸边绿色公共开放空间调研

1. 受访者基本状况

本阶段采集到有效问卷共418份，数据共35310个。其中，场地一：北长河岸边绿色公共开放空间101份；场地二：西海（积水潭）湖岸绿色公共开放空间106份；场地三：庆丰公园岸边绿色公共开放空间109份；场地四：高碑店湖区岸边绿色公共开放空间102份。受访者性别分布为：男性269位，占64.35%，女性149位，占35.65%。年龄分布显示，20~30岁占比最多，为33.73%，其次是31~40岁，占20.19%。性别和年龄在四个样本场地的差异不明显。受访者的受教育程度分布较为均衡且足够广泛，样本和数据有抽样代表性。受访者基本情况见表5.1。

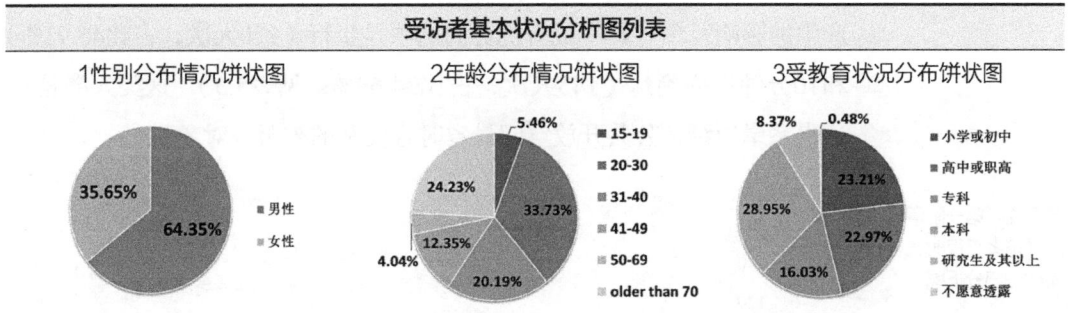

第一阶段调研受访者基本情况列表　　表5.1

2. 到达路程所需时长

对418位受访者的调研统计结果显示，选择步行前往岸边绿色开放公共空间活动的受访者人数最多，为220人（占比45.93%），其次是选择公共交通工具的106人（占比22.13%），见表5.2。

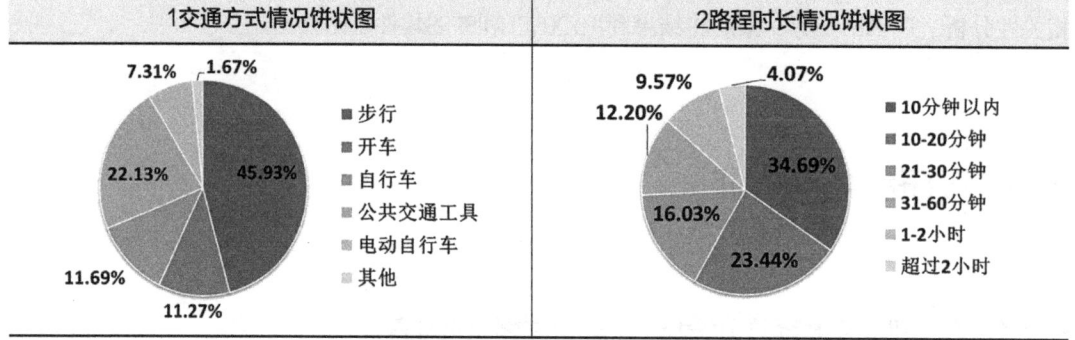

表5.2 第一阶段调研受访者选取的交通方式和路程时长比例列表

1交通方式情况饼状图	2路程时长情况饼状图
步行 45.93%、公共交通工具 22.13%、自行车 11.69%、开车 11.27%、电动自行车 7.31%、其他 1.67%	10分钟以内 34.69%、10-20分钟 23.44%、21-30分钟 16.03%、31-60分钟 12.20%、1-2小时 9.57%、超过2小时 4.07%

综合四个场地的调研结果，随着路程所需时长的增加，选择人数呈非常明显的递减规律（图5-2）。其中选择10分钟以内（占34.69%）和10~20分钟（占23.44%）的人群比例最高，两者合计58.13%，超过一半人数。而选择超过2小时（占4.07%）的比例最低。粗略估算，若要保证超过80%的人有意愿或行动去水边绿色空间，建议到达时间（未考虑交通工具）不应超过32分钟。这说明受访人群对于路程所需时长和到水系岸边便利程度的重视度非常高。距离和交通方式成为到达岸边绿色开放公共空间所需路程时长的主要原因。该项调查结果得出在可达性方面，省时且方便的程度直接影响人们接近水体的程度，即出行越便利省时，到水边享受生态系统服务的人群越多。

将交通工具和路程时长进行交叉可以计算出不同出行方式和时间所产生的影响范围。其中最有优势的选项是步行（220人次，占比45.93%）和10分钟以内到达（145人次，占比34.69%，见表5.3），这类人群是到达水系岸边绿色公共开放空间最省时且便利的被服务对象。

图 5-2 第一阶段调研受访者路程时长与人数回归分析图

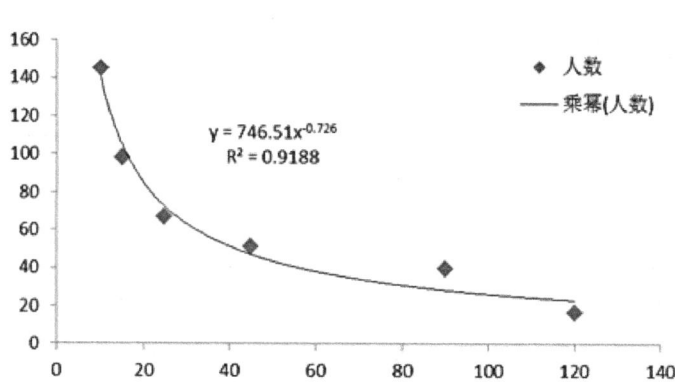

$y = 746.51x^{-0.726}$
$R^2 = 0.9188$

表5.3 第一阶段调研受访者路程所需时长分场地采样数据列表

选项	场地一 北长河岸边		场地二 西海岸边		场地三 庆丰公园岸边		场地四 高碑店湖岸边		四场地综合	
	选项数	%	选项数	%	选项数	%	选项数	%	选项数	%
10分钟以内	34	33.66	29	27.36	44	40.37	38	37.25	145	34.69
10~20分钟	25	24.75	26	24.53	28	25.69	19	18.63	98	23.44
21~30分钟	13	12.87	15	14.15	17	15.60	22	21.57	67	16.03
31~60分钟	18	17.82	14	13.21	9	8.26	10	9.80	51	12.20
1~2小时	5	4.95	20	18.87	6	5.50	9	8.82	40	9.57
超过2小时	6	5.94	2	1.89	5	4.59	4	3.92	17	4.07
合计	101	—	106	—	109	—	102	—	418	—

通过公式计算：

$$v_i \times t_i = L_i = D_i \quad (公式1)$$

v_i：第i类受访者出行速度，步行速度约为1.62 m/s（参考了Henderson et. al., 1972，Nature的研究结果），自行车速度约为15km/h，t_i：第i类受访者出行时长（h），L_i：第i类受访者出行距离（m），D_i：第i类受访者对水边景观的影响距离（km）。可以计算得出影响距离的时间与交通方式的表格。

通过对选择交通方式和路程时长的偏好情况进行计算分析，可以看出选择步行和10分钟以内的受访者最多。这一结论可以得出水系岸边绿色开放公共空间对周边城市空间的影响力分布为0.97km左右，进一步取整为1km，依此可以确定本研究中水系廊道的宽度和研究边界（各类交通方式吸引力距离见表5.4）。

表5.4 基于受访者偏好的交通方式与路程时长计算得出的水系周边吸引力距离数值表

出行时间	步行（km）	自行车（km）
10分钟以内	0.97	2.50
20分钟	1.94	5.00
30分钟	2.91	7.50
32分钟满足80%	3.11	8.00

3. 水系岸边绿色公共开放空间行为偏好

对四个场地的418名受访者调研在场地中通常进行的活动类型（每位受访者可以做出多选）的结果显示：选择"散步"（260人次，占比62.20%），"休息"（216人次，占比51.67%），"聊天"（120人次，占比28.71%）以及"带孩子来玩"（94人次，占比22.49%）的人数最多。选择"跑步"（58人次，占比13.88%）和"钓鱼"（52人次，占比12.44%）的也较多，而其余选项相对优势不明显（图5-3）。

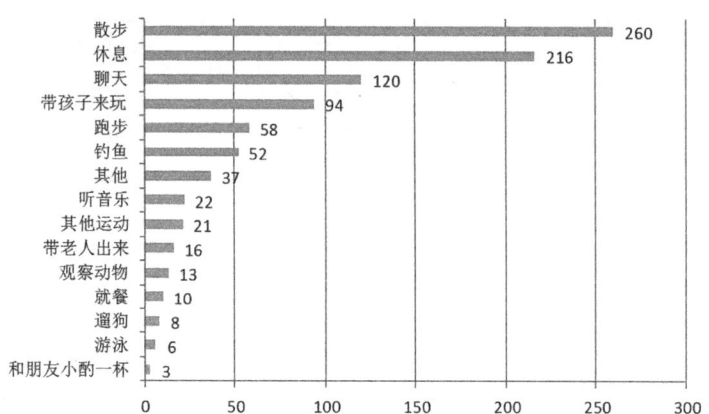

图5-3 第一阶段调研总体受访者行为偏好统计分析图

因为各个选项都有被选择，说明四个样本场地绿色空间所引起的行为偏好或活动是多方位的，对规划设计的启发包括应注重空间的多功能性，让景观空间发挥更好、更多元的服务。因为四个调研场地所处的区位不同，周边环境和居住人群情况也不同，从四个不同的场地来看，各个场地有各自的一些特征分布（图5-4~图5-7）。

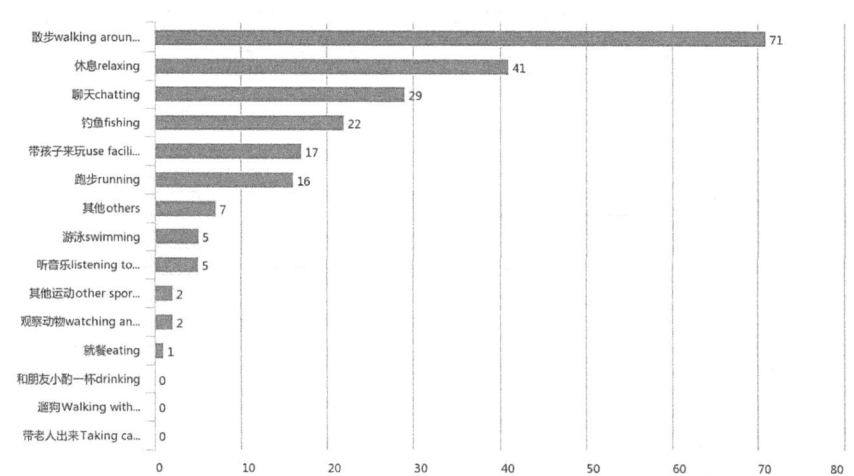

图5-4 场地一 北长河岸边受访者行为偏好分项统计分析图

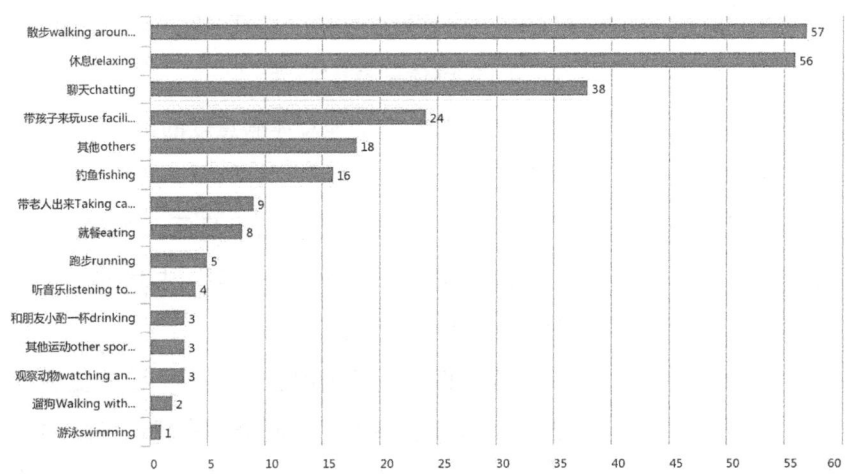

图5-5 场地二 西海岸边受访者行为偏好分项统计分析图

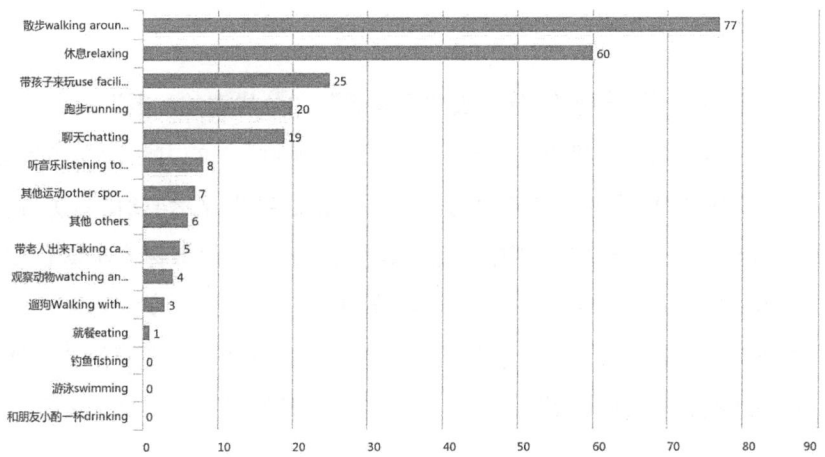

图5-6 场地三 庆丰公园岸边受访者行为偏好分项统计分析图

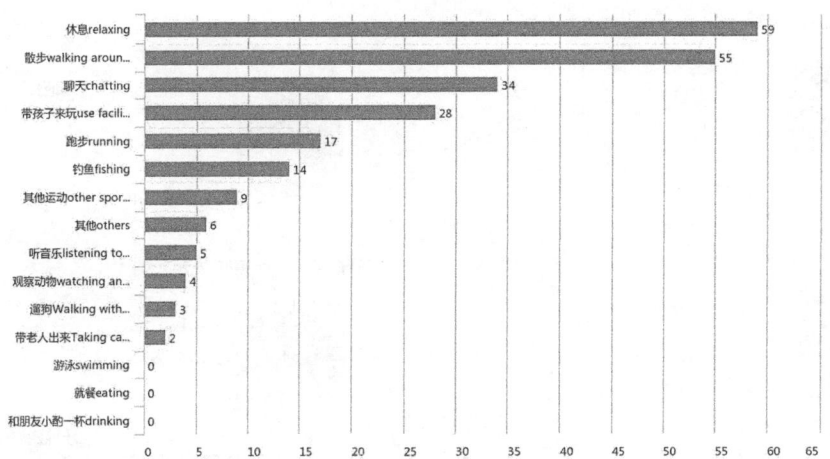

图5-7 场地四 高碑店湖岸边受访者行为偏好分项统计分析图

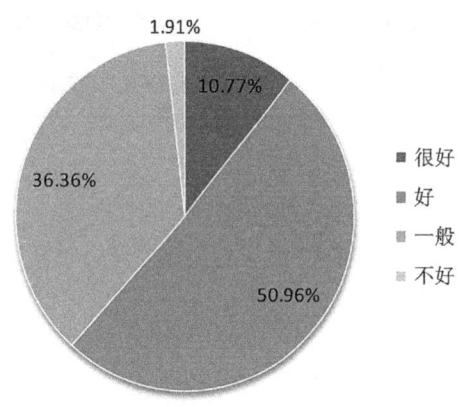

4. 水系岸边绿色公共开放空间满意度评价

（1）整体满意度评价

在针对样本场地总体满意度的调研过程中，将满意度分为"很好"、"好"、"一般"、"不好"四个级别，从整体评价结果显示："很好"占10.77%，"好"占50.96%，"一般"占36.36%、"不好"占1.91%，见图5-8。

因为四个场地情况各不相同，调研受访者群体的特征也不同，从四个样本场地各自的满意度评价（图5-9）可以看出整体满意度基本反映了受访者对空间现状的满意程度和潜在需求，该结果可以进一步与水系周边公园空间满意度进行对比。

图 5-8 第一阶段调研总体受访者整体满意度比例分析图

（2）分项满意度

本研究利用5分制（1分代表"不满意"、2分代表"一般"、3分代表"较好"，4分代表"满意"、5分代表"非常满意"）的方法请受访者在样本场地中的15项环境要素进行满意度评价。结果显示418位受访者整体上对岸边绿色公共开放空间中满意度最高的为"植被树木丰富程度"（均分4.02）以及"树荫或遮阴"（均分3.92）；其次是"安全程度"（均分3.86）和"景观设计"（均分3.83）；满意度最低的是"儿童游戏场地"（均分2.58）、"水体质量"（均分2.71）和"轮椅和手推车等的方便程度"

图 5-9 第一阶段调研各场地整体满意度比例分析图

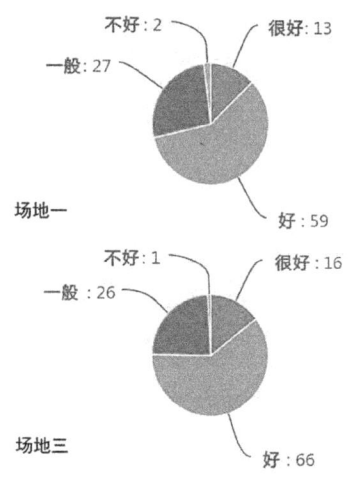

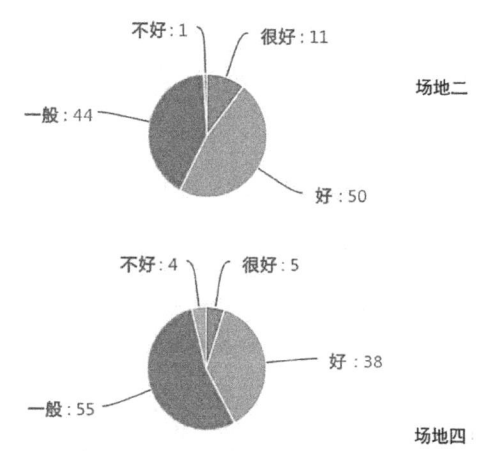

（均分3.12）。其他各项分数相差不显著（图5-10）。每个项目均有最低分与最高分，说明问卷分布广泛合理。对每个选项的统计结果的直方图及正态分布曲线统计分析见表5.5。

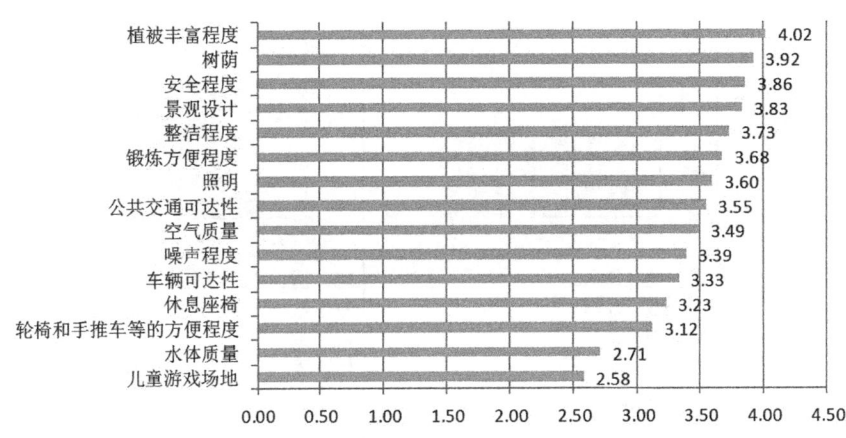

图5-10 第一阶段调研总体受访者分项满意度比例统计分析图

（注：图内数据为样本场地每项均分）

第一阶段调研满意度分项统计分析表　　　　表5.5

环境满意度评价分项直方图及正态分布曲线统计分析		
1 植被丰富程度	2 景观设计	3 空气质量
均　值：4.02（最高） 中位数：4.00 众　数：5 标准差：0.959	均　值：3.83 中位数：4.00 众　数：4 标准差：1.001	均　值：3.49 中位数：3.50 众　数：3 标准差：1.128
4 树荫或遮阴	5 儿童游戏场地	6 休息座椅
均　值：3.92 中位数：4.00 众　数：4 标准差：1.033	均　值：2.58（最低） 中位数：3.00 众　数：1 标准差：1.321	均　值：3.23 中位数：3.00 众　数：4 标准差：1.412（最大）

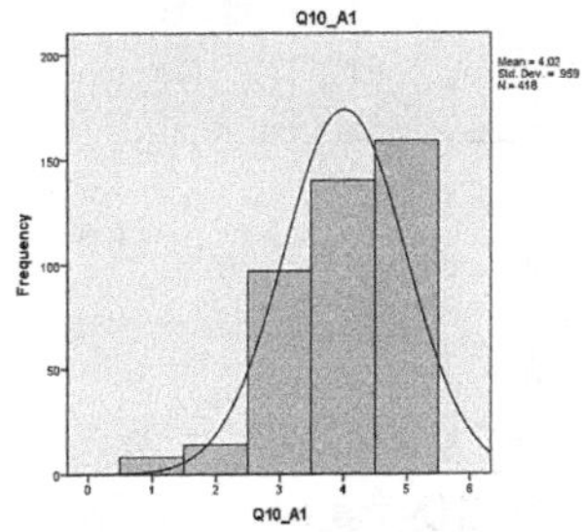

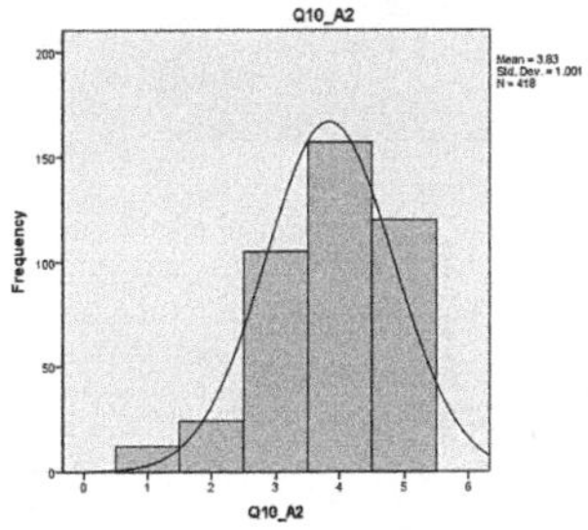

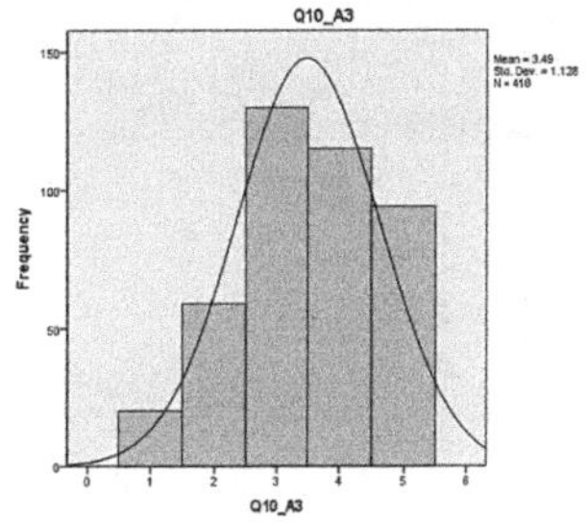

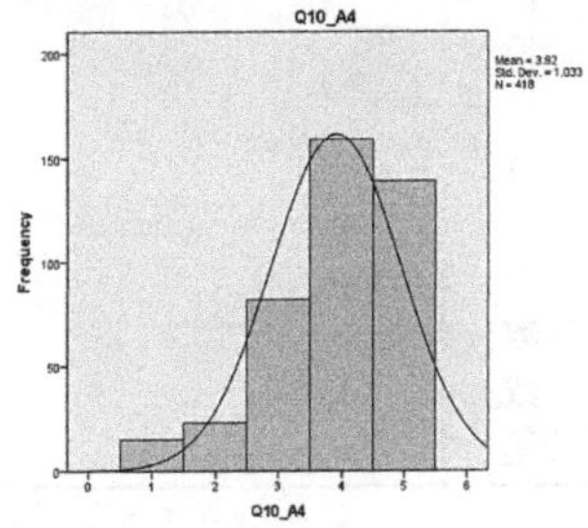

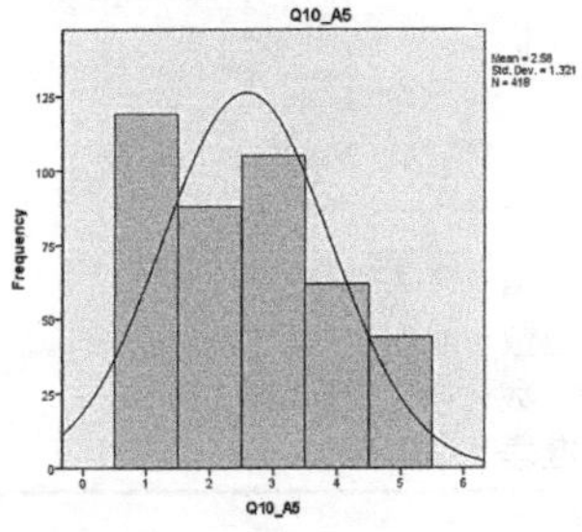

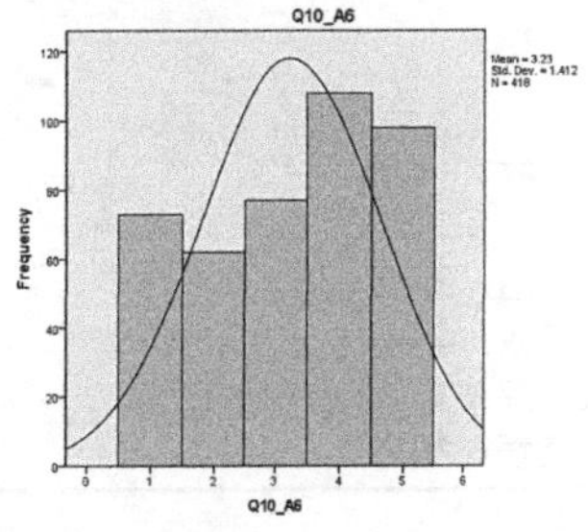

续表

环境满意度评价分项直方图及正态分布曲线统计分析		
7公共交通可达性 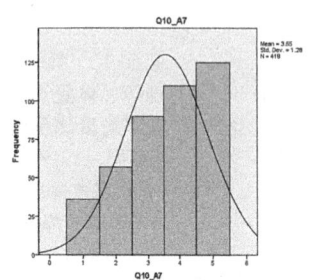 均　值：3.55 中位数：4.00 众　数：5 标准差：1.280	8轮椅手推车等方便程度 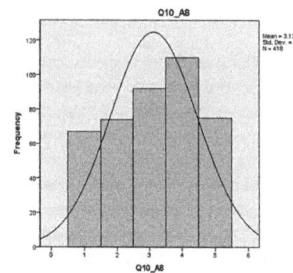 均　值：3.12 中位数：3.00 众　数：4 标准差：1.337	9车辆可达性 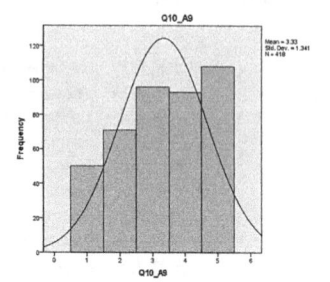 均　值：3.33 中位数：3.00 众　数：5 标准差：1.341
10噪声程度 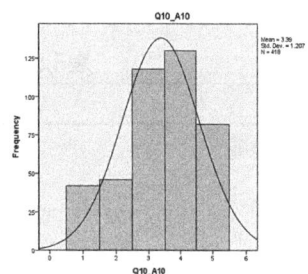 均　值：3.39 中位数：4.00 众　数：4 标准差：1.207	11水体质量 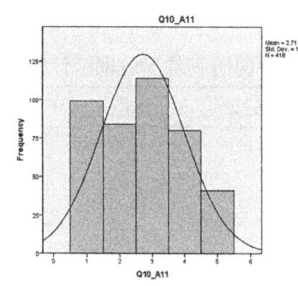 均　值：2.71 中位数：3.00 众　数：3 标准差：1.286	12安全程度 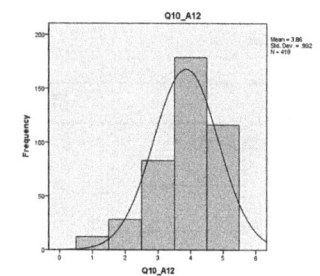 均　值：3.86 中位数：4.00 众　数：4 标准差：0.992
13照明 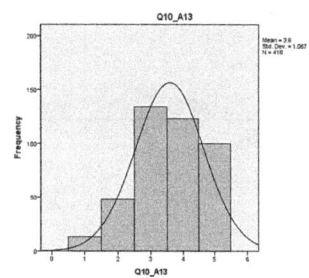 均　值：3.60 中位数：4.00 众　数：3 标准差：1.067	14整洁程度 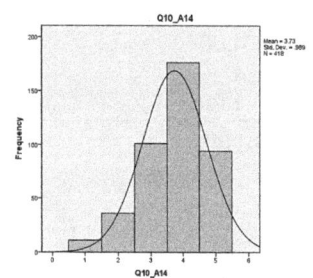 均　值：3.73 中位数：4.00 众　数：4 标准差：0.989	15锻炼方便程度 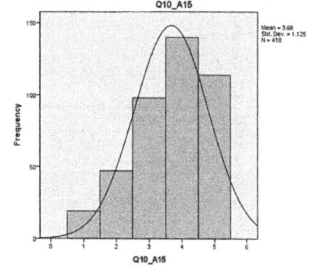 均　值：3.68 中位数：4.00 众　数：4 标准差：1.125

由于四个样本场地的具体环境情况有各自的特征，受访者群体特征也不同，具体针对每一个场地的各项调研统计结果见表5.6。

第一阶段调研分场地满意度分项统计表　　　表5.6

选项	场地一 北长河岸边	场地二 西海岸边	场地三 庆丰公园岸边	场地四 高碑店湖岸边	四场地综合
植被丰富程度	4.09	4.08	4.26	3.66	4.02
景观设计	3.82	3.83	4.11	3.56	3.83
空气质量	3.6	3.56	3.62	3.16	3.49
树荫或遮阴	3.87	4.2	4.08	3.5	3.92
儿童游戏场地	2.51	2.09	2.93	2.77	2.58
休息座椅	2.87	2.58	4	3.44	3.23
公共交通可达性	3.47	3.87	3.75	3.1	3.55
轮椅和手推车等的方便程度	2.75	3.11	3.41	3.2	3.12
车辆可达性	3.24	3.03	3.51	3.54	3.33
噪声程度	3.44	3.56	3.47	3.1	3.39
水体质量	3.16	3.01	2.55	2.14	2.71
安全程度	3.92	3.81	4.08	3.61	3.86
照明	3.23	3.7	3.65	3.79	3.60
整洁程度	3.75	3.58	4.2	3.36	3.73
锻炼方便程度	3.82	3.45	3.94	3.49	3.68

注：表格内数据为各样本场地每项均分。

5. 受访者向自然学习情况

本调研针对受访者在样本场地中向自然学习的兴趣和实际情况也进行了调研。对受访者所偏好的"环境主题"、"生物主题"和"学习方式"分别进行了样本数据的收集和整理，结果显示：

（1）环境主题偏好方面："水"（232人次，占比55.50%）、"空气"（173人次，占比41.39%）、"植物"（154人次，占比36.84%）占比最多（选择"其他"的主要为不感兴趣的人群），具体见图5-11。从四个不同的样本场地来看，只有场地三的偏好排序与其他场地及整体调研结果不同。通过场地三的实地观察结果来看，庆丰公园区域植被较好，但是岸边植被一般，反差较大。其原因与场地三岸边绿色公共开放空间所特有的空间特征有关。各个场地的偏好见图5-12~图5-15。

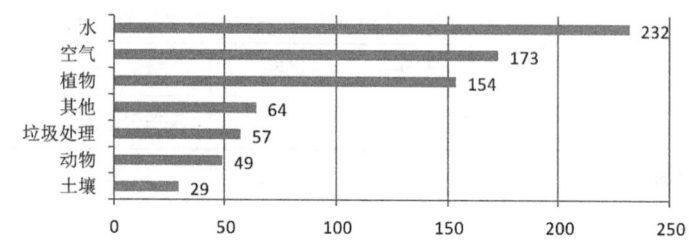

图 5-11 第一阶段调研总体受访者感兴趣的环境主题分项统计分析图

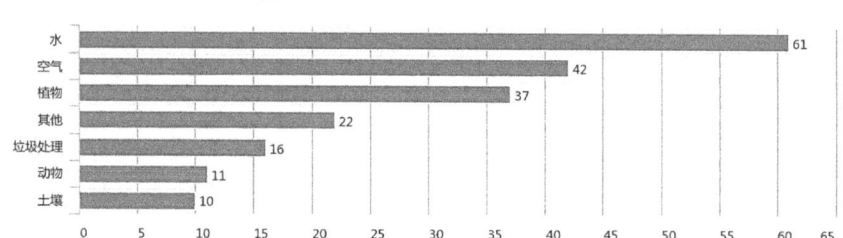

图 5-12 场地一北长河岸边受访者感兴趣的环境主题分项统计分析图

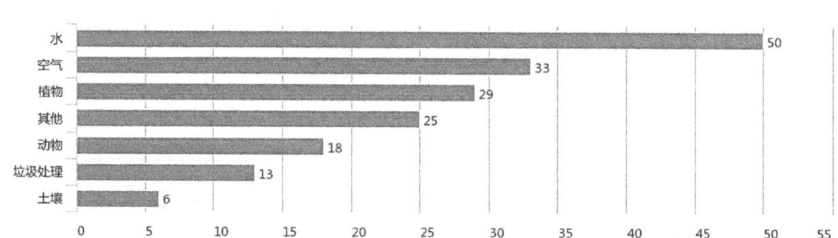

图 5-13 场地二西海岸边受访者感兴趣的环境主题分项统计分析图

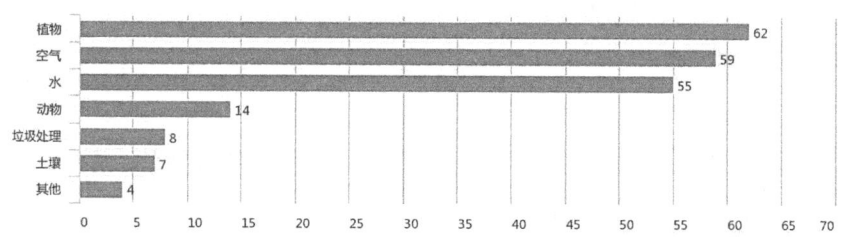

图 5-14 场地三庆丰公园岸边受访者感兴趣的环境主题分项统计分析图

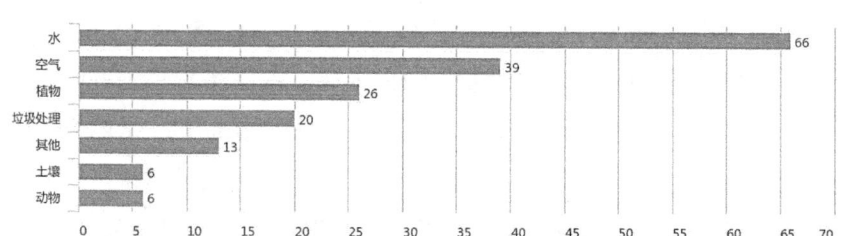

图 5-15 场地四高碑店湖岸边受访者感兴趣的环境主题分项统计分析图

（2）生物主题偏好方面：依次是"鱼"（177人次，占比42.34%）、"树木"（165人次，占比39.47%）、"花草"（149人次，占比35.65%）、"鸟类"（100人次，占比23.92%）和"水生植物"（83人次，占比19.86%）的偏好优势最为明显（选择"其他"项的主要为不感兴趣的人群），具体见图5-16。而"树木"和"花草"合计偏好的受访者数量最多，也显示了与"环境要素"偏好中"植物"选择较多相一致。因为各个场地区位和受访者群体的特征不同偏好也略显不同，四个场地各自的情况详见图5-17~图5-20。

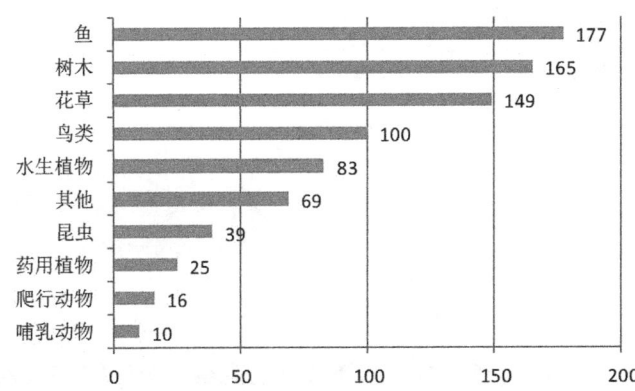

图5-16 第一阶段调研总体受访者感兴趣的生物主题分项统计分析图

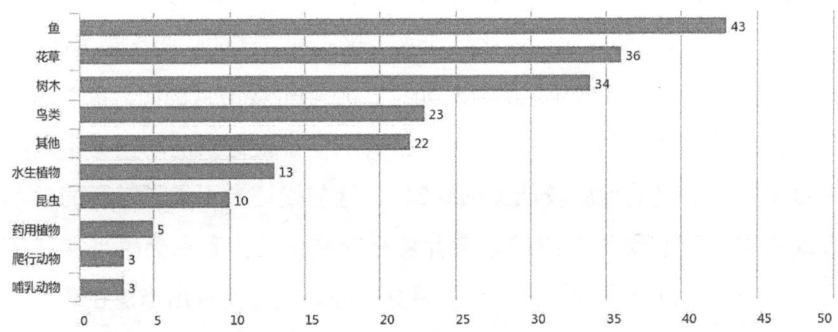

图5-17 场地一北长河岸边受访者感兴趣的生物主题分项统计分析图

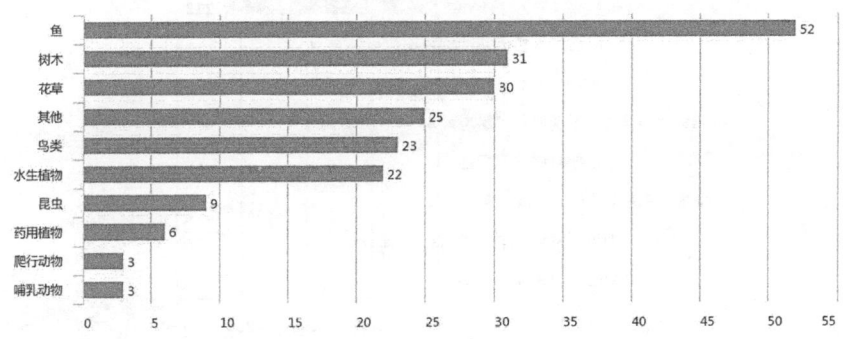

图5-18 场地二西海岸边受访者感兴趣的生物主题分项统计分析图

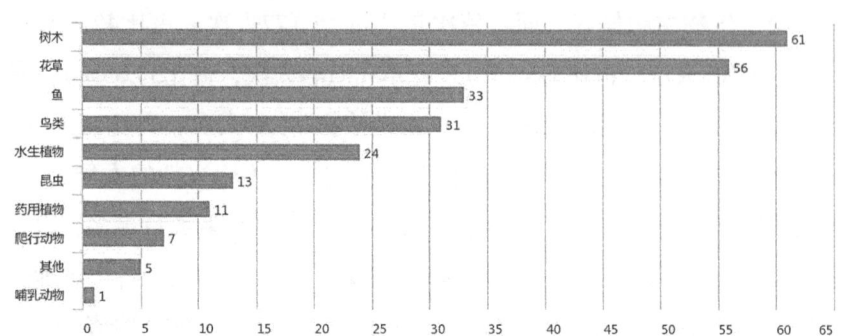

图 5-19 场地三庆丰公园岸边受访者感兴趣的生物主题分项统计分析图

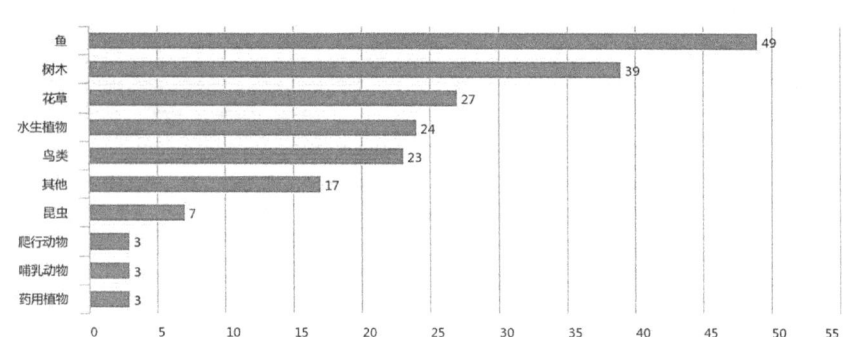

图 5-20 场地四高碑店湖岸边受访者感兴趣的生物主题分项统计分析图

（3）学习方式偏好方面：选择"自己观察研究"（212人次，占比50.72%）、"阅读宣传栏"（133人次，占比31.82%）和"其他"（主要为不感兴趣的人群，65人次，占比15.55%）这三种方式的优势度最为明显。而对比较新的学习自然知识的方式如："二维码链接信息例如影像展示"、"导游讲解"、"设置有讲解站的探索路线"、"小组探索活动"、"定期的学习讲座"的接受程度较低（图5-21）。这与受访者不太了解新的学习方式有关。有些受访者通过志愿者解释选项含义，表示会感兴趣并选择，但是因为没有亲身体验，只是感觉较好。这也反映出当前在北京户

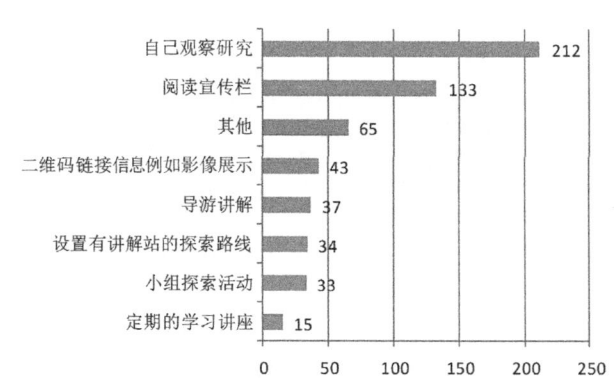

图 5-21 第一阶段调研总体受访者向自然学习方式偏好分项统计分析图

外空间开展环境教育有极大的空间和潜力，这些方面有待进一步研究和实践的探索。同样因为四个场地的区位及各自特征不同，以及受访人群的特征不同，导致不同场地各自的偏好方式也略有不同，详见图5-22~图5-25。

6. 水系岸边绿色公共开放空间功能需求

通过以上调研结果可以得到一些比较明显和重要的场地功能需求。行为偏好的统计分析显示，"休息"和"聊天"具有很高的偏好要求，这些行为对座椅及相应的空间具有刚性需求。但是环境分项满意度评价

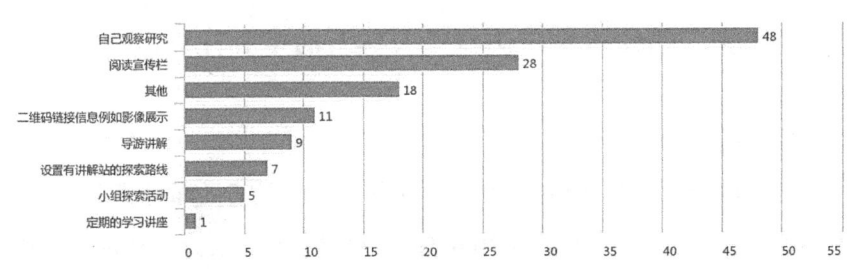

图 5-22 场地一北长河岸边受访者向自然学习方式偏好分项统计分析图

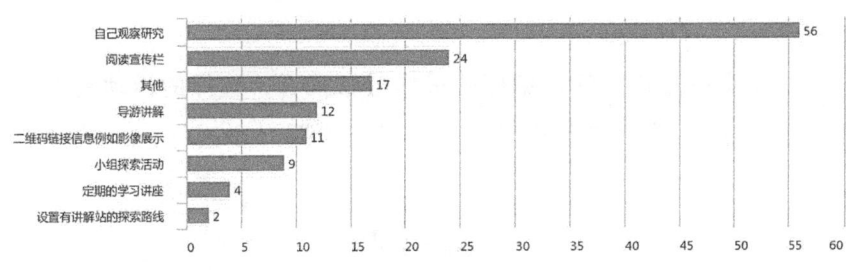

图 5-23 场地二西海岸边受访者向自然学习方式偏好分项统计分析图

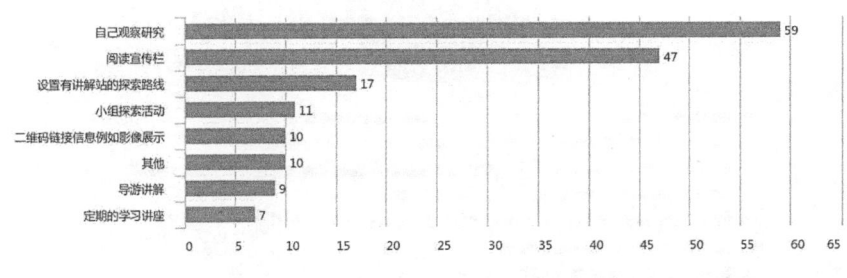

图 5-24 场地三庆丰公园岸边受访者向自然学习方式偏好分项统计分析图

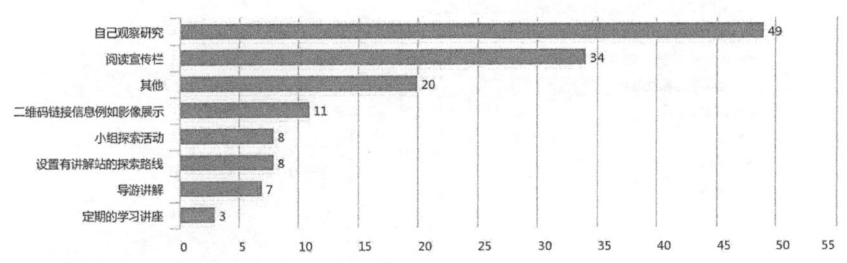

图 5-25 场地四高碑店湖岸边受访者向自然学习方式偏好分项统计分析图

中休息座椅的标准差最大，说明有一半以上（约50.72%）的受访者对座椅不满意，也说明居民对岸边绿色公共开放空间的"岸边座椅数量和质量提升"方面有功能需求。

同样，在岸边行为偏好中的统计结果显示："带孩子来玩"具有很高的偏好，但在满意度评价中对"儿童游戏场"的满意度评价最低。可以得出岸边绿色公共开放空间在"儿童利用"方面有功能需求。带着对"儿童利用"需求情况细节的疑问，本研究开展了第二阶段水系岸边绿色公共开放空间儿童活动调研。

5.2.2 第二阶段水系岸边绿色公共开放空间儿童活动调研

1. 受访者基本状况

本阶段调研共获得120份有效调研问卷，受访者儿童性别分布为：男64位（53.33%），女56位（46.67%）。年龄分布主要分布在7岁以下，占76.67%，儿童较多，青少年较少（图5-26）。

2. 儿童行为偏好

从儿童岸边户外活动偏好的采样分布来看，选择的活动类型比较分散，各类活动均有较多儿童选择，说明对岸边绿色公共开放

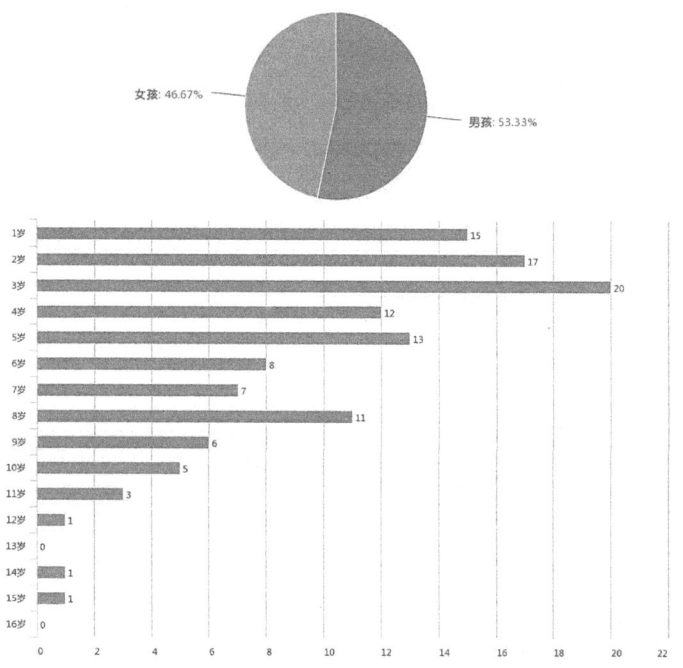

图5-26 第二阶段受访者基本情况分析图

空间具有多功能的需求。选择最多的是"和小朋友一起玩"（80人次，66.67%）、"追逐奔跑"（59人次，49.17%）、"玩水"（58人次，48.33%）、"随意玩"（57人次，47.50%）、"玩沙"（52人次，43.33%）、"骑车"（47人次，39.17%）、"玩自己带的玩具"（44人次，36.67%）、"观察小动物"（38人次，31.67%）也较多，其余选项较少，均没有超过30%（图5-27）。

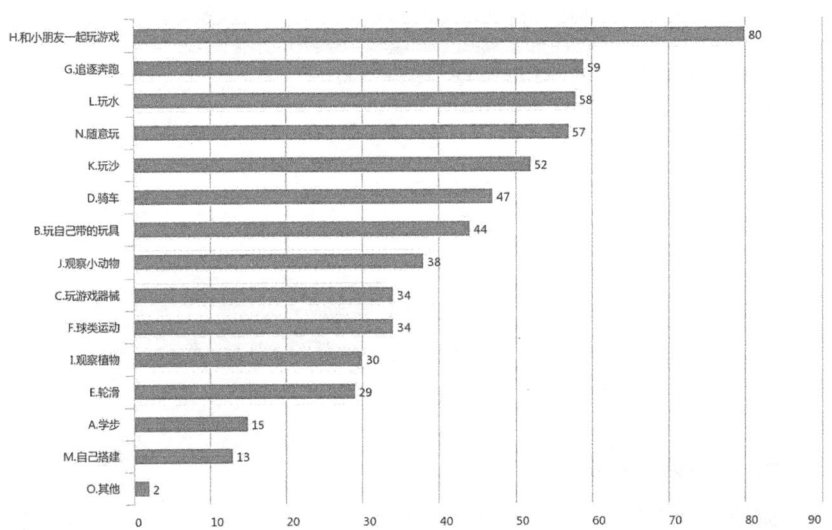

图5-27 第二阶段调研儿童户外活动偏好统计分析图

3. 儿童空间偏好

受访儿童所选择的户外活动地点中最多为"公园绿地"（70人次，占58.33%），其次为"学校操场"（60人次，占50.00%）、"游乐场"（44人次，占36.67%）。选择"居住区的游戏区"（50人次，占41.67%）和"居住区绿地"（52人次，占43.33%）也较多（图5-28）。

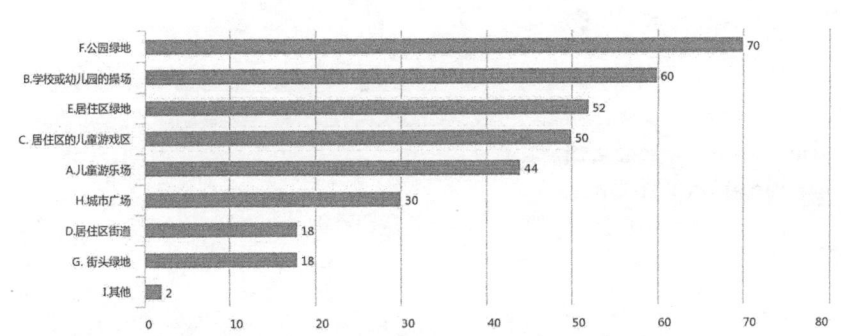

图5-28 第二阶段调研儿童户外空间偏好统计分析图

4. 儿童户外活动安全顾虑

调研结果显示，家长最为担心的安全问题依次是："周边车辆"（104人次，占86.67%）、"闲杂人员"（80人次，占66.67%）与"水池"（59人次，占49.17%），而对于其他安全隐患选项，除了植物（4人次，占3.33%）最少，其他均有较多受访者选择（图5-29）。这一结果也显示出半数家长对水体的安全隐患问题有顾虑。

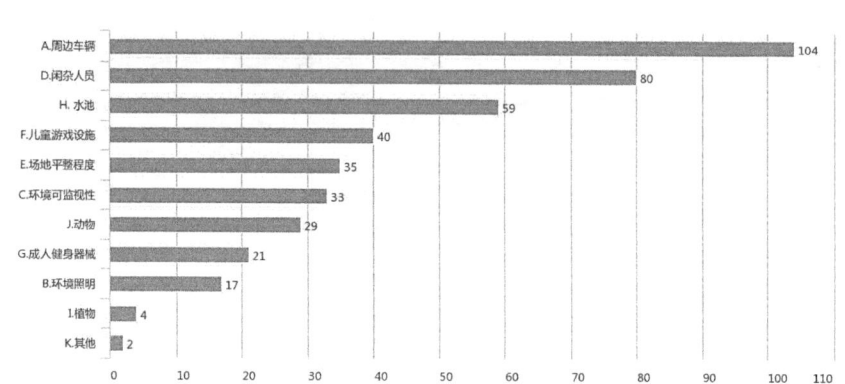

图5-29 第二阶段调研家长对儿童户外安全顾虑偏重情况统计分析图

5. 家长陪同状况

调研结果显示，当孩子进行户外活动时，"陪在一旁看护"的家长比例最大（95人次，占79.17%），"与孩子一起玩"的也较多（73人次，占60.83%），两者合计占比83.17%，见图5-30。虽然在孩子玩耍时家长的角色与孩子的年龄、性别有很大关系，但是从统计结果的交叉显示各个年龄段的家长或陪伴或参与的比例都很大。这说明如果开展环境教育时，在户外针对儿童开展的活动也可以同时教育大多数家长，收到更好的环境教育效果。

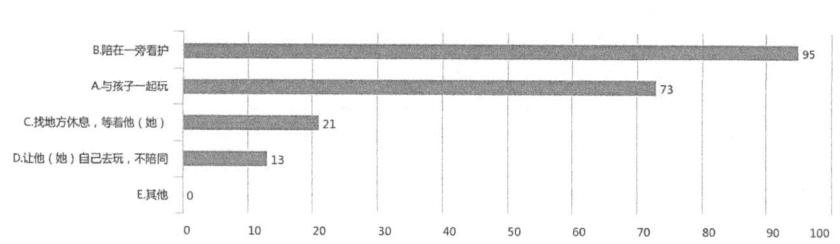

图5-30 第二阶段调研儿童户外活动家长陪同状况统计分析图

6. 儿童接触自然体验的偏好

受访儿童的自然体验调研结果显示，选择最多的活动是"玩沙子"（87人次，占72.50%），其次是"玩水"（82人次，占68.33%）、"采摘"（42人次，占35.00%）其他选项均未超过30%。各类活动的偏好统计结果见图5-31。"玩水"非常受儿童的欢迎，与调研的行为偏好的结果相符，也与安全隐患的结果相关。说明"安全"、"亲水"、"自然"的儿童户外活动空间具有很强的吸引力和需求，更反映了儿童和人类的天性。

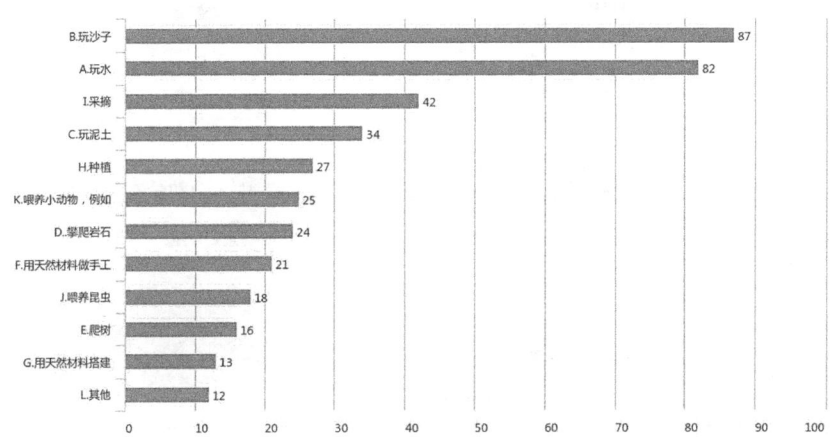

图5-31 第二阶段调研儿童户外接触自然活动偏好统计分析图

5.2.3 第三阶段水系周边公园调研

1. 受访者基本状况

北京中心地区水系周边公园的四个样本场地调研共收集到有效调研问卷422份，数据共84632个。其中，场地一：南长河公园108份，场地二：紫竹院公园102份，场地三：北海公园105份，场地四：庆丰公园107份。第三阶段问卷设计较为细致，以深度访谈式问卷展开，完成一次需要约30分钟。笔者对受访者的情况进行了比较详细的调查。受访者性别分布为：男220位（52.13%），女202位（47.87%），年龄分布较为均匀。受访者来源地情况、婚姻状况、受教育状况、职业情况、收入水平情况、居住面积状况、家中人口数情况详见表5.7。

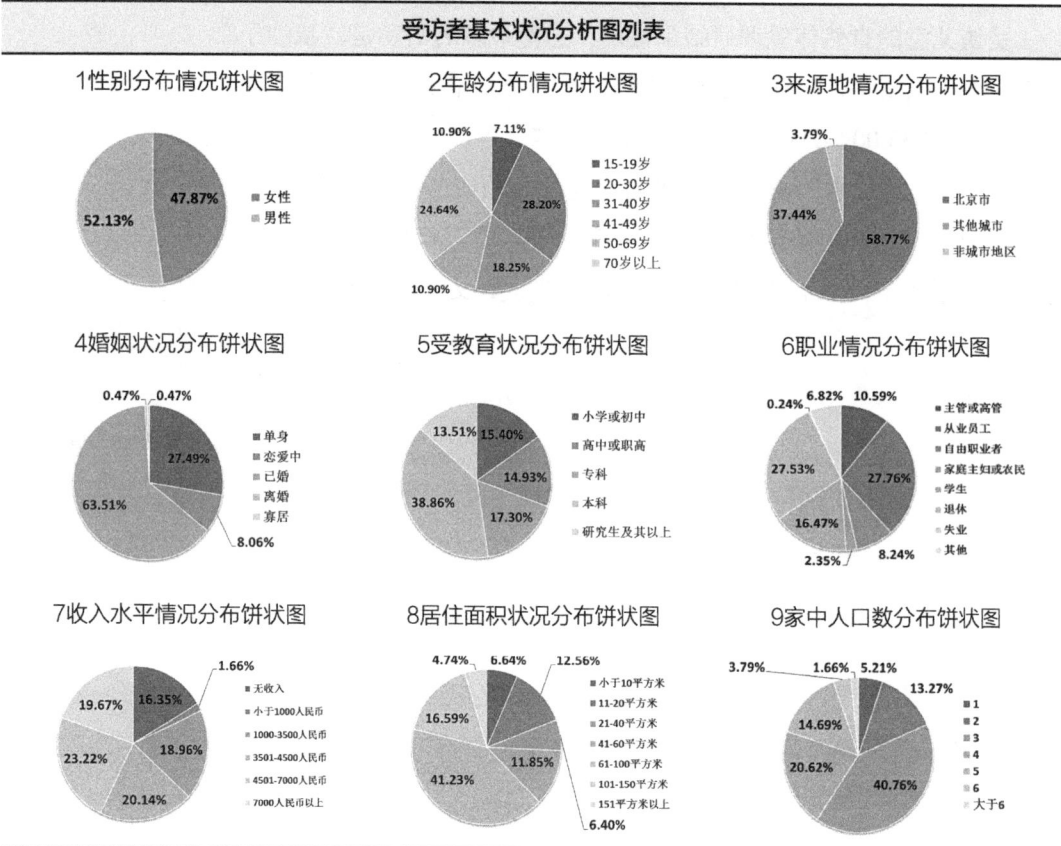

表5.7 第三阶段调研受访者基本情况列表

2. 到达路程及时长情况

关于到达样本场地公园的交通方式和路程时长的调研结果显示,交通方式选择最多的是步行(225人次,占53.32%)和公共交通工具(165人次,占39.10%)。开机动车(35人次,占8.29%)和骑自行车(33人次,占7.82%)相对较少,其他交通方式的统计结果不具有优势性,见图5-32。

由于四个样本公园的区位和空间特征不同,等级也不同,且受访人群的特征也不同,需要根据每个样本公园各自的调研结果分别进行分析。场地一:南长河公园选择步行最多,为88人次(占比81.48%),其他选项不具备优势特征,见图5-33。场地二:紫竹院公园中选择使用公共交通工具的人最多,为59人次(占比57.84%),见图5-34。场地三:北海公园中选择使用公共交通工具的人最多,为80人次(占比76.19%),见图5-35。场地四:庆丰公园中选择步行的人最多为,为83人次(占比77.57%),见图5-36。

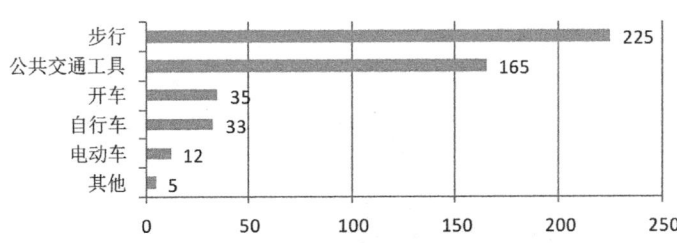

图 5-32 第三阶段调研总体受访者交通方式偏好统计分析图

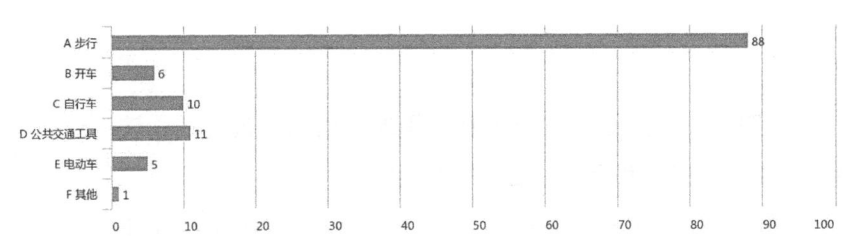

图 5-33 场地一南长河公园受访者交通方式偏好统计分析图

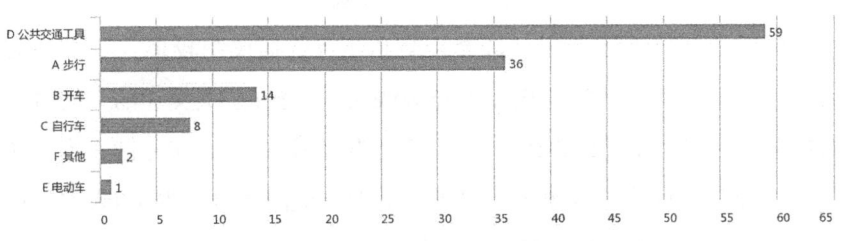

图 5-34 场地二紫竹院公园受访者交通方式偏好统计分析图

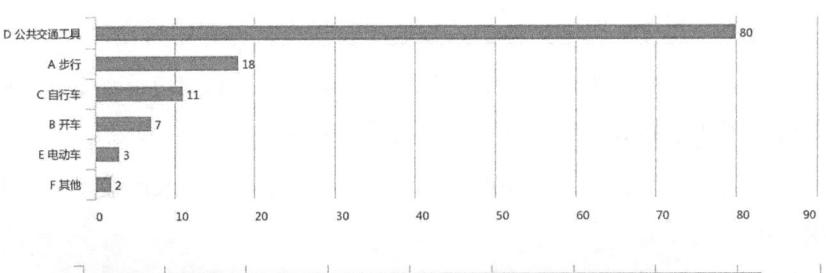

图 5-35 场地三北海公园受访者交通方式偏好统计分析图

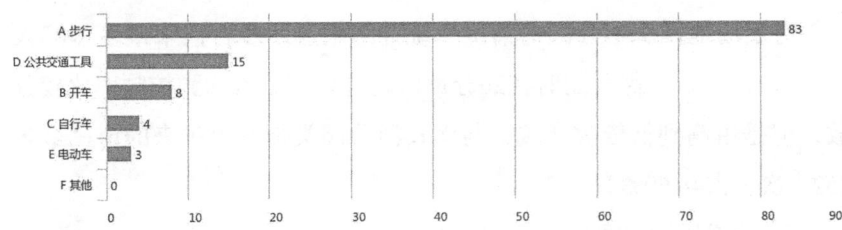

图 5-36 场地四庆丰公园受访者交通方式偏好统计分析图

在到达公园路程用时方面，综合422位受访者的选项。选择10分钟以内为115人次，占27.25%，10~20分钟为108人次，占25.59%，21~30分钟为74人次，占17.54%，31~60分钟的受访者为68人次，占16.11%。总体有一半以上用时在20分钟以内，合计223人次，合计占52.84%（图5-37）。

图 5-37 第三阶段调研总体受访者到达路程时长统计分析图

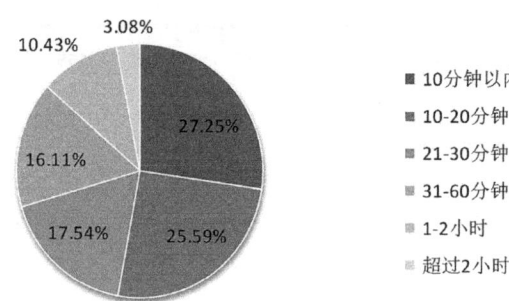

从四个样本公园的情况来看，场地一南长河公园的受访者中，有83.34%的居民路程用时在20分钟以内，而停留在公园内的时间则有82.40%的人为30分钟~3个小时之间，到访频率由高到低依次递减，71.29%的人每周前往两次以上，下午人数最多。

场地二紫竹院公园中，选择公交和步行的居民都较多，分别为59人次（占57.84%）和36人次（占35.29%），但选择公交交通的受访者相对更多。一半以上（53.92%）受访者的路程用时在10~30分钟；到访频率比较分散，且无显著规律，但每天至少一次的明显最少（4人次，占3.92%），上午人数最多（45人次，占44.12%）。

场地三北海公园中选择公共交通工具最多，路程用时在31~60分钟最多，除了第一次来的外地旅游者外，其余受访者的到访频率由低到高大致呈现递减趋势，每月不到一次最多（37人次，占35.24%），每天至少一次最少（2人次，占1.90%）。到访时间选择上午的人数最多（77人次，占73.33%）。

对于场地四庆丰公园的情况，统计结果显示步行前来最多（83人次，占77.57%），路程用时在20分钟以内占到67.29%；到访频率比较分散，但是由高到低依次递减，与南长河公园类似，上午来的市民最多（52人次，占48.60%）。

3. 水系周边公园空间行为偏好

对422位受访者调研其在公园空间中主要进行的活动类型的选项结果显示，行为偏好度最高的依次是"散步"（293人次，占比69.43%）、"休息"（229人次，占比54.27%）和"聊天"（126人次，占比29.86%）。其次是"带孩子来玩"、"跑步"和"听音乐"，分别有73人次、71人次和59人次的受访者选择（图5-38）。各项活动内容都有相关选项说明公园空间使用的多功能特征。针对每个样本公园来看,也显示出各自的差异(图5-39~图5-42),但总体上"散步、休息、聊天、带孩子来玩"是受访者偏好程度最高的行为。

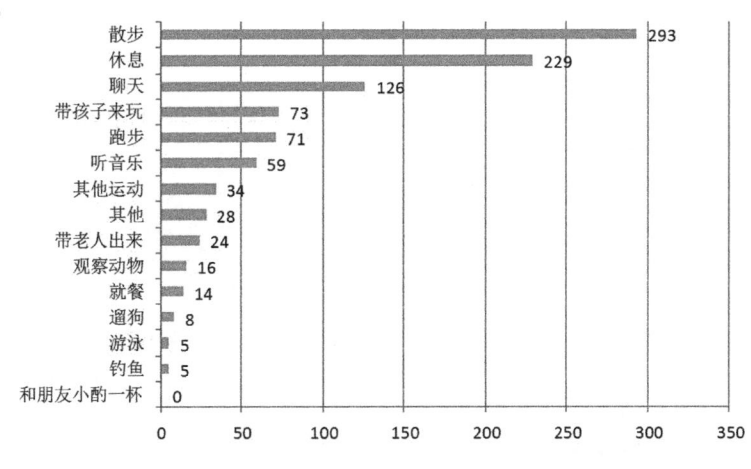

图 5-38 第三阶段调研总体受访者行为偏好统计分析图

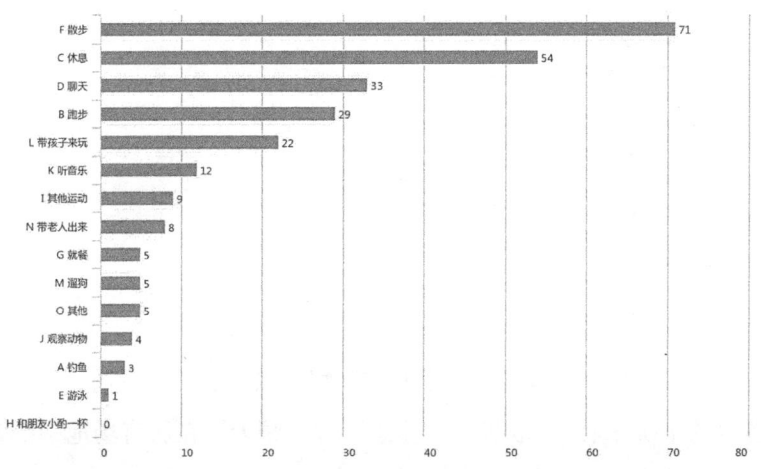

图 5-39 场地一南长河公园受访者行为偏好统计分析图

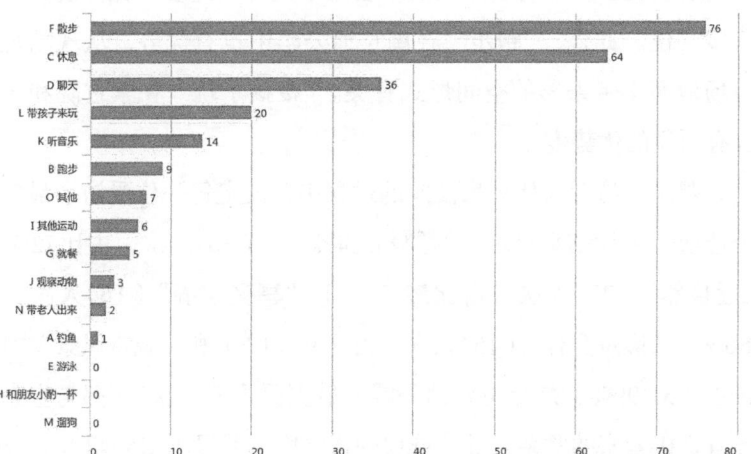

图 5-40 场地二紫竹院公园受访者行为偏好统计分析图

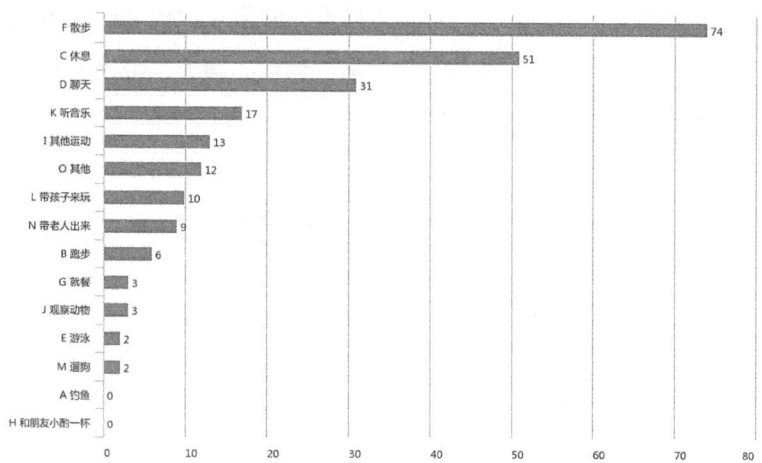

图 5-41 场地三北海公园受访者行为偏好统计分析图

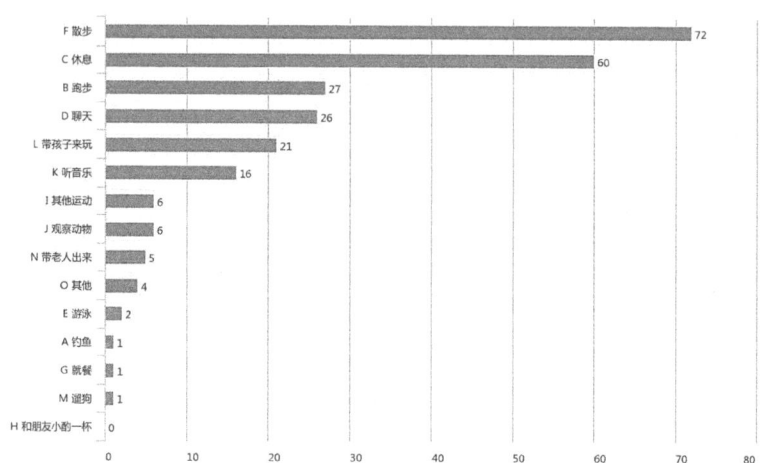

图 5-42 场地四庆丰公园受访者行为偏好统计分析图

由于各个场地的区位、环境和空间特征以及受访者不同，从四个公园各自的情况来看，"散步"、"休息"和"聊天"在所有场地中都是最主要的活动类型。只有场地四庆丰公园中选择"跑步"比"聊天"的受访者多一位。此外，"跑步"在南长河公园中也有优势，从现场观察来看与场地河岸带条形的空间形式有关。"带孩子玩"在紫竹院和庆丰公园也有明显的优势度。

在调研受访者为什么来公园的过程中，设定每一位受访者最多选择四个选项，统计结果显示："呼吸新鲜空气"（307人次，占比72.75%）、"亲近自然"（221人次，占比52.37%）、"享受宁静"（164人次，占比38.86%）、"锻炼身体"（154人次，占比36.49%）和"观赏风景"（135人次，占比31.99%）是受访者到公园的最主要原因。这5项都与生态系统服务有直接紧密的联系，其他选项的优势度不明显（图5-43）。

4. 水系周边公园空间内空间要素偏好

对于公园的不同空间类型，受访者的偏好呈现多样化趋势。选择最多的依次是"水边"（286人次，占比67.77%）、"绿化好的地方"（227人次，占比53.79%）、"草地/草坪"（175人次，占比41.47%）、"宽阔的步行道"（118人次，占比27.96%）和"小树林"（113人次，占比26.78%）。而其他选项均有不同数量受访者选择，但优势度不明显（图5-44）。

由于四个场地的特征和受访者情况均不相同，所以分别对四个场地进行分析：

场地一南长河公园的受访者对"水边"（73人次，占比67.59%）、"草地/草坪"（47人次，占比43.52%）和"绿化很好的地方"（47人次，占比43.52%）的偏好程度最高。其次为"观赏性公园"和"宽阔的步行道"，均大于30人次（图5-45）。

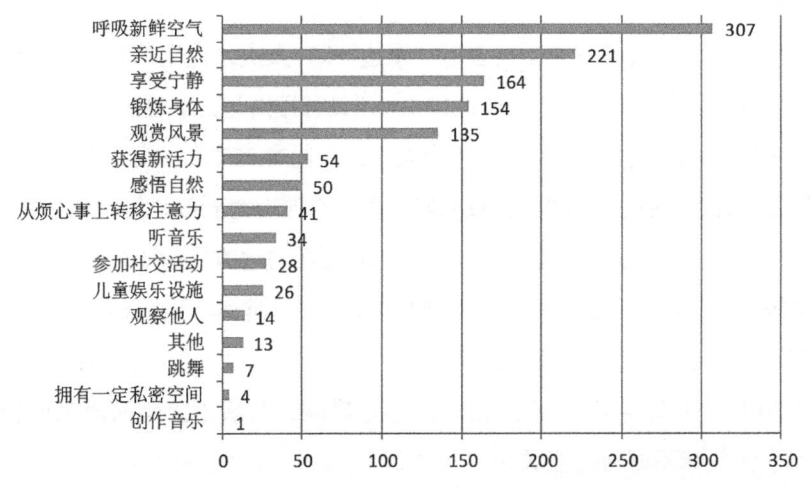

图5-43 第三阶段调研总体受访者到访公园原因统计分析图

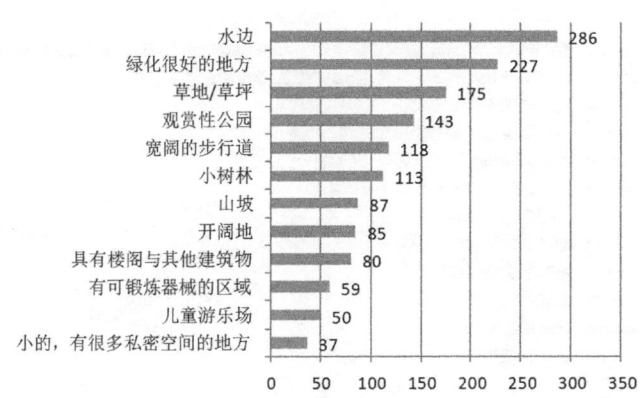

图5-44 第三阶段调研总体受访者公园内偏好空间统计分析图

图5-45 场地一南长河公园受访者公园内偏好空间统计分析图

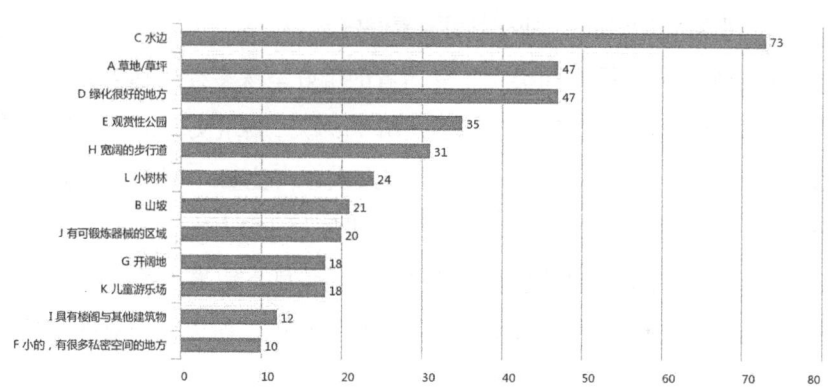

场地二紫竹院公园中,"水边"(75人次,占比73.53%)、"绿化很好的地方"(55人次,占比53.92%)、"草地/草坪"(35人次,占比34.31%)、"观赏性公园"(35人次,占比34.31%)、"小树林"(32人次,占比31.37%)、"宽阔的步行道"(30人次,占比29.41%)这六项的偏好程度最高(图5-46)。

场地三北海公园中,受访者对"水边"(77人次,占比73.33%)、"绿化很好的地方"(61人次,占比58.10%)、"具有楼阁与其他建筑物"(38人次,占比36.19%)、"草地/草坪"(22人次,占比20.95%)以及"观赏性公园"(37人次,占比35.24%)比较偏好。以上选项均大于30人次(图5-47)。

场地四庆丰公园的情况不同:"绿化很好的地方"(64人次,占比59.81%)、"水边"(61人次,占比57.01%)、"草地/草坪"(56人次,占比52.34%)的偏好程度最高,其次为"观赏性公园"和"小树林",均大于30人次(图5-48)。水边偏好度不是最高,与庆丰公园河段水质较低、水体气味不好有直接关系。

图5-46 场地二紫竹院公园受访者公园内偏好空间统计分析图

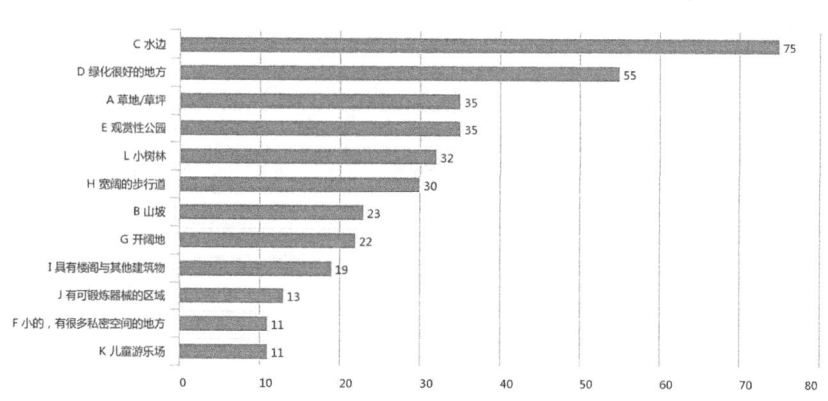

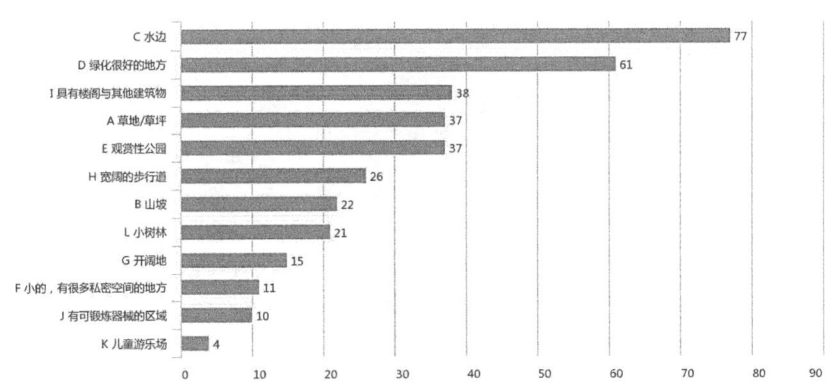

图 5-47 场地三北海公园受访者公园内偏好空间统计分析图

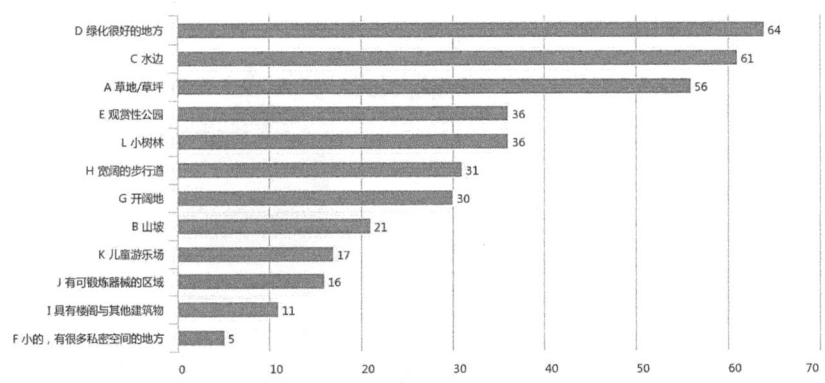

图 5-48 场地四庆丰公园受访者公园内偏好空间统计分析图

5. 水系周边公园空间满意度评价

第三阶段调研的422位受访者对各个公园的综合满意程度显示,评价"好"的占比59.00%,"非常好"占26.78%,"一般"为13.27%,"不好"仅占0.24%,"不知道"占0.71%(图5-49)。

从四个公园各自的情况分别来看,整体结果都比较相似,但是对具有历史和古迹的公园满意度最高。场地三北海公园评价为"非常好"的最多,占32.28%。评价"一般"最多的为两个最新建设的公园——场地一南长河公园(18.52%)和场地四庆丰公园(17.76%),具体见图5-50。

6. 水系周边公园要素重要性与满意度对比评价分析

第三阶段调研的重点是对公园中"游览环境"、"利用情况"和"公园设计"三个方面展开"重要性"和"满意度"对比评价分析。以五分制的方式(分数越高代表满意度越高,分数越低则满意程度越低,重要性与此相同)请受访者先评判各个选项的"重要性",之后再评价这

图 5-49 第三阶段调研总体受访者整体满意度统计分析图

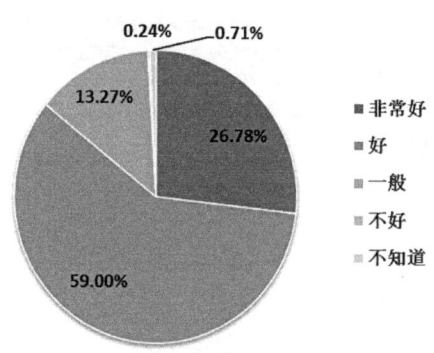

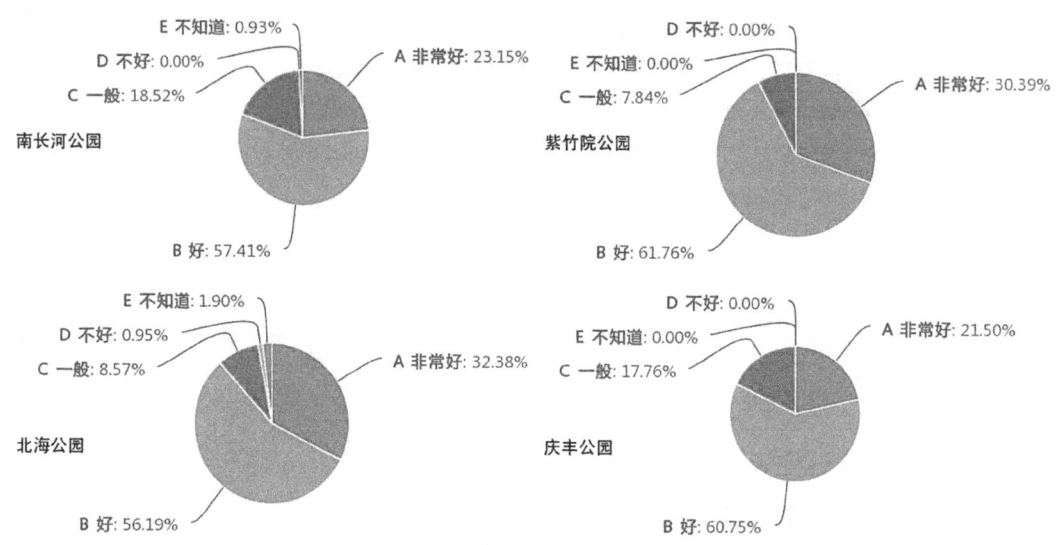

图 5-50 第三阶段调研各场地受访者整体满意度统计分析图

个选项在该场地的"满意度"。利用两者的差值计算和比较相对满意度。其中被评价为重要性高的项目将会受到较高重视,对这些项目满意度高说明现状较好,满意度低说明存在需求。而对于重要性较低的项目,无论随后的评价是满意或不满意,只存在参考意义。

(1) 游览环境重要性与满意度对比分析

对于游览环境,本调研对15项"游览环境"方面的各类要素进行评价。结果显示,"清洁"(平均分4.43)、"良好的空气质量"(平均分4.43)、"绿地的良好维护"(平均分4.32)、"享受自然体验"(平均分4.22)、"宁静"(平均分4.01)和"离家近"(平均分3.02)的高重要性最为明显(图5-51)。

这几项中满意度最低的是"良好的空气质量"(平均分3.90),与重

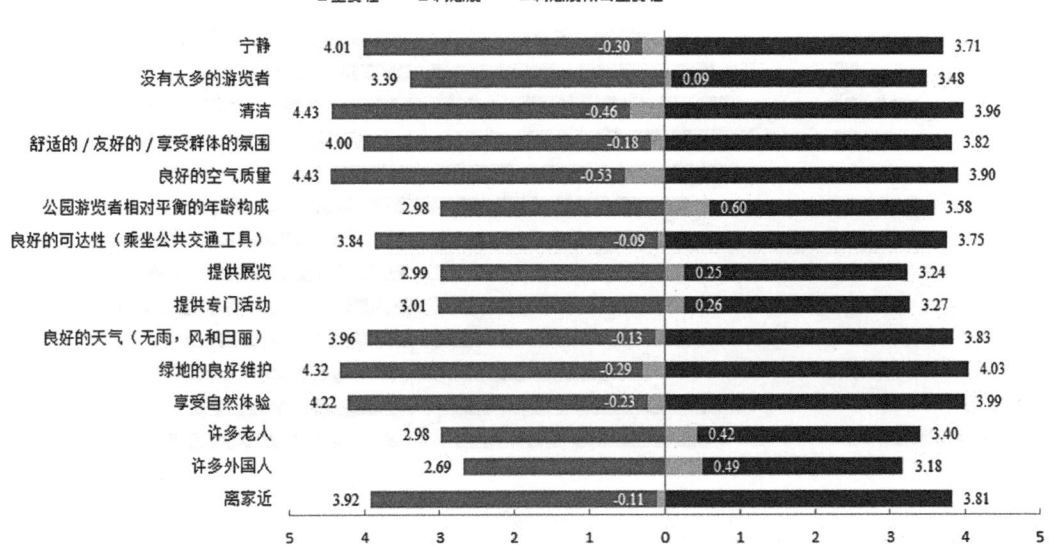

图 5-51 第三阶段调研总体受访者对游览环境要素重要性与满意度评价对比分析图

要性差值最大为-0.53，显示出对"良好的空气质量"的高需求度。此外，"清洁"（差值-0.46）、"宁静"（差值-0.30）、"绿地的良好维护"（差值-0.29）和"享受自然体验"（差值-0.23）依次排在其后（图5-51）。可见在公园游览环境各要素中，除了"离家近"（差值-0.11）的现状较好外，其他调研结果显示了对于受访者认为重要的项目其重要性和满意度之差也都较高。说明对这些方面现状都有需求。

（2）利用情况重要性与满意度对比分析

本调研对13项利用方面的各类要素进行评价的结果显示，"座位/座椅"（平均分4.25）、"放松空间"（平均分4.08）、"专为残疾人和老人设的通道和空间"（平均分4.07）、"遮阴挡雨空间"（平均分4.04）、"专为儿童车设的通道空间"（平均分3.94）和"锻炼设施空间"（平均分3.60）的重要性最高（图5-52）。这几项中满意度最低的是"专为残疾人和老人设的通道和空间"与重要性差值最大，为-0.64。"专为儿童车设的通道空间"（差值-0.56）、"遮阴挡雨空间"（差值-0.49）、"座位/座椅"（差值-0.46）、"放松空间"（差值-0.30）"锻炼设施空间"（差值-0.29）依次在其后。可见公园利用的各要素中所有受访者认为重要的项目其重要性和满意度差也最高，对这些方面都有改善的需求。

（3）公园设计重要性与满意度对比分析

本调研还尝试了对17项公园设计方面的各类要素进行评价。结果显

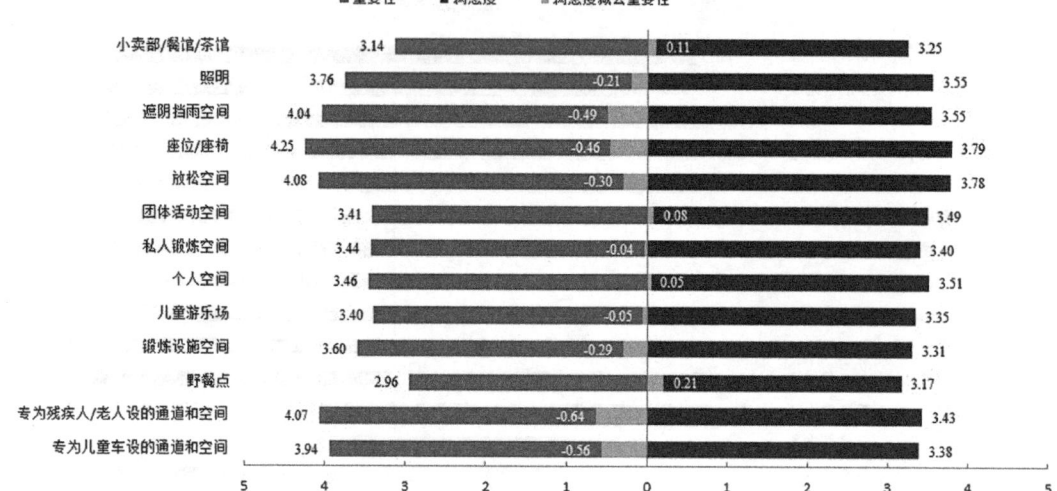

图 5-52 第三阶段调研总体受访者对利用情况要素重要性与满意度评价对比分析图

图 5-53 第三阶段调研总体受访者对公园设计要素重要性与满意度评价对比分析图

示,"接近大自然的景观设计"(平均分4.09)最高,"湖面和水面设计"(平均分4.04)代表静水的设计次之。"植物的物种多样性"(平均分4.02)、"植物季相景观"(平均分3.97)、"水流"和"小森林"(平均分3.91),以及分别代表垂直和水平结构设计的"多维度空间结构的景观设计"(平均分3.87)和"不同水平结构下的景观组合"(平均分3.86)的重要性显示也很高。整体而言17个设计要素的调研结果显示除了"假山"(平均分3.43)和"可踩踏的草坪"(平均分3.56)外,均显示了一定的重要性(见图5-53)。

这几项中满意度最低的分别是"植物季相景观"与重要性差值最大,

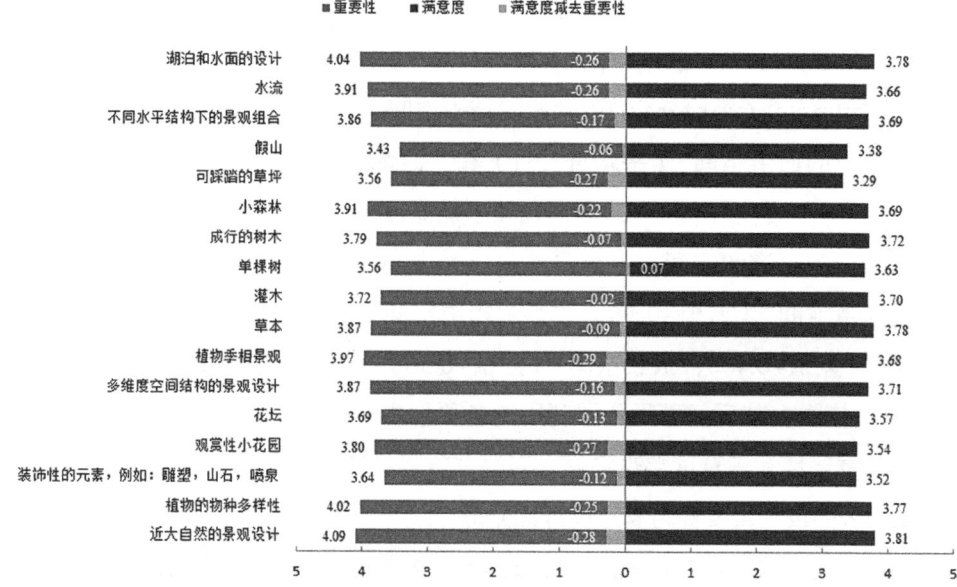

为–0.29。"接近大自然的景观设计"（差值–0.28）、"观赏性小花园"和"可踩踏的草坪"差值都是–0.27，"湖面和水面设计"和"水流"差值都是–0.26，"植物的物种多样性"差值为–0.25。可见在调研中的17项公园设计的各要素中受访者认为都比较重要，而以上项目其重要性和满意度之差也都较高。说明对这些重要的方面现状都有改善设计的需求。这也可以为规划设计师在设计过程中重视反馈和后期评价提供一些信息。

7. 水系周边公园向自然与环境学习教育情况

本调研针对受访者在四个公园样本场地中向自然与环境学习的情况进行了调研。分别对受访者"是否想了解更多公园的自然知识"、"阅读公园中植物信息标识和科普教育牌"的频率，以及所偏好的"自然面貌"和"了解公园中自然知识的方式"进行了样本数据收集和整理分析。

（1）对公园中的自然知识感兴趣人群比例

选择感兴趣的受访者为324位，占比76.78%，而不感兴趣的为98位，占比23.22%（图5-54）。从四个不同的样本场地来看，对自然知识感兴趣最多的受访者出现在场地三北海公园（占86.67%），而最低出现在场地一南长河公园（占65.74%），详见图5-55。

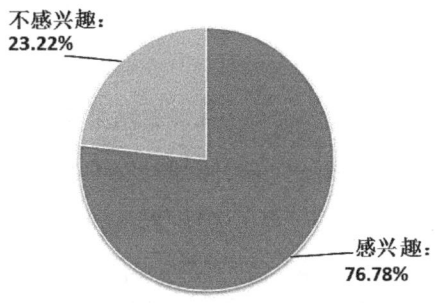

图5-54 第三阶段调研总体受访者对自然知识感兴趣的比例分析图

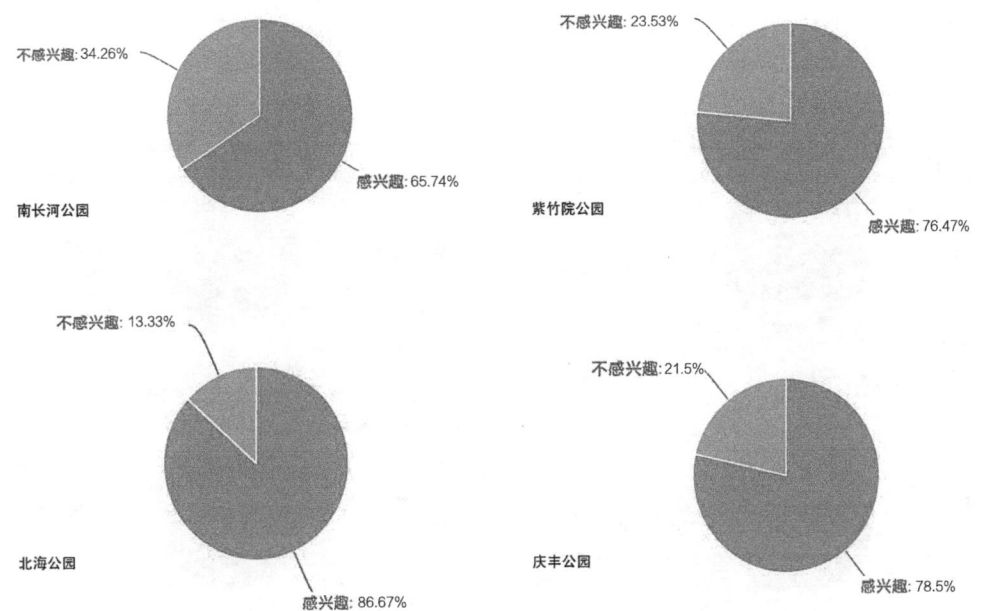

图5-55 第三阶段调研各场地受访者对自然知识感兴趣的比例分析图

（2）阅读科普教育牌的频率

在针对四个公园的植物信息标识和科普教育牌的阅读频率调研中，整体频率结果显示，选择最多的是"有时"阅读（占43.13%），其次是"经常"阅读（占31.99%），低频率的"较少"阅读和高频率的"总是"阅读分别占比12.80%和9.24%。选择"从不"阅读植物信息牌科普牌的人群占2.84%（图5-56）。从四个场地的情形来看，将选择"总是"、"经常"和"有时"阅读的受访者合并，来表示标志牌的使用频率，占比最高的是场地三（89.53%），最低的是场地二紫竹院公园（80.39%），详见图5-57。

（3）感兴趣的自然要素

调研中对8项常见的公园中不同的自然要素的偏好状况（每位受访者可以选择多个感兴趣的选项）总体结果显示，受访人群对"树木"（291

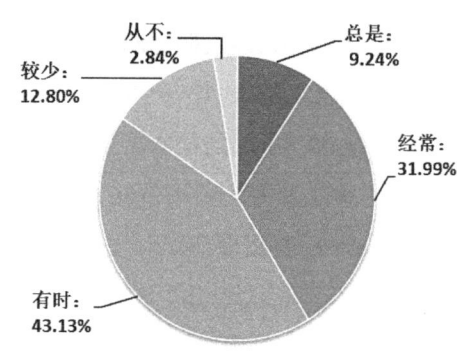

图5-56 第三阶段调研总体受访者阅读科普教育牌频率比例分析图

图5-57 第三阶段调研各场地受访者阅读科普教育牌频率比例分析图

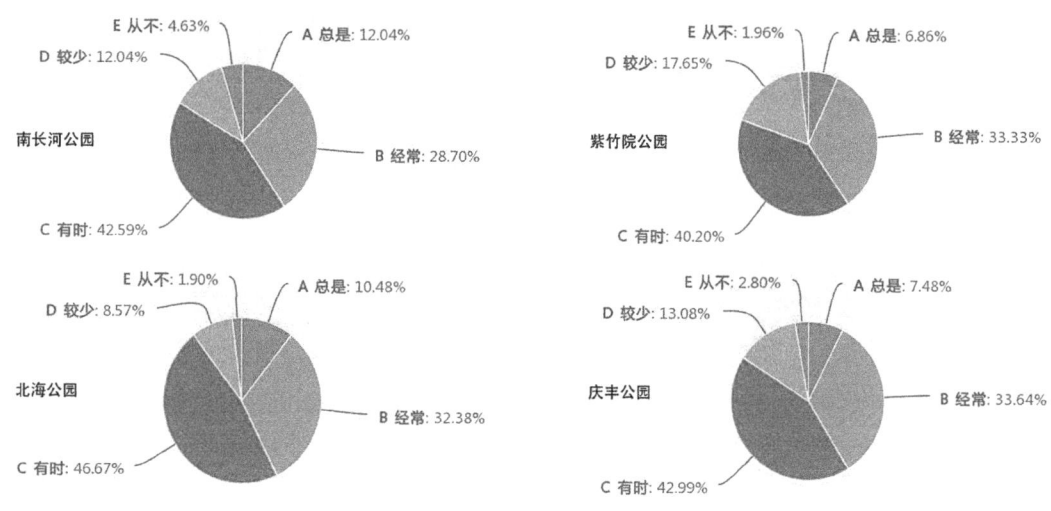

人次，占比68.96%）、"花"（284人次，占比67.30%）、"水体"（178人次，占比42.18%）、"草"（171人次，占比40.52%）的偏好度较高。对"灌木"（99人次，占比23.46%）和"动物"（101人次，占比23.93%）的偏好度较低（图5-58）。但这不能说明偏好度低的就不重要，反而说明了受访者和人群对这些自然要素的相关认知和了解不足。从调研的四个公园各自的情况来看，同整体的差异不太大，详细结果见图5-59~图5-62。

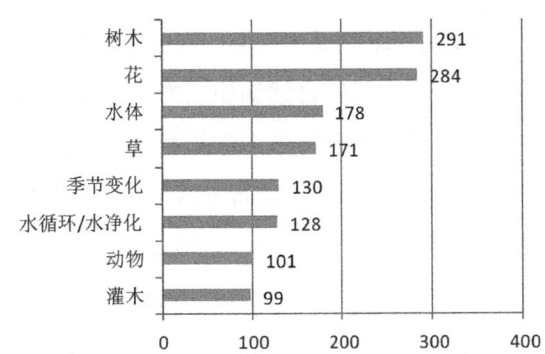

图5-58 第三阶段调研总体受访者感兴趣的自然要素统计分析图

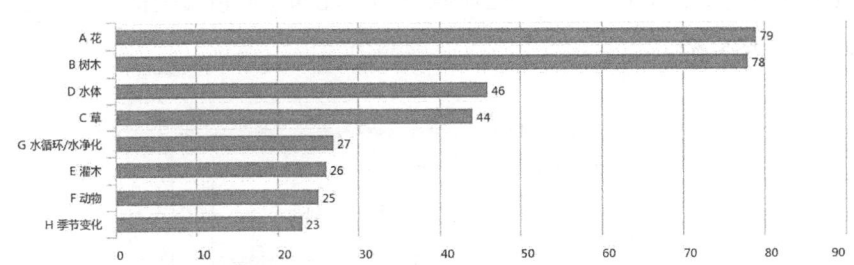

图5-59 场地一南长河公园受访者感兴趣的自然要素统计分析图

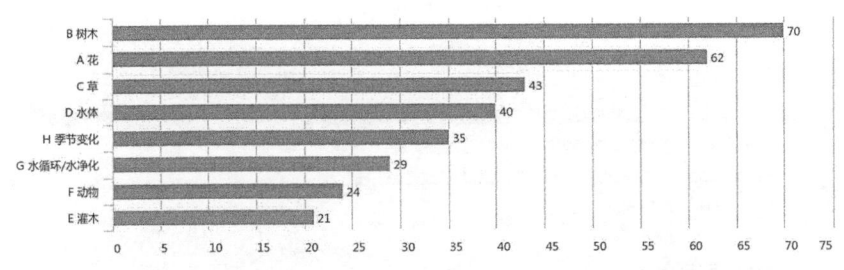

图5-60 场地二紫竹院公园受访者感兴趣的自然要素统计分析图

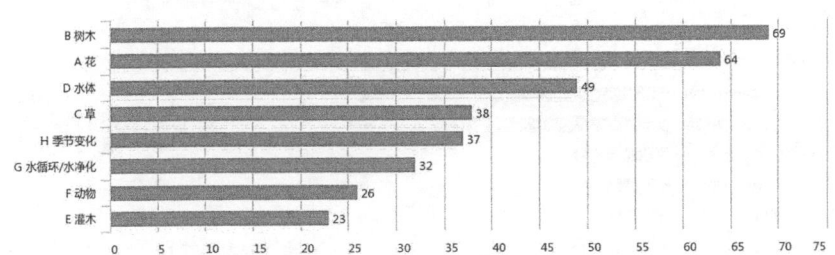

图5-61 场地三北海公园受访者感兴趣的自然要素统计分析图

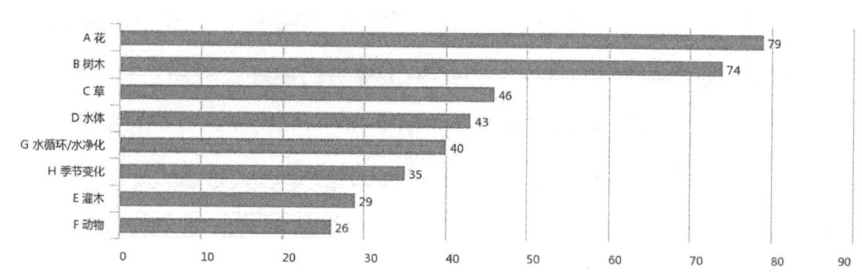

图 5-62 场地四庆丰公园受访者感兴趣的自然要素统计分析图

（4）公园中了解自然知识的方式偏好

对于在水系周边公园中了解自然知识的方式偏好的调研，设计了8个不同的选项，每位受访者被允许最多选择两个。总体统计结果显示，"信息标志牌（字不多）"的偏好度最高（295人次，占比69.91%），其次分别是"范例区亲身体验"（166人次，占比39.34%）和"宣传教育布告栏"（147人次，占比34.83%）。而比较新的方式包括"技术支持（例如互动二维码）"、"课程/项目学习"和"导游（专人讲解）"的偏好程度明显很低（图5-63）。四个公园各自的情况和总体情况类似，详细见图5-64~图5-67。

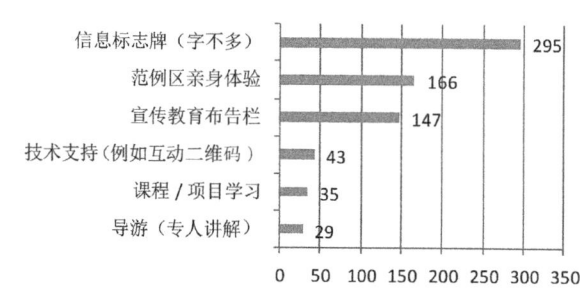

图 5-63 第三阶段调研总体受访者了解自然知识方式偏好统计分析图

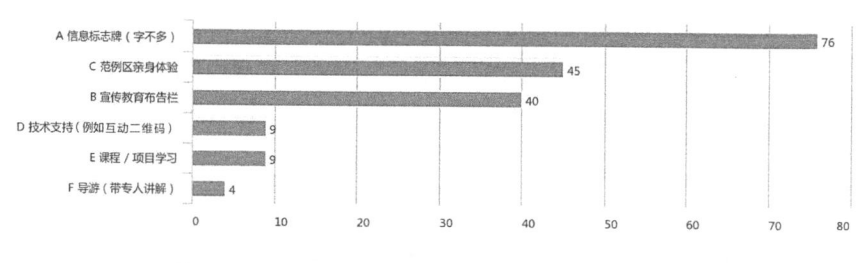

图 5-64 场地一南长河公园受访者了解自然知识方式偏好统计分析图

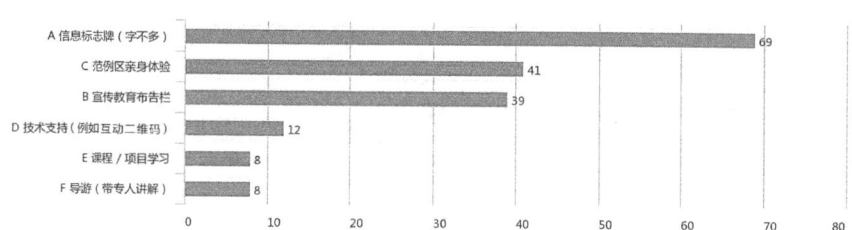

图 5-65 场地二紫竹院公园受访者了解自然知识方式偏好统计分析图

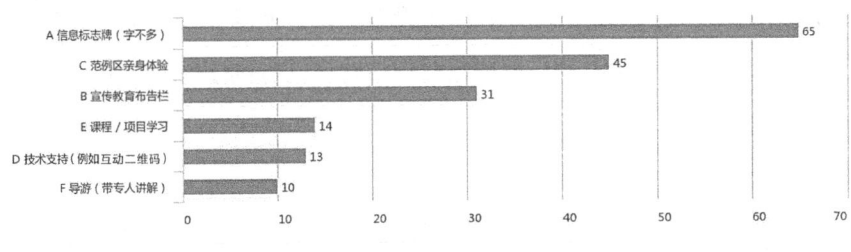

图 5-66 场地三北海公园受访者了解自然知识方式偏好统计分析图

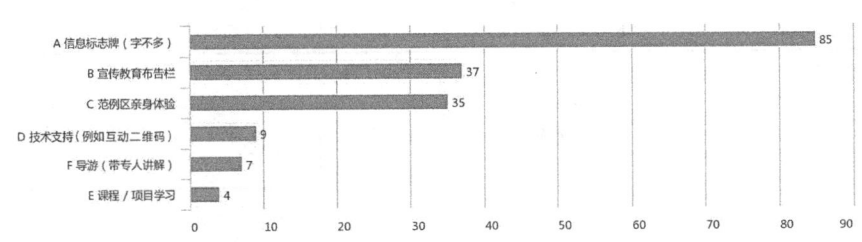

图 5-67 场地四庆丰公园受访者了解自然知识方式偏好统计分析图

5.3 对比与讨论

5.3.1 第一和第三阶段调研结果对比

1. 到达交通方式和路程时长对比

本研究中岸边绿色公共开放空间的出行方式以步行最多（220人次，52.63%），路程时长以10分钟之内为最多（145人次，34.69%）。水系周边公园空间的出行方式和路程时长中选择最多的也是步行和10分钟之内，分别为225人次，占53.32%，以及115人次，占27.25%。可以看出无论是岸边公共开放空间还是水系周边公园，都以步行和10分钟以内为最多选项。这对本研究确定研究对象为1km范围有一定的指导作用。

2. 行为偏好对比

通过第一阶段和第三阶段受访者的活动行为偏好可以看出，"散步、休息、聊天"最具优势，"跑步、带孩子来玩、听音乐、其他运动"也具有较高的偏好程度（表5.8）。这样的结论对规划设计师和公园维护使用管理部门有一定的帮助，也对生态系统服务使用需求导向有一定的帮助。例如对于散步专用步行道和路线的设计应该成为公共空间必须考虑的设计项目，对休息和聊天设施的设计也应提高。同时结合第二阶段关于儿童活动偏好的结论，应该在岸边设置安全自然的儿童亲水设施和空间，并增加偏好活动内容与环境教育相结合，这有利于对儿童和家长同时展开教育。

第一和第三阶段行为偏好分场地对比分析表（单位：人次）　　表5.8

场地 \ 偏好排序	1	2	3	4	5
岸边绿色公共开放空间					
场地一：北长河段岸边绿色公共开放空间	散步 71	休息 41	聊天 29	钓鱼 22	带孩子来玩 17
场地二：西海（积水潭）岸边绿色公共开放空间	散步 57	休息 56	聊天 38	带孩子来玩 24	其他 18
场地三：庆丰公园岸边绿色公共开放空间	散步 77	休息 60	带孩子来玩 25	跑步 20	聊天 19
场地四：高碑店湖区岸边绿色公共开发空间	休息 59	散步 55	聊天 34	带孩子来玩 28	跑步 17
水系周边公园					
场地一：南长河公园	散步 71	休息 54	聊天 33	跑步 29	带孩子来玩 22
场地二：紫竹院公园	散步 76	休息 64	聊天 36	带孩子来玩 20	听音乐 14
场地三：北海公园	散步 74	休息 51	聊天 31	听音乐 17	其他运动 17
场地四：庆丰公园	散步 72	休息 60	跑步 27	聊天 26	带孩子来玩 21

3. 满意度对比

岸边公共开放空间和水系周边公园空间在满意度方面，公园空间的满意度较高，尤其是在"非常好"的选项上，前者占比10.77%，后者为26.78%。这样看来公园空间的整体满意度明显好于岸边绿色公共开放空间，其原因可以解释为与公园用地的专属性、利用设施以及维护管理有直接关系。八个调研场地中满意度最高的是北海公园，评价非常好的占32.28%，好占56.19%；满意度最低的是高碑店岸边，评价非常好的占4.90%，评价好的占37.25%。

5.3.2　基于调研的生态系统服务需求分析

通过以上对北京中心地区水系岸边绿色公共开放空间和水系周边公园使用情况的调研，可以比较清晰地了解到各个场地和整体的使用情况和利用偏好，以及满意程度评价。通过对偏好和评价的整理，可以综合反推出各个场地中使用者潜在的生态系统服务需求。

本研究使用了MA 2005的四类26项生态系统服务分类与调研结果进行对比分析（表5.9）。得出受访者偏好、满意度和需求对生态系统服务提供的"调节服务"和"文化服务"这两类都有不同程度的需求，而对"支持服务"和"供给服务"则没有需求。

有需求的服务中，调节服务最为强烈，其中对"空气质量调节"和"水调节"的需求较高，对"气候调节"和"人类疾病调节"居中，对"侵蚀调节"需求涉及较少，而对"土壤形成调节"、"授粉"、"害虫调节"都没有涉及。这里认为没有需求的原因是缺乏认知，因为即使是一些从事生态和环境专业工作的人员也不能完全了解所有各项具体服务项目的相关知识，而大众对这些生态系统所能提供的服务功能的认识就更加困难和呈现空白了。这一现象也反映在"支持服务"的"光合作用"、"初级生产"、"营养循环"等方面。

对受访人群的调研结果显示，生态系统的文化服务需求程度高。其中除了"场所感价值"外，其他9项服务都有需求。其中"文化多样性价值"、"教育价值"、"审美价值"、"社会关系价值"、"休闲和旅游价值"需求程度高。对"精神和宗教价值"、"知识系统的价值"、"文化遗产价值"显示中等程度的需求，而对"激发灵感的价值"仅在紫竹院公园有艺术活动人群显示出此项需求。

四类服务中"支持服务"和"供给服务"在调研过程中没有需求。结合现场访谈和观察的情况来看，市民的偏好满意度等都是基于物质空间的，而对支持服务这类比较隐形的服务项目不明显，也缺乏认知。另一方面，受访者对城市中的自然所提供的食品、原材料没有太多认知。现在，城市中的食品来自农村的生产和食品工厂的加工，原材料来自原材料产地和工厂加工，而水则依靠自来水厂通过净化和处理提供，所以在城市绿色空间中就缺失了这一类服务。但是结合现场的踏勘和观察显示，例如西海湖岸附近的社区中，就有很多居民利用胡同、院子和一些可以种植的空间种植了蔬菜（如西红柿、黄瓜以及葫芦等）、水果（如葡萄等）等作物。可见城市是可以提供这样的服务的，而且有条件的市民也乐于接受这样的服务。

在生态系统服务TEEB2010的第19项"认知发展信息的提供"中包含了对以上问题的一部分解答。城市市民对水系岸边绿色公共开放空间和水系周边公园中的自然都显示出有向自然学习的兴趣和行为，直接享受到了城市生态系统提供的"认知发展信息的提供"服务。但是这些信息在北京中心地区水系周边的情况显示提供得非常有限。调研中更显示出对城市中自然生态系统认知的有限和对自然信任的有限，存在严重的环境教育的缺失。无论是非专业人士或管理者甚至从业者，都因为缺乏环境教育以及对相关知识的认知，从而影响了其对城市生态系统的行为、偏好、政策制定、工程项目等。

生态系统服务需求调研评价表　　　　表5.9

MA 2005 生态系统服务分类 四类26项	有无需求	需求程度高	需求程度中	需求程度低
支持 Supporting	无			
1）光合作用	无			
2）初级生产	无			
3）营养循环	无			
产品供给 Provisioning	无			
4）食物	无			
5）新鲜的供水	无			
6）纤维原料	无			
7）基因遗传资源	无			
8）生物化学原料	无			
调节 Regulating	有	高		
9）空气质量调节	有	高		
10）气候调节	有		中	
11）水调解	有	高		
12）侵蚀调节	有			低
13）土壤形成调节	无			

续表

MA 2005 生态系统服务分类 四类26项	有无需求	需求程度高	需求程度中	需求程度低
14）授粉	无			
15）害虫调节	无			
16）人类疾病调节	有		中	
文化 Cultural		高		
17）文化多样性价值	有	高		
18）精神和宗教价值	有		中	
19）知识系统的价值	有		中	
20）教育价值	有	高		
21）激发灵感的价值	有			低
22）审美价值	有	高		
23）社会关系价值	有	高		
24）场所感价值	无			
25）文化遗产价值	有		中	
26）休闲和旅游价值	有	高		

5.4 小结

通过现场调研及抽样调查问卷的结果分析，间接得出样本场地中受访者对生态系统服务的需求主要包括：（1）调节服务：水质净化、空气净化调节等；（2）文化服务：休闲娱乐、偏向自然的景观审美、向自然学习、儿童接近自然活动等；(3)支持和产品供给服务则基本没有涉及。但是在栖息地和生物多样性方面有欣赏动植物、鱼类、观鸟、育儿等人与自然共同利好的空间需求。虽然本研究没有直接对"生态系统服务"及其子项进行调研，但是在对风景园林规划设计中对于人群在现阶段的水系廊道绿色空间中的行为、空间、设施、设计的偏好和评价有了进一步的理解，更将其与生态系统服务建立了联系。这些都便于规划设计师将城市公共空间的规划设计与生态系统服务进行结合。

将行为偏好和满意度评价与生态系统服务的分类分项进行比对发现，虽然没有在调研中直接提问"生态系统服务"，但是从受访者的行为偏好、满意程度、向自然学习等多个方面能够反映出对于生态系统服务的多项需求。研究目标得到了实现，对八个研究样本场地和受访人群的生态系统服务需求有了较为初步的了解，也为进一步设计生态系统服务调研提供了研究基础。

当前关于城市生态系统服务的研究中对支付意愿的调研和问卷展开较多。但是从风景园林学的规划、设计、建造、管理的角度，结合使用人群行为偏好和满意度的角度来调研生态系统服务的尝试较少。这样的研究，尤其在对照生态系统服务分类分项列表的过程中，存在一定的研究者主观判断的问题。此外，由于时间、人力等条件的局限性，没有对不同类别的生态系统服务和不同类别的人群进行指向性调研，也没有在相同的场地开展支付意愿调研等。这些都可以在未来的研究拓展中进行，也为风景园林学结合以生态系统服务为代表的科学研究和社会学研究开辟了新的途径。下一章的规划管理分析也是利用了社会学和新闻学的分析方法，对规划文本和访谈尝试进行与生态系统服务相结合的研究。

第 6 章 北京中心地区水系廊道相关规划管理分析

本章针对与北京市中心地区水系廊道相关的规划文件进行内容分析，并对相关管理部门专家进行深度访谈，尝试探寻城市规划管理与生态系统服务之间的关系。国际上已经有针对规划管理与生态系统服务相联系的研究[121]，但是对于中国城市规划和管理的情况还没有尝试进行类似的研究，也缺乏规划设计背景的相关研究人员展开与生态系统服务结合的研究。此外，北京作为我国规划文件和体系较为完整的城市，非常适宜选作典型研究对象城市。

本章将利用内容分析法对《北京城市总体规划2004~2020》、《北京市绿地系统规划（2010版）》以及北京市"十二五"期间的63个相关规划文件进行分析。并对北京市城市规划研究院、北京市水利水务局、北京市公园管理中心的专家分别进行深度访谈，结合扎根理论进行质性研究。

通过对63个规划文本进行特征词降维分析，得出9个与生态系统服务较为相关的样本规划文件。其中，支持服务和文化服务所涉及的高频词个数和频次都比较占优，但对于供给和调节服务关注较少。专家访谈方面，规划部门专家对于支持服务偏重程度高，在法规建设、公私合营PPP治理模式，以及多专业综合规划的建立方面均对本研究有启发；水务部门专家在供给服务方面偏重程度高，在环境教育和景观生态水源方面对本研究有启发；园林部门专家在文化服务方面偏重程度高，在风景园林专业地位和水务部门的管理理念方面对本研究有启发。本章研究框架及技术路线见图6-1。

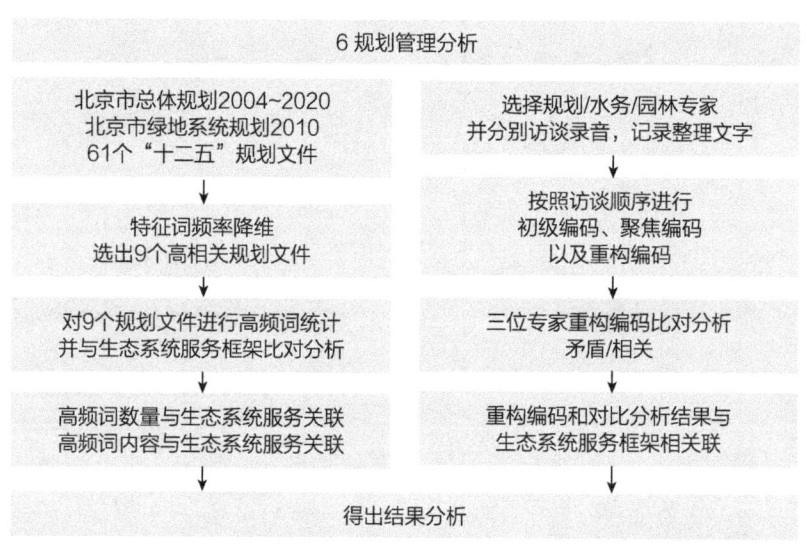

图6-1 第6章研究框架及技术路线示意图

6.1 规划文件内容分析研究

6.1.1 规划文件的选取与提取

本研究从网络的公开数据收集下载了《北京市国民经济和社会发展第十二个五年规划纲要》以及"十二五"规划中的15个市级综合专项规划和45个市级一般专项规划①,并登陆"北京市规划委员会网站"②的相关栏目下载了《北京城市总体规划2004~2020》和《北京市绿地系统规划（2010版）》文件,总计63个规划文件,将其作为研究的筛选对象。这些规划文件在北京市政府及各委办局和管理部门中都具有重要的地位,代表了规划期内以及"十二五"时期（2011~2015年）北京市政府的大政方针和制定相关规划决策制定的一些原则。其规划文件中的词语、术语以及专业词汇都经过各个部门相关专业人士的认真筛选编制,报上级审批部门批准并核发。这些规划文件能够代表政府在管理中所重视的内容。

6.1.2 研究方法

1. 内容分析法

本研究运用结合定量研究的内容分析研究法,并利用内容分析的量化研究特征对规划文件进行特征抽取（Feature selection）分析。伯纳德·贝雷尔森（Bernard Berelson,1952）定义内容分析法为:"一项带有目标的、系统的、量化的来描述信息所显示的内容的研究技术"[122]③。内容分析法是一种相对客观的,不是基于价值陈述的研究方法。例如斯蒂芬·施特穆勒（Steve Stemler,2001）提出:"质性的内容分析法是一

---

① 规划的分类参考了北京市发展与改革委员会网站链接:http://www.bjpc.gov.cn/fzgh_1/guihua/12_5/（检索日期:2015年12月26日）。

② 北京市规划委员会网站网址:http://www.bjghw.gov.cn/web/（检索日期:2016年1月18日）。

③ Content analysis is a research technique for the objective, systematic and quantitative description of the manifest content of communication. Berelson, B.（1952）.

项基于清晰的编码规则的压缩文本从大量词语到少量内容分类的系统的可重复的技术"[123]①。内容分析法也被认为是一种基于质性分析的定量或半定量分析法[124,125]，该方法客观、系统、定量的特性[126]在新闻传播学研究中被广泛应用于描述传播内容的特征和倾向性，推测传播者对信息传播的态度和效果等；在情报科学中常用来揭示隐性情报内容，进行事物发展的情报预测[127]。

本研究中通过将网络下载的规划文件的网页文字信息转换为定量的信息，利用内容分析法从文本中的定量信息和某些可测量的变量得到经验性的数据和结论。具体研究方法就是计算文本内容中某些特征元素出现的频率次数并进行量化分析。由于规划文本是由特定专业的人员或组织经过严格的编制和审批程序后发布的政府文件，规划文件中的词汇、语义可以代表编制和发布单位关注的规划内容、立场甚至利益。该方法便可以运用数理统计的做法对内容进行量化的分析与归类，因此能够相对客观地排除人为因素的干扰。规划文件作为一种官方书面的文本也非常适宜这种分析方法。

2. 研究步骤

本研究利用内容分析法的研究步骤为：

（1）确定内容分析的研究主题：北京市政府规划文件中对"生态系统服务"相关内容的关注现状。

（2）确定研究文件的范围：本研究选取了《北京市总体规划2004~2020》、《北京市绿地系统规划》（2010版）和北京市"十二五"规划的60个规划文件，共计63个规划文件作为研究范围。

（3）筛选样本：利用16个特征词在各个规划文件中的词频数量进行初步筛选，筛选出7个核心特征词出现频率明显最高的规划文件和2个主题高度相关的规划文件，共计9个样本规划文件。

（4）制作编码表：将"生态系统服务框架"的4类26项具体内容作为筛选样本规划文件内容分析的编码表，并建立为4类内容分析的类属，确定每个规划文件为分析单元。

---

① Qualitative content analysis is "a systematic, replicable technique for compressing many words of text into fewer content categories based on explicit rules of coding". Stemler, S (2001). An Overview of Content Analysis. Practical Assessment, Research & Evaluation 7 (17). Retrieved 12 June 2013.

（5）分析文本内容数据：在选定的9个样本规划文本中，利用分词软件进行分词和词频普查，将高频词列表与编码表逐个对照分析，并查找总结量化特征。

（6）对研究结果进行分析解释：分析"生态系统服务"4个类属在各个规划文件中的内容现状，并探寻其在未来规划文件中提升的潜力。

3. 特征词和核心特征词

由于规划文件代表了政府的管理和施政，相关词语和短语具备可重复和不可随意替换的特征，因此本研究对采集到的规划文件的相关内容进行词频统计需要有针对性地建立"特征词"规则集。利用特征抽取的思路对规划文本进行降维，以减少要分析的特征维度，从而达到聚焦分析的目的。

本研究利用特征词筛选的方法（Feature Extraction）选取了"（1）生态系统服务、（2）生态系统、（3）生态、（4）景观、（5）风景、（6）园林、（7）风景园林、（8）可持续、（9）生物多样性、（10）绿色北京、（11）绿色、（12）保护、（13）服务、（14）功能、（15）生态功能、（16）绩效"共16个特征词。并在63个规划文件中逐个查询出现的特征词频次，汇总并进行计算比较。随后，按照与本研究相关程度最高的"（1）生态系统、（2）景观、（3）风景、（4）园林、（5）可持续、（6）生物多样性、（7）生态功能"7个词作为核心特征词，计算这些核心特征词出现频率之和，进行特征提取的初步筛选，以选定规划文件的研究样本。

4. 特征词集定义集和编码

编码在社会学量化研究中被经常使用，作为分类信息和量化的基本手段。本研究使用MA 2005生态系统服务研究框架的4类服务，将生态系统服务分作：A"支持服务"类属，B"供给服务"类属，C"调节服务"类属，D"文化服务"类属，并根据相关文献中的编码研究方法，对具体生态系统服务分项编制编码表6.1[①]。

[①] 编码结合了 MA2005 和文献：Kabisch N. Ecosystem service implementation and governance challenges in urban green space planning—The case of Berlin, Germany. Land Use Policy, 2015,42：557-567. 中生态系统服务分类各项细分的内容整合。

生态系统服务分类分项概念类属编码表　　　　　表6.1

服务类属	A支持 Supporting	B供给 Provisioning	C调节 Regulating	D文化 Cultural
编码	1）光合作用 Photosynthesis 2）初级生产 Primary production 3）营养循环 Nutrient cycling	1）食物 Food 2）新鲜的水 Fresh water 3）纤维原料 Fibre 4）基因遗传资源 Genetic resource 5）生物化学原料 Biochemicals	1）空气质量调节 Air quality regulation 2）气候调节 Climate regulation 3）水调解 Water regulation 4）侵蚀调节 Erosion regulation 5）土壤形成调节 Soil formation regulation 6）授粉 Pollination 7）害虫调节 Pest regulation 8）人类疾病调节 Human disease regulation	1）文化多样性的价值 Values of cultural diversity 2）精神和宗教价值 Spiritual and religious values 3）知识系统的价值 Values of knowledge System 4）教育价值 Educational values 5）激发灵感的价值 Inspirational values 6）审美价值 Aesthetic values 7）社会关系价值 Values for social relations 8）场所感价值 Values of sense of place 9）文化遗产价值 Cultural heritage values 10）休闲和旅游价值 Values for recreation and tourism

6.1.3　研究结果

1. 特征词抽取词频普查结果

对63个规划文件进行特征词普查的结果显示："生态系统服务"出现频次仅1次，在《北京市"十二五"时期标准化发展规划》文件中。"风景园林"仅出现3次，分别在《北京市"十二五"时期园林绿化发展规划》中出现2次，在《北京市城市总体规划（2004~2020）》中出现1次（表6.2）。说明"生态系统服务"和"风景园林"这些概念在北京市"十二五"规划和城市规划文件中的地位还没有受到较多关注，有极大的潜力来提升这些专业概念词汇在国民经济发展规划中的地位，从而影响和促进政府管理者的理解和广大市民的认知以及行业的发展。

核心特征词频次及检索原文示意列表　　　　　　　　　表6.2

特征词	频次	原文
生态系统服务	1	《北京市"十二五"时期标准化发展规划》"三、强化管理，保障城市运行安全高效，（一）强化资源环境领域标准化，5、生态建设。进一步深化园林绿化等领域相关标准的制定，重点开展森林生态系统服务、湿地植被恢复、森林碳汇、有机果品、生物质能源林、园林绿化废弃物资源化利用和园林绿化文化创意等领域的标准研究、制定及实施工作"
风景园林	2	《北京市"十二五"时期园林绿化发展规划》"第六章实施人文园林行动，让成果惠及人民，二、传承优秀园林文化，建设首都现代园林。推进园林文化交流。积极争办风景园林、林业绿化等方面的国际性会议，不断扩大首都园林绿化的国际影响力"。及该原文附表3："人文园林行动计划"主要工程中"2、现代园林建设工程，4、加强园林文化交流：积极参加京外举办的园博会、绿博会、花博会、世园会等各类园林绿化博览会'北京园'建设，积极推动友好城市中建设北京园林作品，积极争办风景园林、林业绿化等方面国际性会议"
	1	《北京市城市总体规划（2004~2012)》"第七章市域历史文化资源的保护，第66条市域历史文化资源的保护：(4)保护与城市发展密切相关的历史河湖水系，划定保护范围并加以整治。重点保护护城河水系、古代水源河道、古代防洪河道、风景园林水域以及重要的水工建筑物"

在以上16个特征词中，"服务"在所有63个规划文件中都有提及，而且出现频率最高，合计6893次；"保护"其次，共1493次，只有7个规划文件没有提及"保护"；"功能"只在一个规划文件中没有被提及，出现频次也很高，合计1260次；"绿色"共出现973次，其中204次是以"绿色北京"的形式出现；"生态"出现969次（包含了"生态系统"、"生态系统服务"和"生态功能"），在15个规划文件中没有被涉及；"园林"出现291次；"景观"出现228次；"可持续"出现169次。出现较少的特征词包括："风景"在11个规划文件中共出现77次，"绩效"在24个规划文件中合计出现74次，"生态系统"仅在8个规划文件中出现共32次，"生物多样性"在7个规划文件中出现共20次，"生态功能"在9个规划文件中合计出现16次，"风景园林"3次，"生态系统服务"1次。

因为规划文件属于政府性工作文件，在预评估和后评价方面有一定的内容。在针对"绩效"特征词的提取方面显示："绩效"在63个规划文件中的24个文件中合计出现74次，没有以"景观绩效"、"规划绩效"和"设计绩效"等相关形式的词汇出现。出现最多的是在《北京市"十二五"时期公共财政发展规划》中，共14次，《北京市"十二五"时期卫生发展改革规划》中8次，《北京市"十二五"时期教育改革和发展规划》中7次，《北京市"十二五"时期社会公共服务发展规划》、《北京市"十二五"时期城市信息化及重大信息基础设施建设规划》和《北京市国民经济和社会发展第十二个五年规划纲要》各6次。本研究筛选的9个样本规划文件中，《北京市国民经济和社会发展第十二个五年规划纲要》中出现6次，《北京市"十二五"时期城乡市容环境建设规划》中出现1次，《北京市"十二五"时期环境保护和建设规划》中出现1次。

与"绩效"共现和连接的特征词主要有："绩效考核"15次，"绩效评估"6次，"绩效评价"5次，"工作绩效"4次，"绩效管理"3次，"绩效考评"2次，"绩效工资"2次，"绩效导向的……"2次，"管理绩效"2次。绩效作为重要的管理和考核内容，在"十二五"相关规划中有较高的出现频率，但是在城市总体规划和城市绿地系统规划中还没有出现。值得注意的是，出现最多的六个规划文件都是关于"公共财政"、"卫生发展改革"、"教育改革和发展"、"社会公共服务发展"等方面，这些文件均涉及社会和公共服务的重要方面。虽然规划文件重视了公共服务的绩效，但是作为城市重要公共产品的城市中的生态系统和景观空间，它们提供给城市和人们的公共服务的绩效还没有开始被重视起来。

2. 核心特征词筛选样本规划文件结果

利用以上特征词中与本研究相关性最强的"（1）生态系统、（2）景观、（3）风景、（4）园林、（5）可持续、（6）生物多样性、（7）生态功能"共7个核心特征词的出现频次之和进行排序筛选，并利用特征词选择来降维（降低内容分析的维度）。其中7个规划文件中的特征词之和大于30（分布曲线见图6-2），显示了相对于其他55个规划文件更高的相关性。而与本研究主题关系较为紧密的《北京市"十二五"时期水资源保护及利用规划》和《北京市"十二五"时期环境保护和建设规划》中的特征词出现频次之和都较低，分别为10次和8次，但也列为相关文件。共计9个样本规划文件，详见表6.3。

样本规划文件提取结果列表 表6.3

规划文件名称	特征词频之和	规划文件组织及编制部门	发布时间
北京市"十二五"时期园林绿化发展规划	271	北京市园林绿化局 首都绿化委员会 北京市发展和改革委员会	2011.09
北京市绿地系统规划	117	北京市规划委员会 北京市园林绿化局 北京市城市规划设计研究院	2010.08.31

续表

规划文件名称	特征词频之和	规划文件组织及编制部门	发布时间
北京市城市总体规划	63	北京市规划委员会 北京市城市规划设计研究院	2005.04.15
北京市"十二五"时期 城乡市容环境建设规划	42	北京市市政市容管理委员会 北京市发展和改革委员会	2011.09
北京市国民经济和 社会发展第十二个五年规划纲要	42	北京市人民政府	2011.01
北京市"十二五"时期 绿色北京发展建设规划	32	北京市人民政府	2011.09
北京市"十二五"时期 历史文化名城保护建设规划	27	北京市规划委员会 北京市发展和改革委员会	2011.12.05
北京市"十二五"时期 水资源保护及利用规划	10	北京市水务局 北京市发展和改革委员会	2011.12
北京市"十二五"时期 环境保护和建设规划	8	北京市环境保护局 北京市发展和改革委员会	2011.06

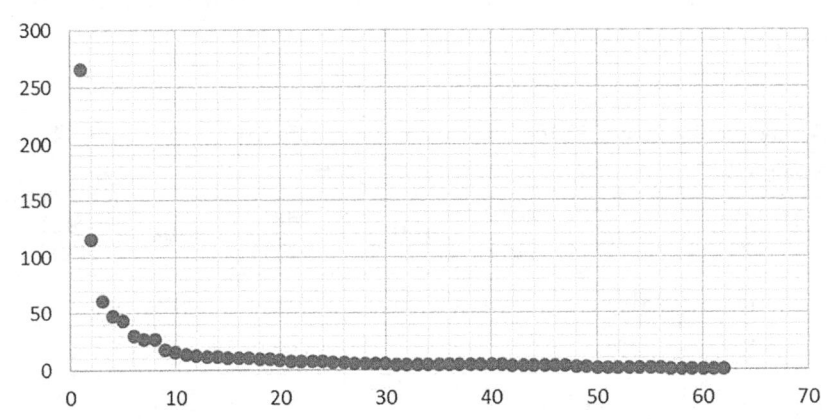

图 6-2 七个核心特征词词频数量之和散点图

3. 样本规划文件词频普查及编码分析结果

将筛选出的9个规划文件,利用NLPIR_PACKAGE软件[①]逐个分析其词语频率,得到每个规划文件中所有实意词的出现频率。出现频率高的实意词可以帮助我们寻找各个规划文件所关注的重点和特征,以及规划文件自身的词汇特征。通过与生态系统服务编码表(表6.1)对照,可以得出样本规划文件高频词在相关编码"生态系统服务类属"中的对应情况。

[①] NLPIR_PACKAGE软件是由张华平博士发起,北京理工大学大数据搜索与挖掘实验室运营,研制的自然语言处理与信息检索数据分析软件。

对于高频词与编码概念类属的对应，在具体的生态系统服务"支持和栖息地、供给、调节、文化"4个分类的24个项目中，并没有直接地重现对应关系，但是在每一个样本规划文件的高频词中有诸多涉及生态系统服务类属的高频词，例如"绿地"在规划中意味着"支持和栖息地"类属中的A-1"物种栖息地的提供"。还有一些高频词在特定规划文件中类属不同，例如"文化"在《北京市"十二五"时期园林绿化发展规划》中属于生态系统服务的文化服务C类属，而在《北京市城市总体规划2004~2020》和《北京市"十二五"时期历史文化名城保护建设规划》中却不属于这些规划文件中与生态系统相关的文化服务类属。类似的还包括"保护区"、"历史"等特征词。此外，有一些高频词，可以属于多个服务类属，例如"绿化"意味着在"支持和栖息地"A类属、"调节"C类属以及"文化"D类属中都有涉及，因为绿化为城市空间提供了生物多样性的栖息地，城市中的诸多绿化空间也提供了气候调节等服务，此外绿化还属于"文化服务"，因为城市中的绿化具有很强的休闲和审美价值（表6.4）。

样本规划文件高频词与生态系统服务4类属关系量化统计表　　表6.4

样本规划文件	A支持与栖息地		B供给		C调节		D文化	
	高频词	频次（次）	高频词	频次（次）	高频词	频次（次）	高频词	频次（次）
01-北京市"十二五"时期园林绿化发展规划	绿化	182	林木	36	绿化	182	园林	194
	森林	107	林业	28			公园	85
	绿地	81					文化	75
	湿地	40					景观	29
	生物	27					历史	24
	林网	11					休闲	22
	植树	11					花卉	22
	公园	85					人文	21
	郊野	11					风景	17
							教育	13
							绿化	182
合计	9	555	2	64	1	182	11	684
%	26.47	36.83	10.53	13.79	5.56	33.70	36.67	53.15

续表

样本规划文件	A支持与栖息地		B供给		C调节		D文化	
	高频词	频次（次）	高频词	频次（次）	高频词	频次（次）	高频词	频次（次）
02-北京市绿地系统规划2010	绿地	340	水源	20	绿化	85	公园	154
	森林	36	农田	11	绿化带	36	景观	42
	湿地	28	林木	9	隔离	32	园林	23
	郊野	17			防护	11	风景	21
	自然保护区	16					文化	17
	保护区	7					历史	11
	河流	7					优美	6
	保护林	6					绿化	85
	林网	6						
	绿化	85						
	绿化带	36						
	公园	154						
	生物	7						
合计	13	745	3	20	4	79	8	359
%	38.24	49.44	15.79	4.31	22.22	14.63	26.67	27.89
03-北京市城市总体规划2004~2020	绿地	41	水源	33	减灾	23	旅游	31
	绿化	37	农业	28	防灾	20	公园	18
	走廊	22	供水	17	绿化	37	绿化	37
	河道	21	水资源	27	隔离	18		
	公园	18						
合计	5	139	4	105	4	98	3	86
%	14.71	9.22	21.05	22.63	22.22	18.15	10.00	6.68
04-北京市国民经济和社会发展第十二个五年规划纲要			农业	38			旅游	39
							景观	25
合计	0	0	1	38	0	0	2	64
%	0.00	0.00	5.26	8.19	0.00	0.00	6.67	4.97

续表

样本规划文件	A支持与栖息地 高频词	频次（次）	B供给 高频词	频次（次）	C调节 高频词	频次（次）	D文化 高频词	频次（次）
05-北京市"十二五"时期城乡市容环境建设规划							景观	37
							优美	4
合计	0	0	0	0	0	0	2	41
%	0.00	0.00	0.00	0.00	0.00	0.00	6.67	3.19
06-北京市"十二五"时期绿色北京发展建设规划	绿化	19	水资源	23	绿化	19	景观	11
	森林	12	水源	18			绿化	19
			农业	15				
合计	2	31	3	56	1	19	2	30
%	5.88	2.06	15.79	12.07	5.56	3.52	6.67	2.33
07-北京市"十二五"历史文化名城规划							景观	17
合计	0	0	0	0	0	0	1	17
%	0.00	0.00	0.00	0.00	0.00	0.00	3.33	1.32
08-北京市"十二五"时期水资源保护及利用规划	公园	8	水资源	54	绿化	6	绿化	6
	绿地	7	水源	51	水质	14		
	绿化	6	农业	11	防洪	14		
	河流	9	供水	53	地下水	13		
	湿地	7						
合计	5	37	4	169	4	47	1	6
%	14.71	2.46	21.05	36.42	22.22	8.70	3.33	0.47
09-北京市"十二五"时期环境保护和建设规划			水源	12	噪声	59		
					大气	25		
					颗粒物	15		
					水质	16		
合计	0	0	1	12	4	115	0	0
%	0.00	0.00	5.26	2.59	22.22	21.30	0.00	0.00

续表

样本规划文件	A支持与栖息地		B供给		C调节		D文化	
	高频词	频次（次）	高频词	频次（次）	高频词	频次（次）	高频词	频次（次）
总计	34	1507	19	464	18	540	30	1287
%	33.66	39.68	18.81	12.22	17.82	14.22	29.70	33.89

4. 样本规划文件高频词与编码匹配特征结果

从生态系统服务的4个类属角度来看，在高频词涉及的类属中，支持服务涉及的高频词最多，为34项，占33.66%；其次是文化服务，涉及30个高频词，占29.71%；供给和调节相对较少，分别是19个（18.81%）和18个（17.82%）。在高频词出现的频率方面，支持服务同样最高，达到1507次，其次是文化服务合计1287次，调节和供给较少，分别是540次和464次（图6-3）。

在现有的9个样本规划文件中，从涉及的高频词个数和频次角度，支持服务都比较占优，可见规划文件在空间和功能以及服务的配置方面具有较高的关注程度，也说明公共空间和公共社会资源具有依据规划和政府配置自上而下的体制特征。文化服务也较占优，表现在规划文件中对文化服务是当前关注的重要方面，同时也显示出对于供给服务和调节服务关注较少。以上说明了9个样本规划文件对多重功能的关注比较欠缺，而更多地关注于空间和服务的配置以及文化服务，相比之下，生态系统重要的调节和供给服务有所忽略。在生态系统服务框架中，调节服

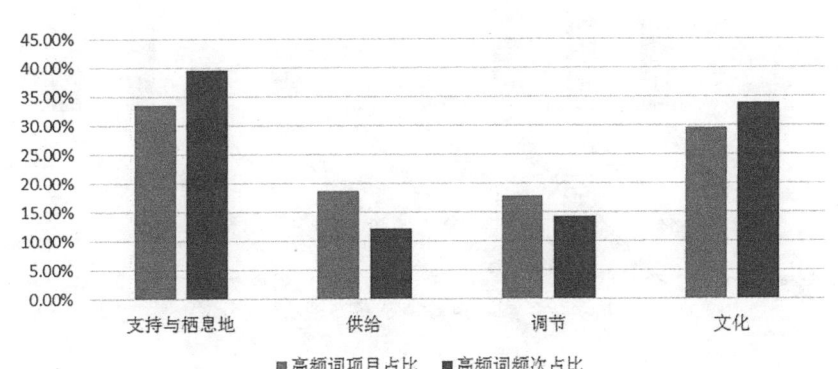

图6-3 样本规划文件内容分析高频词编码结果与生态系统服务类属分析示意图

务具有很细致的分类和巨大的应用潜力，对现今北京城市遇到的生态问题具有极大的调节潜力。此外，规划文件中对于具体的调节和供给服务没有进行细致的规划，一定程度上说明仍然缺乏分类、度量以及量化的指标和深入的细节研究作为规划应用的支持。

从9个样本规划文件看，样本02《北京市绿地系统规划（2010版）》中的高频词涉及生态系统服务的数目最多，共28个，出现频次1203次；样本01《北京市"十二五"时期园林绿化发展规划》中高频词涉及生态系统服务的出现频次最高，合计1485次，供给23个高频词；样本03《北京城市总体规划2004~2020》和样本08《北京市"十二五"时期水资源保护及利用规划》在高频词数量和频次分别位列第三（16个，428次）和第四（14个，259次）；样本06《北京市"十二五"时期绿色北京发展建设规划》排第五（8个，136次）；样本09《北京市"十二五"时期环境保护和建设规划》排第六（5个，127次）。关联程度显示最弱的分别是样本04《北京市国民经济和社会发展第十二个五年规划纲要》、样本05《北京市"十二五"时期城乡市容环境建设规划》和样本07《北京市"十二五"时期历史文化名城保护建设规划》，这与后三个规划文件所关注的主题直接相关（图6-4、图6-5）。

以上结果还反映出，样本03《北京城市总体规划2004~2020》对于供给、支持和调节的关注较为均衡，但是对于文化关注较少；样本01《北京市"十二五"时期园林绿化发展规划》和样本02《北京市绿地系统规划

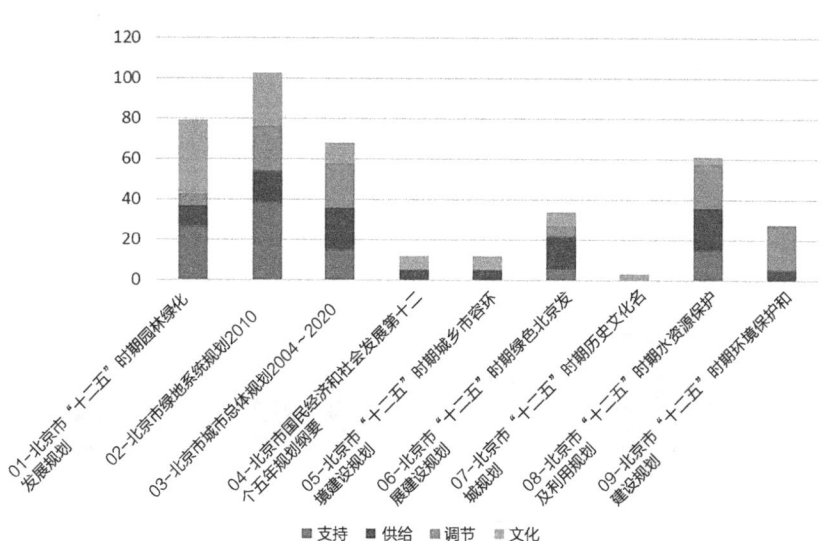

图6-4 样本规划文件内容分析高频词项目分布图

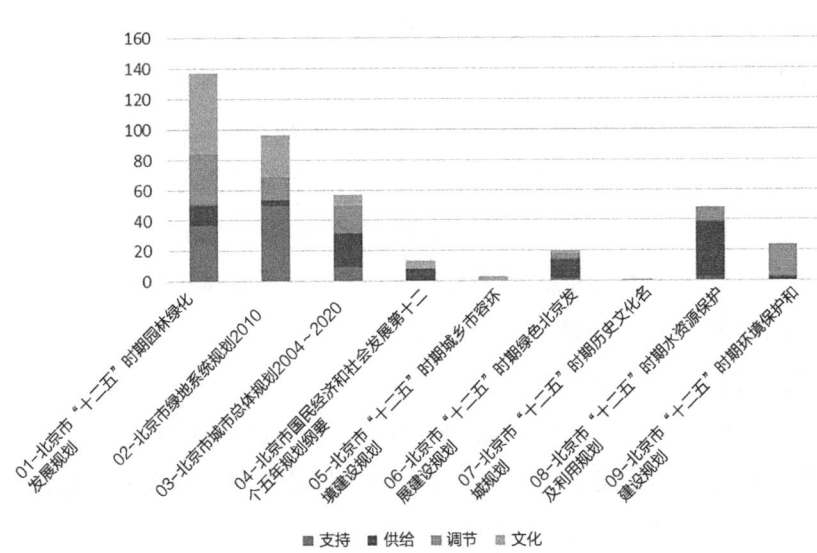

图6-5 样本规划文件内容分析高频词频次分布图

（2010）》对于文化服务关注较多，但对于调节服务关注不足；样本08《北京市"十二五"时期水资源保护及利用规划》和样本09《北京市"十二五"时期环境保护和建设规划》对于调节服务内容涉及的关注比重相对较大，尤其是样本09在环保方面明显以调节作为该规划关注的主要内容。

6.1.4 讨论与结论

1. 讨论1：与供需研究的联系

针对规划文件的内容分析，呼应了本书第3章和第4章中，关于城市景观空间和生态系统服务功能供给较低，而对多重功能需求较高方面的矛盾。虽然还不能确定相关规划文件是否直接影响了城市景观空间中生态系统服务的实现，但是可以从特征词和高频词的量化特征证明，规划文件对生态系统各类服务关注程度的不同和关注不足的现状。也可以从侧面反映出当前规划文件对生态系统服务的认知、理解以及多学科研究交流等方面的不足。这也证明了有潜力在规划文件中建立针对生态系统服务相关的内容体系。

这些潜力包括：（1）规划文件可以建立认知、理解和应用生态系统服务的知识框架，以促进城市公共空间由景观空间朝着复合功能的生态景观空间的规划方向发展；（2）园林绿化管理部门的规划文件需要提高对生态系统调节和供给服务的重视，丰富规划内容，提升规划绩效；（3）规划文件可以在针对具体生态系统服务和生态景观空间功能内容的分类、度量以及量化规划指标等方面的建立有所提升。以上这些潜力都需要有较为完整、科学且便于设计利用的生态系统服务功能框架来支撑，并丰富规划文件对生态系统服务内容的认知、理解和应用。同时，城市生态系统服务也需要依据规划设计实践来循证基础研究与应用实践，以促进城市的健康和可持续发展。

2. 讨论2：国际研究对比

柏林洪堡大学的Nadja Kabisch（2014）针对德国柏林城市绿色空间规划中的生态系统服务实现和城市管理的挑战进行了细致的研究，发现生态系统服务框架还没有针对空间规划进行系统性的整合，只有在近期的非正式的战略规划中与生态系统服务有清晰的关联，在她选择的9个样本规划文件[①]中有3个战略规划《面向气候的城市发展规划》（*Stadtentwicklungplan Klima / Urban Development Plan for Climate 2011*）、《城市景观战略》（*Strategie Stadtlandschaft / Urban Landscape Strategy Berlin 2012*）、《生物多样性战略》（*Berliner Strategie zur biologischen Vielfalt/ Biodiversity Strategy 2012*）明确出现了"生态系统服务"[121]。与之相比，北京的规划文件中虽然有《北京市"十二五"时期节能降耗及应对气候变化规划》、《北京市"十二五"时期园林绿化发展规划》、《北京市绿地系统规划（2010版）》以及《北京市生物多样性保护战略与行动计划》与柏林的这三个非法定规划相对应，但是与气候变化和生物多样性丧失方面的相关性依然较低且缺乏具体的战略。而且9个规划文件中都出现了各种各样的服务类型的描述，如"物种栖息地"（*Habit for*

---

① 九个样本规划文件分别是：（1）Landesentwicklungsprogramm 2007 Hauptstadtregion Berlin-Brandenburg（LEPro 2007）/ Regional Development Program for the Berlin-Brandenburg Capital Region（2007），（2）Landesentwicklungsplan（LEP）Berlin-Brandenburg / Regional Development Plan for Berlin-Brandenburg（2009），（3）Flächennutzungsplan / Zoning Plan（2009），（4）Landschaftsprogramm/ Artenschutzprogramm / Landscape Program/Species Conservation Program（1994，2004），（5）Stadtentwicklungskonzept 2030 / Urban Development Concept 2030，（6）Stadtentwicklungplan Klima / Urban Development Plan for Climate（2011），（7）Strategie Stadtlandschaft / Urban Landscape Strategy Berlin（2012），（8）Berliner Strategie zur biologischen Vielfalt/ Biodiversity Strategy（2012），（9）Kleingartenentwicklungsplan / Allotment Garden Development Plan（2004）.其中6~8项明确出现了生态系统服务。

Species）高频率出现；供给食品方面如城市花园化（*Urban Gardening*）、城市农场（*Urban Farming*）和城市农业（*Urban Agriculture*）都显示了规划文件中对城市空间中生态系统供给服务的关注。相比较北京的规划文件，对以上四个名词的提及较少。

此外该文献还发现柏林的《城市景观战略规划》（*Urban Landscape Strategy* 2012，非法定规划）与城市生态系统服务的相关性最高，该规划强调现有的城市绿色空间，并在提高城市未来的绿色空间结构方面具有借鉴意义[121]。该规划聚焦于三个方面：（1）城市美化（The Beautiful City），关注于绿色网络、旅游、场所风景感觉、气候变化减轻等；（2）景观的生产（The Productive Landscape），关注于城市农业和当地参与者可以参与景观设计的教育场地等；（3）城市自然（Urban Nature），主要关注于城市的河流、运河等蓝色基础设施，目的是保护和利用水资源及原材料供给，进而涉及栖息地保护等。该规划文件中明确出现了"Ecosystem Services"这一专有名词，且大部分涉及文化服务的名词均有出现，尤其在休闲和旅游方面频率较高。而相比较下，北京还没有这样的战略，即将城市景观空间提升为城市生态复合功能空间，并具备一定的生产和食物供给能力。而后两者与生态系统的调节和供给服务直接相关。

此外，德国柏林的城市绿色空间规划在开始阶段就投入了大量工作来整合市民和多重利益相关方的参与和建设，而北京的相关工作仍在逐步展开中，规划文件的参与度和亲民性，以及在鼓励市民融入城市绿色空间的生态功能建设方面还有很大的提升空间。

在一项针对大曼彻斯特区域的生态系统价值沿城乡梯度变化的研究中，Radford等（2012）认为之所以在规划领域没有整合出与生态系统服务相关联的框架，是因为在规划师、实践者和研究者之间缺乏关于城市生态系统服务的相关定义、分类以及沟通[128]，生态系统服务的概念和带来的利好应该在规划师和政策制定者的日常工作中就被理解。同时，Niemel等（2010）认为因为无论是政策制定者还是规划编制者和审批人员，更多地从事的是实践和应用的工作，而生态系统服务的相关术语具有极强的科学研究目的性[129]，所以在这种情况下，应用研究的介入显得非常缺乏和重要。Niemel建议应该提出更加便于理解的生态系统服务框架，从而让生态系统服务框架内的知识变得有用而不仅仅是只针对严谨的科研[129]。中国的情况与欧洲非常相似,风景园林学研究具有很强的应用性,可以搭接这两方的空缺。

3. 主要结论建议

当今我国诸多城市的生态问题已经上升为首要严峻的城市问题,社会各界都密切关注改革开放几十年来因城市快速发展而带来的生态环境急剧退化的问题。生态修复、改造和恢复城市生态空间显示出重要的意义。结合以上对北京市规划文件内容的分析,得到如下结论:

(1)规划文件对城市景观空间转化为生态景观空间的认知、理解和应用不足,也缺乏易于应用的指标、框架以及模型来支持规划和设计。

(2)规划文件在提升城市景观和生态空间的生态系统调节和供给服务方面有一定的潜力。

(3)规划文件需要一套科学形象、便于应用的针对生态功能分类、度量、量化、模拟、预评价以及后评估框架来提升规划文件的效力和绩效。

(4)风景园林学需要在功能框架、研究与实践的循证方面提升对规划的支持。

(5)作为城市重要公共产品的生态和景观空间,不仅需要强调配置支持服务的自上而下的规划机制,也需要公私合营(Public Private Partnership, PPP)的运作方式提升城市公共产品的质量。

4. 研究限制与不足

虽然对于高频词的数量和频次的统计可以用定量重复的方法对规划样本文件进行量化研究,并预期能够展开历时性的比较研究。但是对于规划文件内的实际内容分析只能从有限的侧面显示规划文件反映在量化方面的一些关系。要实现真正提高规划文件对于"生态系统服务"、"风景园林"、"景观"和"生态功能"在规划体系中的地位,以及对其的认知和理解,还需要靠专业人士和学术团体的共同努力,并随着时代和社会的发展以及生态问题的暴露而得到重视和应用。

6.2 管理部门专家访谈质性研究

访谈是一种被广泛采用的社会学研究方法。本研究利用半结构式访谈，采访了城市规划、水务水利、园林绿化管理的三位资深专家。通过质性分析和扎根理论对采访录音文字进行三级编码（初级编码、聚焦编码和重构编码），探求不同专业背景的专家从各不相同的城市管理角度，提出对北京市中心地区水系廊道生态系统服务的认识和理解，以及管理上的经验和教训。本研究还尝试从三位不同专业专家见之间相交叉的角度探寻水系廊道生态系统服务管理的提升潜力与相应的解决方法。

6.2.1 研究方法

1. 深度访谈

卡麦兹（Charmaz C Kathy，2009）提出"访谈会产生对一个具体问题或经验的深入探究，对于解释性探究是一种有用的方法"[130]26。本研究针对涉及北京中心地区水系廊道生态系统服务相关管理部门选取访谈法来尝试偏重解释性的研究。研究受访者选取了：（1）北京市城市规划设计研究院，（2）北京市水务局，（3）北京市公园管理中心，三个单位的资深专家进行访谈。访谈的目的是分别得到各个部门专家对北京中心地区水系廊道生态系统服务在规划和管理方面存在的问题和可能的解决建议，并从各自的专业角度出发，描述现象，解释现状的不足与原因，启发指导问题的解决。访谈方式选取半结构式访谈，设定十个相同的开放式问题。访谈前向受访者说明研究目的、意义以及访谈资料的选用方式；访谈中主动提示受访者可以自由发言，并鼓励受访者讲出"意料之外"的信息；在必要的时候以及访谈后半部分，引导受访者对预先设定好的问题进行逐个补充回答。

访谈的中心问题为：

（1）北京城市中心地区的水系及周边绿地有哪些生态系统服务或功能供给？北京市中心地区对水系及周边绿色空间有哪些服务或功能的需求？

（2）对于其他相关部门（规划、水务、绿化）管理工作的实施您有哪些意见或交叉的意见建议？

访谈的附属问题包括：

（1）针对北京中心地区的水系及周边绿色空间，专家所在部门有过哪些相关规划？有哪些规划方面的经验教训？

（2）还有哪些管理工作方面的经验教训？

2. 扎根理论

社会学领域的质性研究方法常常将深度访谈与扎根理论结合使用。深度访谈特别适合应用扎根理论的方法展开研究，因为二者在研究的开放性、灵活性以及按照步骤执行、具备明确的研究方向等方面可以很好地平衡[130]29。所以本研究将两个方法结合，将访谈的记录利用质性研究扎根理论的方法进行编码和重构，抽取其中对研究目的有意义的信息。采用三级编码的方式，分别对每一个研究单元逐句进行初级编码，之后再对多个关系紧密的初级编码按照访谈记录的顺序进行聚焦编码。然后在聚焦编码的基础上结合访谈记录原文进行重构编码，逐步从访谈者的原话中抽取更高层次的意群，并最终重构一套信息。最后再尝试交叉三个研究单元的结果，以得到受访者所提供的新的和有启发的信息以及知识内容。

6.2.2 研究受访者和文本材料

研究受访者及访谈情况见表6.5。由于访谈记录原文字数较多（约5.5万字），本研究仅将使用访谈提纲和依据访谈顺序的二级聚焦编码进行总结。

深度访谈受访者背景信息及访谈情况列表　　　　表6.5

访谈时间与地点	受访者供职单位及职务	时长与记录字数
2015年11月06日 地点：北京市城市规划设计研究院	H 北京市城市规划设计研究院 教授级高级工程师	2小时27分 记录36148字 聚焦编码：31个 重构编码数量：11个
2015年11月13日 地点：北京市城市规划设计研究院	Z 北京市水务局 教授级高级工程师	1小时56分 记录14410字 聚焦编码：30个 重构编码数量：10个
2015年12月01日 地点：北京市公园管理中心	L 北京市公园管理中心 教授级高级工程师	2小时7分 记录14267字 聚焦编码：28个 重构编码数量：10个

6.2.3 研究步骤

第一步：与受访者约定访谈时间和地点，采用约定地点登门访谈的方式进行。并对访谈全过程进行录音和现场文字记录。通过两轮的访谈记录整理校对（第一轮访谈录音录入和第二轮的访谈文字校对补充），得到完整的访谈记录。

第二步：对访谈记录按照段落与句子进行拆解，分成内容较为重要的句子或一些不太重要的句子与上下文语句合并的意群。之后按顺序以逐句或逐个意群为单位进行初级编码。

第三部：在初级编码的基础上按照原始顺序，将相似的多个初级编码的含义整合聚焦，并抽取为聚焦编码。

第四步：在聚焦编码的基础上，以核心词为参考，进行第三轮的概念类属的整合，抽取并按照重要级别重新编排顺序，形成重构编码。

第五步：对经过扎根理论两级编码和概念类属的文件进行汇总并重构，形成对每个访谈的要点总结，之后进行三者的交叉。

6.2.4 北京市城市规划设计研究院专家访谈编码结果

受访者：H

北京市城市规划设计研究院专家访谈重构编码表　　　　　表6.6

编号	重构编码
1	规划院偏重物理规划，关注三大件：性质、规模、布局；水系注重五项功能：安全防洪、水景观、休闲娱乐、水生态及生物多样性保护、减污降温降噪；河湖水系岸线规划方案按照位置和功能不同，包括水源、生活、生产、景观、郊野、排水等岸线。水系规划先依河道类型定防洪等级，再依自然地理坡度和等级定护坡形式，景观依据护坡和流速确定材料，最后将五项功能叠加空间落地
2	大面积、长时间的水文破坏会影响自然水循环，北京降雨中心南移，山区和水库缺水，同时城市人工环境改变破坏水文过程，农田和城市的径流系数分别是0.2和0.5，海绵城市是0.4。水质需要结合清水循环冲净，北京的水污染控制与河北省协议，倒逼城市源头治理指导海绵城市建设
3	北京中心地区水系问题在于水面太少，和国外同级城市相比缺少一条自然连通的河流，治理焦点在于部分历史水系的恢复，现在技术经济条件都允许打开前三门盖板河，东西南北向可串联，不仅利于水系和景观，还有利于城市通风，缓解热岛、雾霾等复合生态效果。玉河、南北沟沿及河流的打开可容纳中心地区雨洪超频供水，市政管道只能满足设计极限，人工存蓄不如地表存蓄潜在更多问题
4	北京中心地区为生活岸线，水安全是第一位，水体不同功能对水质分类有要求，在景观多功能方面因用地而局限。景观可以结合城市人工河道，在拐弯处、汇流处、管道接路处做水面或湿地，动静接合，把"毛细血管"伸进社区。滇池、太湖的经验说明纯生态工程不能起绝对作用

续表

编号	重构编码
5	生态规划既要满足其他专业需求又要争取主动权,尤其关注生态优先性较高的水、林、田用地,而水和水系是现有管理和法规体系最弱的。政府在景观生态建设中存在推卸责任和缺乏立法的误区,现在依然缺径流控制法和污染地控制法。生态文明在博弈中为社会发展做出退让,"保增长"的压力又催生了,潜在生态通不过的项目变成"绿通"项目,减量规划、减少土地财政500亿无法通过,量化的生态服务价值未受到政府重视
6	法规政策叠加后因未形成良好的投融资循环,生态工程很难实现,虽然现有生态技术是完善的,但管理系统,如体制分割,河道生态和景观责任部门不明确;价值矛盾,管理维护部门不愿管,业主、开发商不愿建;目标缺失,城区水系不以综合管理为目标等,最终很难形成多功能的河道和生态景观水系。韩国清溪川通过物业税带来了综合效益,如果不形成机制,生态规划是纸上谈兵,多方博弈,夹缝求生
7	《北京市水利工程管理条例》规定堤角外5米由水利部门负责,但还未到蓝线也无法包含绿化带,水利设计院和园林部门的规划也不能弥合,规划缺乏多功能综合利用亲水理念和目标,导致完整的景观滨水岸得不到统筹,无法保护和利用。水利、河道工程设计的生态化可做更多尝试,但有很长的路要走,生态系统的价值研究应理论与实际相结合,不一定全学习国外经验
8	虽然景观生态学发展日新月异,但绿地系统规划方面的教学知识与实际脱节,缺乏创新和多专业融合,因只强调绿地率而不顾绿地里的建设,没有落实到纯斑块,小格局不深入,导致生态系统服务下降,建议"城市公园—郊野公园—国家公园"三级体系拱卫城市生态,自然山区生态保育、已破坏的生态修复、城市进行生态建设三者并构,并考虑立体绿化的绿点积分策略。园林绿化部门主要负责管理维护,规划理念和系统建设较弱,应多专业融合,"开门"做规划
9	最经济的城市水景观管理方法是规划、园林、水务部门协调进行,但实际很难协调,政府也不可能单独建立一个部门,不如采用公私合营(PPP)模式,进行综合治理。中心城区河道两岸有空间的可以结合PPP模式生态化改造,没有空间的部分恢复历史水系,通过拆迁结合旧城改造建设绿地湿地,市政建设企业可以纳入公共服务设施,成为具有稳定收益的投资渠道
10	规划不是唯技术性的行业,未来可能向两个方向发展,技术向多专业融合,应用向公共政策方向发展,而非无法实施的纯技术文件,结合PPP模式把握建设、经营、受益在景观生态和商业盈利之间的平衡
11	公众参与的景观与市民收入水平有关,现在市民逐渐关注城市和区域及生态环境问题。近年由工程水利向生态水利转变,城市文化由历史文化结合现代文化,规划应将河道和休闲娱乐功能相结合,通过河湖水系建设当代生态文化。市政府的搬迁是皇城根遗址公园和玉河水系恢复的关键

6.2.5 北京市水务局专家访谈编码结果

受访者:Z

北京市水务局专家访谈重构编码表　　　　表6.7

编号	重构编码
1	缺水、人口多、人功干扰多是北京水生态系统服务的最大问题,三四十年前已经达顶峰,近一两年中央提出重视,但难以入手
2	中南海是北京市中心城区最重要的景观水体,活水和水质是关键

续表

编号	重构编码
3	密云水库和南水北调是北京市的清洁水源，支撑着北京自来水和水文系统，南水北调工具系统的复杂性导致调水量损失严重，若能增多可供给北京生态景观用水
4	再生水分布于北京中心地区各区，作为景观用水多为五类水，河流湖泊为主的水生态系统自西北到东南有梯度变化；再生水潜在一系列累积下渗等水生态问题，非专业人士不知情
5	水生态关注水文指标、地貌指标、物化指标、生物多样性指标，北京山泉再现和玉泉依然淹没显示了北京水生态的现状。玉泉具有极高的政治价值、文化价值、生态价值及经济价值，一年估算至少可达600亿
6	城市管理者的生态意识与水系景观和生态价值潜力利用有很大关系，有些财政决策出现短期限时而必须支出大量拨款的现象，对水规划、水工程、水生态产生不良影响，个别自上而下的管理政策的松动是水生态问题的转机
7	水规划中，宏观规划注重水量；专项规划注重水质和河道改造；初步设计涉及小品公园绿地；景观相对比较细微，是附属产品。建议继承水文化，并在规划和造价容许的范围内做好细节设计与现场配合，融入生态综合治理理念
8	环境教育缺失导致人的行为和生活方式干扰生态系统，对生态管理造成负担，教育缺失也导致有些管理者生态意识不足。而最终人的素质提升优于环境管理制度和管理技术的提升
9	北京中心城区水系生态景观整治要点包括：改善水质、增加清水、建设廊道、利用低地
10	规划、水务、园林三个部门联系不紧密，一些合作项目中规划起关键作用，但各部门有不同权责、财务来源、相关利益，所以很难统一。规划的红线、绿线、蓝线常被侵占，执法不严

6.2.6 北京市园林绿化管理部门专家访谈编码结果

受访者：L

北京市园林绿化部门管理专家访谈重构编码表　　　　表6.8

编号	重构编码
1	北京依独具优势的自然条件被选为都城，但现在更重视其文化而忽略其自然。经30多年的人口、经济、城市建设的极速发展，导致多条河流污染严重或断流，本地物种锐减，生态退化，超过了城市绿化建设、环境保护的补偿，人均享有自然的空间在急剧缩小
2	园林功能多元，包括：政治、经济、文化、社会、生态等；园林主题包括：和谐、文化、民生；城市绿地系统的主要功能包括：生态、景观、文化、休憩、防灾避险
3	京西稻象征国家重视农业，心系百姓，作为生态基质使三山五园成为整体。2001年有关部门取消北京种稻，其演变反映该地区生态退化
4	三山五园整体是北京历史上最佳的生态地区，但今天玉泉山地下水位急剧降低、圆明园防渗膜、颐和园水生物种减少都显示了三山五园地区生态的严重退化

续表

编号	重构编码
5	2004版总规开始强调生态涵养和承载力,但规划执行中控制线不够坚决,总被突破;强制性指标不够细化、明确和强化,楔形绿地、一二绿隔、分散聚集的布局被发展蚕食。应以山水城市园林包围建筑的理念规划城市,大的绿地规划指标非常重要
6	北京的现状水系没有彻底改观。目前在用经营的理念来指导水系管理,把精力放在工程和水价方面,没有将管理与工程分开;中心城的水系没有形成循环,使水体自我净化能力降低;而且不断有人工干扰。现状地表水、地下水及自然河流状况比城市绿地系统要严峻得多
7	北京的绿地系统和风景名胜区体系不同于一般城市,是古都风貌、历史文化和自然遗产的体现,二者分别占城市和市域的较大空间分量,前者与生态安全和市民生活质量有关,后者代表不可再生的自然和文化遗产。但北京较大规模的城市绿地建设远离中心区的日常使用,且中心区绿化建设有困难,人口超过规划承载力,生态环境很难得到保障
8	北京应借鉴国外成功案例,尽早安排对中心城环境有改善作用又具象征性的项目,如凸字城墙绿化连接和前三门水系恢复,对首都核心区环境、生态、景观、历史、文化各个方面意义重大。北京城"半城宫墙,半城树"的整体景象消失、三山五园和京西稻景观的变迁,均是发展和规划中的教训
9	城市绿地系统、京城水系、古都风貌虽被历次规划划入控制地带,但推进实施过程比较缓慢且总有突破。这是治城理念问题。要规划、水务、园林三者结合,规划上城市总规来执行,行业管理上需要政府牵头,明确哪个专业领衔
10	城市没有把风景园林师、绿地系统、风景名胜区体系放在城市中很重要的位置,没有把功能需求与生态环境要求整合,如:在水系边将公共建筑融入园林等。风景园林行业的人会综合考虑技术水平可否达到社会需求

6.2.7 讨论

1. 三者观点对比与综合

将三位受访专家的重构编码中相关和不相关的观点进行分类和对照得出表6.9的结果显示:受访专家们在具体的工作中还没有直接使用或结合生态系统服务的框架进行相关知识的应用和管理。

规划部门对于北京中心地区水系生态系统服务的贡献主要在于规划文件的编制以及规划实施的监督和管理。但是因为经济发展和"保增长"等原因,以往的规划在实施中并不能完全落实。

水务部门对于城市中心地区水系管理的主要作用在于拥有管理和控制水量、水质的绝对权力。但是由于北京人口压力巨大,水资源严重匮乏,水管理的思路和理念亟须更新。所以城市中心地区在水系管理方面还有诸多不足。

城市园林绿化和公园管理部门对于中心地区管理的多专业交叉方面存在不足。规划和管理略显封闭,知识有待扩充。其权责主要在于园林绿化的维护和管理，尽管大尺度规划对绿化部门意义重大，但绿地系统规划及对现状的深度研究更为重要。

将三个部门专家的访谈编码进行交叉显示：人口数量、经济发展是三个部门共有的压力；管理分割、各自在自己的专业中工作缺乏交叉是一贯的问题。中心地区的水系生态系统服务往往都存在好的愿景与规划管理的落实差距巨大的矛盾。从现阶段看，三个部门或者多个部门的合作开展工作的希望渺茫，体制问题依然是症结所在，经济发展指标依然是各部门和各层领导关注的焦点。

访谈受访者间重要观点及内容对照分析表　　　　　　表6.9

类别	北京市城市规划部门受访者	北京市水务部门受访者	北京市绿化及公园管理部门受访者
相关观点与内容：			
部门协调	最经济的城市水景观管理方法是规划、水务、园林协调，但实际很难协调。绿化部门负责管理维护。	规划、水务、园林联系不紧密，很难统一。一些项目中，规划起关键作用。	规划、水务、园林三者结合方面，规划以总规来执行，行业管理要政府牵头，明确哪个专业领衔。
清水循环	城市地表水质需要清水循环冲净。	再生水用于景观用水，分布于市内各区，潜在生态问题。	中心城的水系没有形成循环，使水体自净能力降低。
水系恢复	水面太少，缺少一条连通的河流。部分历史水系需要恢复，包括：前三门盖板河、玉河等。	北京地区缺水是最大的问题。	应尽早安排凸字形城墙绿化连接和前三门水系恢复。
管理者生态意识	量化的生态系统服务未受政府管理者重视。规划缺乏多功能综合利用亲水理念和目标。通过河湖水系建设当代的城市生态文化。	城市管理者的生态意识对水景观和生态价值潜力利用有很大关系。	绿地系统、京城水系、古都风貌被历次规划入控制地带，但实施总有突破，这是治城理念问题。
生态工程与风景园林技术支撑	现在生态技术是完善的，但管理系统不太完善。责任不明确，不愿管，不愿建；目标不综合，机制无保障。太湖滇池的案例证明，纯生态工程不能起绝对作用。	水景观要融入综合治理理念。	风景园林的技术水平可以达到社会相关需求。
体制弊端	保增长的"绿通"项目存在生态隐患。	水工程中，财政短期限时必须支出拨款的现象，对水生态影响不利。	
经济价值	减量规划减少土地财政500亿难以通过。	玉泉具有极高的经济价值，一年可达600亿。	
规划不严		规划的红线、绿线、蓝线常被侵占，执法不严。	规划中的控制线不够坚决，强制性指标不够细化。

续表

类别	北京市城市规划部门受访者	北京市水务部门受访者	北京市绿化及公园管理部门受访者
管理转向	水利近年由工程水利向生态水利转变。		水务部门在用经营的理念指导水系管理，精力放在工程和水价方面，没有将管理和工程分开。

不相关观点与内容：

类别	北京市城市规划部门受访者	北京市水务部门受访者	北京市绿化及公园管理部门受访者
缺法规	水方面法规体系最弱，缺径流控制法和污染地控制法。		
缺投融资循环机制	投融资循环不好，生态工程很难实现。可以采用公私合营PPP模式综合治理。市政建设企业纳入公共服务设施，成为稳定收益的投资渠道。		
缺多专业融合	景观生态学发展日新月异，规划向多专业融合，公共政策方向发展，要开门做规划。		
缺参与	公众参与的规划与市民收入和发展阶段有关。		
缺乏环境教育		环境教育的缺失导致人的行为和生活方式干扰生态系统。人素质的提升优于环境管理和技术的提升。	
缺重视自然			北京现在重视经济社会文化，而忽略自然。京西稻、三山五园的变化反映出生态的退化。
水状况严峻			北京水状况比绿地系统状况严峻得多。
中心区缺绿地			北京大规模的绿地规划指标非常重要。但较大规模的城市绿地建设远离中心区的日常使用。中心区绿化建设有困难。
缺乏重视			城市没有把风景园林师、绿地系统、风景名胜区体系放在很重要的地位。

2. 访谈结果与生态系统服务框架的关系

通过将专家访谈内容与生态系统框架对照发现，生态系统服务概念本身比较抽象，无论是对专业人士还是大众都没有完全深入到他们的日常工作或生活中。由于其理解起来比较困难，所以本研究没有直接使用生态系统服务来提出访谈问题，但尝试利用生态系统服务分类框架对专家访谈的结果进行比对（表6.11）。

首先将三个访谈重构编码结果（表6.6~表6.8）与生态系统服务的具体项目类属（表6.1）进行对比得出：

规划部门受访专家：对（A）支持服务，（C）调节服务，（D）文化服务均有涉及，其中对以水体面积、指标控制、生态规划为代表的（A）支持服务最为偏重，其次是（C）调节服务，对（D）文化服务和（B）供给服务有少量涉及。

水务部门专家：对（A）支持服务，（B）供给服务，（C）调节服务，（D）文化服务均有涉及，其中对以水源供给和玉泉恢复所涉及的（B）供给服务最为偏重，其次是（D）文化服务，其中关于环境教育的作用是启发点。对（A）支持服务有所涉及，（C）调节服务有较少涉及。

园林部门专家：对（A）支持服务，（B）供给服务，（C）调节服务，（D）文化服务也均有涉及，其中对（D）文化服务最为偏重，其次是（B）供给服务，如京西稻、水产鱼类等。对（A）支持服务有涉及，对（C）调节服务涉及较少。

访谈结果与生态系统服务分类偏重程度对比分析表　　　　　表6.10

程度	规划部门专家	水务部门专家	园林部门专家
最为偏重	支持服务	产品供给服务	文化服务
较为偏重	调节服务	文化服务	供给服务
有所涉及	文化服务	支持和栖息地服务	支持和栖息地服务
较少涉及		调节服务	调节服务

以上偏重的结果与访谈时所涉及的话题有关，虽然有些服务没有在话题中涉及，也不能说明其服务内容不受重视。从访谈结果的程度分类中可以看出，最为偏重的服务与各个部门的特征最为匹配，但这仅对相关研究具有一定程度的参考。

3. 各专家访谈结果的启发点

此外，因为基于访谈的质性研究并不具备代表性，但是在探索新的启发性研究上更显优势，所以基于三位专家访谈和分析的结果在启发性方面显示出如下启发点：

（1）规划部门专家在法规建设、公私合营PPP治理模式，以及多专业综合规划的建立方面对本研究有启发。

（2）水务部门专家在环境教育和景观生态水源方面对本研究有启发。

（3）园林部门专家在风景园林专业地位和水务部门的管理理念方面对本研究有启发。

访谈结果与生态系统服务框架偏重程度比对分析表　　　　表6.11

MA 2005 生态系统服务分类（四类26项）	规划偏重程度 有无/高中低	水务偏重程度 有无/高中低	园林偏重程度 有无/高中低	综合
支持 Supporting	高	低	中	中
1）光合作用	无	无	无	
2）初级生产	无	无	无	
3）营养循环	无	无	无	
产品供给 Provisioning	低	高	中	中
4）食物	无	无	有/中	
5）新鲜的供水	有/低	有/高	有/中	
6）纤维原料	无	无	无	
7）基因遗传资源	无	有/中	有/中	
8）生物化学原料	无	无	无	
调节 Regulating	中	低	低	低
9）空气质量调节	有/中	有/低	有/低	
10）气候调节	有/低	无	有/低	
11）水调解	有/高	有/高	有/中	
12）侵蚀调节	有/中	无	无	
13）土壤形成调节	无	无	无	
14）授粉	无	无	无	
15）害虫调节	无	无	无	
16）人类疾病调节	无	有/低	无	
文化 Cultural	中	中	高	高
17）文化多样性的价值	无	有/中	有/高	
18）精神和宗教价值	无	无	有/低	

续表

MA 2005 生态系统服务分类（四类26项）	规划偏重程度 有无/高中低	水务偏重程度 有无/高中低	园林偏重程度 有无/高中低	综合
19）知识系统的价值	有/中	无	有/高	
20）教育价值	有/中	有/高	有/低	
21）激发灵感的价值	无	无	无	
22）审美价值	有/低	有/中	有/高	
23）社会关系价值	无	有/高	有/高	
24）场所感价值	无	无	有/高	
25）文化遗产价值	有/低	有/中	有/高	
26）休闲和旅游价值	有/中	有/中	有/高	

6.3 小结

本章从规划文本内容分析和管理部门专家访谈研究两个方面对规划和管理与生态系统服务在当前的关系方面尝试进行了研究。规划文件方面，63个规划文件筛选出的9个样本文件显示，《北京市绿地系统规划（2010）》、《北京市"十二五"时期园林绿化发展规划》、《北京市总体规划（2004~2020）》和《北京市"十二五"时期水资源保护及利用规划》在高频词的项目与频次方面和生态系统服务的关系相对比较密切。此外，9个文件整体显示出对支持服务和文化服务的内涵联系较多；对产品供给和调节服务联系较少。

在管理部门专家访谈方面，规划、水务和园林绿化管理部门专家对各自专业范围相关的生态系统服务有明显偏重。规划偏重以空间配置为代表的支持服务；水务偏重以水资源配置为代表的产品供给服务；园林绿化偏重以城市景观和市民生活为主的文化服务。

规划管理都反映出当前对生态系统服务的直接联系程度较低，但是对生态系统服务涉及的分类都有涉及。因为专业人员和管理部门对生态系统服务及其内涵、子项、概念、指标等缺乏认知，还没有对生态系统服务提出明确的响应。亟须开展面向生态系统服务的专业教育和环境教育。规划管理可以与生态系统服务理论框架建立更为直接的联系，以提高规划管理的绩效。

本研究第4~6章分别从北京中心地区水系生态系统服务的供给、需求和规划管理展开研究。但是三者间互相有哪些矛盾问题？与这些矛盾问题与生态系统服务有哪些关系？将在下一章展开研究。

第 7 章 供给、需求、规划管理间矛盾问题解析

通过以上三章分别对北京中心地区生态系统服务在供给、需求、规划管理方面的研究，本章尝试将以上三个方面进行交叉解析，寻找供给与需求、供给与规划管理以及需求与规划管理之间较为深层次的矛盾和问题，并据此提出可能的解决策略。

对比显示，北京中心地区生态系统服务在供给、需求和规划管理之间的矛盾问题主要体现在：（1）在调节和支持服务方面的矛盾较为突出；（2）在产品供给服务方面存在认知不足的问题；（3）在文化服务方面，供给、需求与规划管理都有很高的相关性，并有潜力通过提高"文化服务"来提升对其他生态系统服务类别的认知和理解。如何能够化解上述调节和支持的矛盾，解决认知不足的问题，提升文化教育的潜力？需要结合现状在供给、需求和规划管理三方面共同展开相应的工作，并发挥风景园林学的积极作用。潜在的解决策略包括：（1）面向生态系统服务的供给、需求、规划管理解决策略；（2）基于现状和历史水系恢复的空间解决策略；（3）面向生态系统服务的风景园林功能解决策略（图7-1，表7.1）。

本章研究方法及框架为：

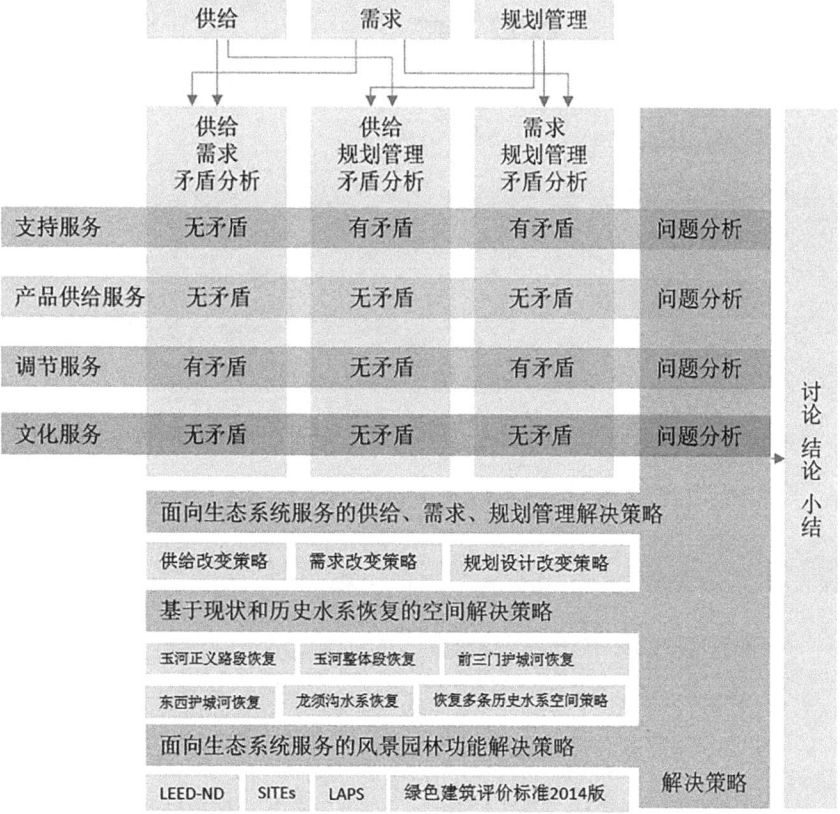

图7-1　第7章研究框架及技术路线示意图

供给、需求、规划管理间矛盾问题分析列表　　　　表7.1

	供给与需求	供给与规划管理	需求与规划管理	矛盾合计	主要问题
支持服务	无矛盾 A低供给 B无需求	有矛盾 A低供给 C1规划关注程度高 C2管理关注程度中	有矛盾 B无需求 C1规划关注程度高 C2管理关注程度中	2	缺乏对支持服务的认知，生态空间尤其水体面积亟待提高，规划管理的重视需要落实
产品供给服务	无矛盾 A低供给 B无需求	无矛盾 A低供给 C1规划关注程度低 C2管理关注程度中	无矛盾 B无需求 C1规划关注程度低 C2管理关注程度中	无	缺乏对生态系统的食品、原材料、清洁水源等产品供给的认知，规划管理对城市中心地区空间的功能性质理解有提升潜力
调节服务	有矛盾 A低供给 B高需求	无矛盾 A低供给 C1规划关注程度低 C2管理关注程度低	有矛盾 B高需求 C1规划关注程度低 C2管理关注程度低	2	调节服务供给能力有限，需求高（尤其对于空气和水质调节），规划管理中指标设置和落实不足。矛盾最为突出，亟待增加生态空间量
文化服务	无矛盾 A高供给 B高需求	无矛盾 A高供给 C1规划关注程度高 C2管理关注程度高	无矛盾 B高需求 C1规划关注程度高 C2管理关注程度高	无	文化服务供给高、需求高、规划管理重视，但教育功能有限，可以通过文化服务提升其他服务的认知和落实
矛盾合计	1	1	2	4	

7.1 矛盾问题的分析

7.1.1 供给与需求间矛盾问题分析

1. 支持服务方面

北京中心地区水系廊道的生态系统服务在支持方面的主要问题是面积不足，尤其是水体面积不足。现状供给与需求的矛盾主要体现在：提供支持服务的能力低和市民无需求的尴尬情况。在供给方面，由于北京中心地区水系廊道的植被覆盖比例总体较低（约占28.62%），所以从支持服务的细分项目来看,无论是光合作用、初级生产还是营养循环能力都较弱。在需求方面,从表面上看,市民对于生态系统的支持服务貌似没有需求,但实际上却离不开生态系统的支持服务,这些支持服务能够为市民提供最基本的生存条件,包括生存环境、栖息地、营养循环等。因此支持服务的矛盾在于生态空间的供给不足与需求认知的缺乏。

2. 产品供给服务方面

在产品供给方面,研究对象内的主要问题是食品、原材料无供给,清洁水供给主要来源于地下水和其他空间的水源调配,并以自来水厂作为终端供给源。而这一形式隐形了生态系统作为清洁水源所提供的供给服务。现状供给与需求的矛盾主要体现在:地表清洁水无供给,地下清洁水供给能力广泛认知不足。市民使用的食品原材料都来自于其他产地,生态足迹范围大且产品价格低。与此同时,市民对本地生产却显示出没有认知,也没有需求。在基因遗传资源供给的生物多样性方面,市民对树木、花草、鱼、鸟类等物种多样性感兴趣且有需求,而且对树木花草等植被较为满意,但相关研究反映出城市生物多样性高,外来植物物种多[131]。这些都表明在产品供给服务方面的主要矛盾是生产、生态与市民生活的另一种尴尬情况,即市民生活与城市生产相脱离,与城市生态既紧密依赖又无从参与的尴尬境地。

3. 调节服务方面

调节服务是当前研究中对生态系统服务较为深入的类别,其主要问题反映在城市中心地区水系廊道的生态系统调节服务能力非常有限。供给与需求在调节服务方面的矛盾最为突出,主要表现为:供给中的低调节能力和需求中的高调节需求存在矛盾。尤其在空气质量调节和水质调节方面,市民有极高的需求,但是现状中生态系统自身的能力根本无法实现对本地清洁空气和全部清洁地表水的调节。而且上述问题即使通过现代技术手段和人工设施也无法得到有效解决,是一个无法化解的矛盾。因此,调节服务的主要矛盾体现在人类的干扰强度和范围过大,已经超过了有限的城市生态空间所能提供的自然调节的承载能力。

4. 文化服务方面

北京中心地区水系廊道的文化服务具有多元的供给能力,其问题主要体现在:尽管生态系统提供的文化服务涉及类别和内容最多,但难以清晰度量和描述,是一种"不清晰状态"。文化服务的高度供给和高度需求相弥合,在这一方面没有矛盾。但是没有激发出高质量和深度的认知、理解与响应的行为,以及可实施的对生态系统的服务。虽然使用者享受了高度的生态系统文化服务,但是没有正向的反馈,即为生态系统服务,仅仅维持表面的享受和接受服务,没有为生态系统贡献服务。从现状调研的情况来看,维持和维护生态系统文化服务的工作人员中除了规划设计管理的专业人员外,大多是异地和进城务工者从事着现场的劳作,为城市的生态系统提供着服务。而且这种服务并不需要特别的专业培训,使用者可以从事同样的劳作,并从自然中得到回馈,对健康有利。在文化服务方面的主要矛盾可以理解为:文化服务高供给和高需求弥合,但没有产生良好的教育意义,也没有机会让市民和使用者参与到生态系统的维护、保护、建设中来。

5. 综合各类服务中的矛盾问题

综合以上分析,在现状供给和需求调研中反映出的矛盾与问题,最为突出的矛盾体现在调节服务;最重要的问题是认知与理解不足,包括大众、实践者、管理层和政策制定者;最直接的表现就是生态系统所占的面积少,表面的经济效益低,实际的社会和文化效益高,并且得不到广泛重视,也得不到来自使用者提供的服务反馈。值得一提的是,在需求与供给方面,我们日常所关注的人工基础设施和工程项目使得我们忽略了自然生态系统所能提供的诸多服务,我们往往认为"花了钱","投了资","干了项目"就"可以解决问题"或者"也只能解决到这个程度"的思维和工作方式值得反思。

7.1.2 供给与规划管理间矛盾问题分析

1. 支持服务方面

北京中心地区水系廊道在支持服务方面,供给与规划管理的矛盾体现在供给程度低,但规划管理重视程度高,尤其是对空间和用地资源分配方面的规划管理比较重视。但是在落实具体的用地面积和指标分配,以及对生态空间量的规划比较有限,在落实方面更显示出了不足。此外,规划文件和专家访谈中对于生态系统的支持服务内涵没有显示出较为深入和清晰的涉及。说明虽然规划管理整体对生态系统支持服务的空间资源重视度较高,但对认知和理解生态系统所提供的支持、栖息地、基因多样性、初级生产、营养循环等方面的服务内涵较为有限。在支持服务方面，供给与规划管理的矛盾还体现在规划管理的重视与落实规划管理的不足，尤其在具体的规划量化指标选取、确定、监督方面还有很多的工作亟待展开。

2. 供给服务方面

产品供给在现状中除了地下水外都显示出了低程度的供给。在规划文件方面也显示出了整体的关注程度低。管理方面水务专家的访谈显示出了对水源供给、山区泉水恢复的高关注度。但是在食物和原材料方面，各部门的规划管理重视度都非常低。以上说明，产品供给服务方面的现状供给和规划管理不存在矛盾。现状产品供给服务低和规划管理对产品供给的重视程度相同。这与规划管理对中心地区的性质功能定位有关，也与传统意义上规划管理部门对城市空间性质和功能的认识有关。随着城市户外空间多功能属性需求的逐渐增加，对城市生态系统服务的认知也不断深入，国际上城市户外空间作为生产空间的案例越来越多，例如"都市农业"、"可以食用的花园"等案例。在供给服务方面虽然没有矛盾，但显示出城市规划和管理工作的潜力。

3. 调节服务方面

调节服务在现状中显示出低程度的生态系统调节，在规划管理中也显示出对该项服务的关注度较低，这方面并不存在矛盾。但问题在于，虽然北京中心地区水系廊道整体的生态空间和调节能力有限，但规划管理对其规划管理的程度也非常有限。没有相应的调节服务定性指标和定量指标来帮助提高城市中心地区的生态系统调节服务。在调节服务方面，规划管理也处于难以解决的状态。这显示出规划管理在城市生态系统服务中的潜力和困难。同时也说明，规划管理需要结合多个专业的相关知识，并从大尺度走向从小尺度和小生态单元，甚至从每位市民的生活方式入手，积极参与针对城市生态系统的调节服务进行逐步提升。

4. 文化服务方面

在文化服务方面现状供给程度很高，规划文件对于文化服务非常重视，管理专家的访谈也显示出较高的侧重，该方面没有矛盾。北京中心地区水系廊道生态系统文化服务的现状供给和规划管理的潜力显示，要从享受文化服务走向提供对生态系统反馈的服务。随着市民健康和宜居意识的提高，国际上已经出现了大量城市生态志愿组织，用本地市民的力量对城市的生态系统服务进行维护和管理，不仅节约了政府的资金投入，还可以提高市民的团结和认同感，提升社会公平和参与式管理。这说明，规划管理部门亟需在环境教育方面展开工作，以应对这样的趋势。风景园林学具有环境教育和市民参与的先天性优势，在研究和实践方面可以为城市的文化、认知、环境教育提供多样的机会。正如弗雷德里克·斯坦纳（2011）所言："我们要做的不仅仅是改变周围的环境，同时也要改变人与自然及其他生物相处的方式。如果无法理解人与自然环境、生态环境以及建筑环境相互作用的机理，我们就会失去可持续发展的基础"[132]。

5. 综合各类服务中的矛盾问题

当前，北京中心地区水系廊道的生态系统现状供给有限，同时在规划管理方面存在多个事权主体进行"多头管理"。如：水务水利系统的河湖管理处和各区水务分局；园林系统的各区分局及市级园林绿化局，北京市公园管理中心；城市市容环卫系统；市政环保系统；城市规划管理部门；街道办事处；发展改革部门；农业部门等。使用权属方面也存在复杂重叠的使用和归属情况。每个管理系统都会制定各自系统内部的规划文件和管理方式，所以对于城市中心地区生态空间的规划管理存在着"牵扯多，管理多，不想建，无利益"等多重问题。与全世界许多大城市一样，在北京中心地区，推动生态系统服务建设改善的难度非常大。国际上较为流行的公私合营PPP模式以及征收物业税的形式为我们的规划管理带来了启发。此外，通过生态系统的文化服务提高环境教育，促进利益相关方的参与等，这些潜力都会随着时代的进步，使北京中心地区生态系统服务的提升成为可能。尤其亟需开展对管理层和规划制定者的生态系统服务教育，这样有利于尽快提升城市中心地区的生态系统的维护、保护、恢复、建设等工作的展开，解决当前的诸多发展带来的问题。风景园林学的理论与风景园林专业的实践在这个过程中可以推进各方认识和知识的交融，起到媒介和实践的重要作用。

7.1.3 需求与规划管理间矛盾问题分析

1. 支持服务方面

生态系统的支持服务在需求调研中表现为无需求，在规划管理中表现为对物质空间资源分配的较高偏重。研究结果虽然没有显示出在该方面的矛盾，但是对于支持服务的认知，不仅在调研中显示出巨大的空白，而且在规划管理中也显示出对支持服务相关内涵的认知缺乏。生态系统的支持服务是其他服务的基础，也体现一个地区生态系统服务的基础水平。需求和规划管理需要在支持服务中寻找到相应的指标来提升城市中心地区的服务水平，而生态空间的面积和土壤封闭的面积，以及其比例可以作为重要的指标。但是，当前的规划设计中相关指标比较缺乏。此外，一些从事城市规划、绿地系统规划和风景园林规划设计的专业人员也缺乏相应的知识，需要在专业教育中提升最新相关研究成果的认知和应用。

2. 产品供给服务方面

在针对生态系统服务需求的调研中，对于产品供给的服务也显示出无需求。而在规划管理方面仅仅对水资源、一些珍稀鱼类物种、京西稻的种植有涉及，其他相关内容非常少。需求和规划管理没有矛盾。产品供给服务与支持服务相似，在对产品供给服务认知和应用的提升方面，显示出北京中心地区的巨大潜力，也为多重功能的风景园林研究和实践带来新的视角和工作内容。在国际上较为知名的巴塞罗那城市生态规划中就显示出了在城市中对"食品生产"的重视（Forman，2010，2014）[23, 133]。

3. 调节服务方面

北京中心地区的生态系统调节服务在需求和规划管理方面显示出比较明显的矛盾：即高度的需求与规划文件和相关管理低程度的侧重。这一矛盾一方面来自规划管理方面对调节服务认知不足，尤其对于深化和细致的指标选取、量度确定、技术选择和管理方法等都比较缺乏。更重要的原因还在于，北京中心地区生态空间占比低，其承载的城市人口数量和大面积高程度的人工干扰已经超越了自然系统自身的调节能力。但是，在有限空间中的多重尺度的调节作用是可以实现的，尤其是在小尺度空间的小气候调节方面。虽然相关科学研究在小气候和小尺度的研究方面有一些进展，但是在应用领域显示了不足。这也说明，在北京小尺度生态空间调节服务方面相关研究与应用的衔接依然不足。风景园林学在小尺度研究和实践方面具有一定的优势，相关针对场地尺度的研究课题亟需展开。从需求和规划管理角度分析，调节服务的主要矛盾依然体现在人类的干扰强度和范围太大，已经超过了自然调节的承载能力。

4. 文化服务方面

生态系统的文化服务在需求和规划管理方面没有矛盾，研究结果都显示出了高程度的需求和对规划管理高程度的偏重。与供给和需求之间，以及供给与规划管理之间的结果相同，需求与规划管理在生态系统文化服务方面非常吻合。但当前规划管理较为重视工程建设项目，而市民需求偏好自然生态，反映出两者关注方向上的差异。此外，文化服务中的教育和知识系统价值对于提高全民和规划管理者对于认知、理解和应用生态系统服务并采取行动方面有巨大的潜力。规划管理中对市民在环境教育方面关注不足，显示出规划管理在该方面有深入的巨大潜力。德国著名的生态城市弗莱堡在这一方面给了我们很大的启发，城市市民对环境教育和环境工作的参与为整个城市的优质环境提供了重要保障。同时，风景园林学在这一方面可以展开多尺度的工作，利用参与式规划设计和空间载体的优势，提高在文化服务方面的需求和规划管理的质量。

5. 综合各类服务中的矛盾问题

北京中心地区水系廊道生态系统服务需求与规划管理的分析显示出，人类系统对于生态系统在支持和产品供给服务方面普遍缺乏认知。无论市民百姓还是规划管理者，亟需普及城市生态系统的相关知识。从某种程度上来讲，城市经济、社会和物质的发展是以环境和生态系统的退化为代价的，但发展的目的是服务的增加，从现状看来需求和规划管理的结果并不一致。在矛盾方面，最为突出的是调节服务的高程度需求和低程度规划管理。但是，调节服务中的矛盾与支持服务、供给服务甚至文化服务都有关。此外，当前对于生态系统文化服务的享受也仅仅停留在所见所感的表层。只有了解了城市生态系统的相关知识，管理者和政策制定者以及市民和使用者才能在多重尺度的物质空间中协同，才有可能提高北京中心地区有限的生态空间面积和生态系统服务。并逐步从小环境到中等尺度环境，甚至到大尺度环境，实现和提升生态系统的调节能力。综合以上分析，从现状生态系统服务的供给、需求、规划管理来看，矛盾和问题的解决还有很长的过程，亟需提出多维度的解决策略。

7.2 解决策略的提出

通过上文的分析，可以看出在北京中心地区水系廊道生态系统服务的现状供给、市民需求和规划管理，与生态系统服务之间：（1）在调节服务方面的矛盾较为突出；（2）在支持服务和产品供给服务方面存在严重的认知不足等问题；（3）在文化服务方面，供给、需求与规划管理都有高程度表现和关注且互相比较符合，但有潜力对其他生态系统服务类别进行提升。如何能够化解上述调节方面的矛盾，解决认知不足的问题，提升文化教育的潜力？是需要改变现状供给，还是改变市民需求，或是改变规划管理，甚至都需改变？对于这一问题的回答，可以从面向生态系统服务、基于现状和历史水系以及与风景园林学相结合的不同角度进行回答。但是对于供给、需求和规划管理三者，从现阶段来看，都需要进行改变。

7.2.1 面向生态系统服务的供给、需求、规划管理解决策略

1. 面向供给的解决策略

生态系统服务理论为我们寻找解决北京城市中心地区水系廊道在其供给、需求、规划管理之间的矛盾问题也提供了一些途径。从供给、需求和规划管理三个角度出发，要解决矛盾问题首先应在现状空间供给方面有所突破。需要改变现状生态空间的"量、构、质"。现阶段在生态空间的提升中，"量"的增加最为重要。通过多尺度现状分析和遥感分类得出，现状水系廊道空间中水面太少。水体面积在北京城市中心地区大团中仅占1.45%，所有植被（草与树）也仅占31.45%。这些生态空间需要承载两倍以上的高密度城市负荷，可谓"杯水车薪"，确实无法实现有效的整体调节服务。

2. 面向需求的解决策略

从使用者需求角度来看，亟需对空气质量和水质量进行改善。这与城市周边区域环境有关，与城市的发展方向有关，更与每位市民的生活方式和自身对城市生活的需求有关。需要对广大市民推行环境教育，改善市民对生态系统服务的认知和行为，市民的行动可以从享受、干扰和

破坏生态系统服务变为维护、保护和建设生态空间及其所提供的服务，在城市中形成人与生态系统的"共生—共用—共境"的良性关系。

3. 面向规划管理的解决策略

从规划管理的角度出发，需要增加面向生态系统服务的规划设计功能和相应指标，以帮助规划设计的实践，提升生态系统服务。此外，针对城市管理层和政策制定者以及规划和设计工程师等专业人士开展生态系统服务教育和培训，可以增进和改变管理者以及专业人士对生态系统服务的认知、理解。并在实践工作的执行中从关注工程项目，转变为关注生态系统服务的建设，多专业融合，与最新的相关科学研究成果结合。

4. 面向生态系统服务环境教育的解决策略

此外，环境教育和生态教育的缺失成为当前亟待解决的重要内容。从现状来看，无论是每个人的生活方式，还是城市的发展目标，都与城市自身的生产和生态处于比较尴尬的关系。在调研中所有受访者都喜欢自然、生态、宜人的景色和清洁的环境，但是人们在行为、消费和生活追求中却并不以此为目标。什么时候可以将我们每个人的目标都变成对自然的保育和对自然的服务并得到自然的反馈？什么时候社会价值观、大众媒体、管理绩效考核会改变为对城市环境和城市生态系统的提升？其答案非常不明朗。环境教育势在必行，风景园林学的理论、研究和实践可以直观地展现出生态系统为人类带来的多重利好，可以为环境教育和生活方式的改变做出好的范例和贡献，也可以为城市管理者出谋划策，起到诸多的积极作用。

7.2.2 基于现状和恢复历史水系的空间解决策略

通过多尺度分析北京中心地区水系廊道的现状发现，仍有大量面积还未被水系廊道覆盖（图7-9）。其中以东西护城河和前三门护城河周边的空白区最大。综合其空间结构特征可以显示为：水系廊道在中心地区的核心位置不能南北东西联系并连通成网。北京中心地区最主要的地表水体在中南海后进入中山公园和菖蒲河公园，最终进入地下，水系廊道自此中断。北京历史上穿城而过，为城市提供生态系统服务的水系廊道被打断。南北方面，正义路和玉河段水系的恢复具有改变现状的潜力；东西方面，前三门护城河的恢复也可以对现状的连通性带来改善。此外，如果能够恢复东西护城河的历史水系，以水系廊道为代表的城市生态空间的覆盖范围将会被极大提高。北京中心地区的水系廊道便可以南北联系，东西连通，廊道变成网络，为城市提供更多的生态系统服务（图7-2~图7-8）。

在水质方面，北京中心地区的环境用水大量取自再生水，而且很多再生水是通过购买的方式供城市景观和公共空间使用。再生水长时间用于大量人口密集居住的城市空间，会给城市土壤、空气及环境带来诸多负面影响，甚至新型的污染物质[134, 135]。如果没有新鲜洁净的水源进入北京中心地区的地表水系，污染将持续存在并积累，无法通过再生水循环形成城市中心地区地表水体的循环自净。当前北京市的多个水利项目为这一问题带来一定的希望，其中包括备受争议的永定河引水工程、永定河人造河工程、南水北调工程等。但是远距离输水，路程损耗巨大，如果通过技术升级改善输水效率，并转变为注入洁净水逐步稀释并消解当前污染的状况，北京中心地区数量有限的地表水体的水质将会得到一定程度的改善，土壤和景观环境也将得到改善。由水带绿，从而提高城市中心地区水系、廊道、绿色空间的质量，改善和增加城市生态系统服务的供给。

历史水系恢复的长度、水体面积及增加潜在水系廊道面积对比分析表　　表7.2

潜在恢复的历史水系水体	水体长度（m）	水体面积（hm²）	增加水系廊道面积（hm²）	恢复单位长度历史水系带来的廊道补偿（m²）
正义路段玉河	787	0.79	219.09	2783.86
整条玉河	4154	4.15	350.11	842.83
前三门盖板河	7016	14.03	760.89	1084.51
西护城河	6133	12.27	701.34	1143.55
东护城河	5255	10.51	617.52	1175.11
玉河及东西护城河和前三门盖板河	22558	40.96	2091.12	927.00
龙须沟	5130	5.13	588.86	1147.88
以上多条历史水系	27688	46.09	2433.56	878.92

注：水体面积计算中护城河按20m宽计，其余按10m宽计。各个水系恢复带来的水系廊道有叠合，在总量计算中已经去除叠加的面积。

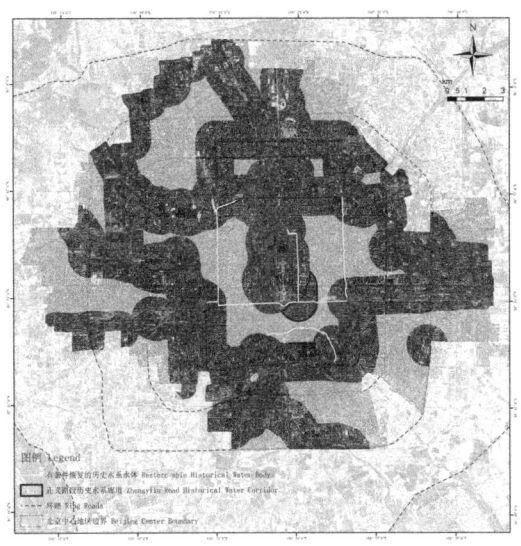

图 7-2 恢复正义路段历史水体后水系廊道增加范围图

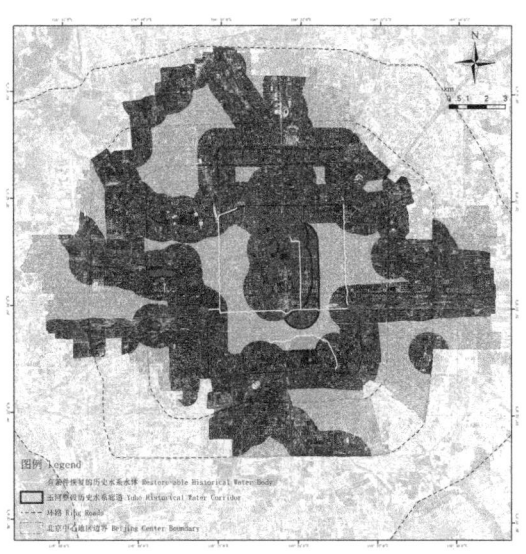

图 7-3 恢复整条玉河段历史水体后水系廊道增加范围图

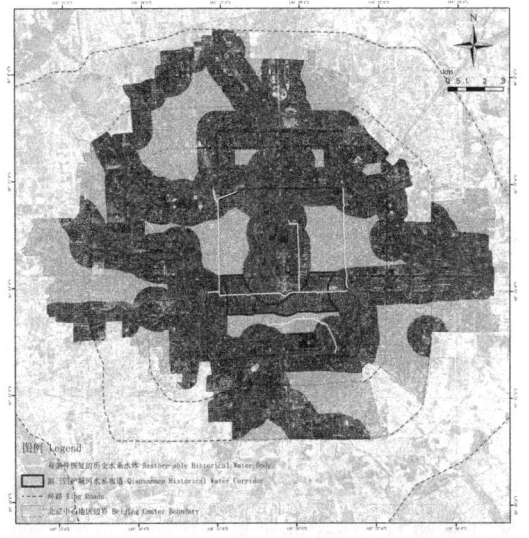

图 7-4 恢复前三门护城河段历史水体后水系廊道增加范围图

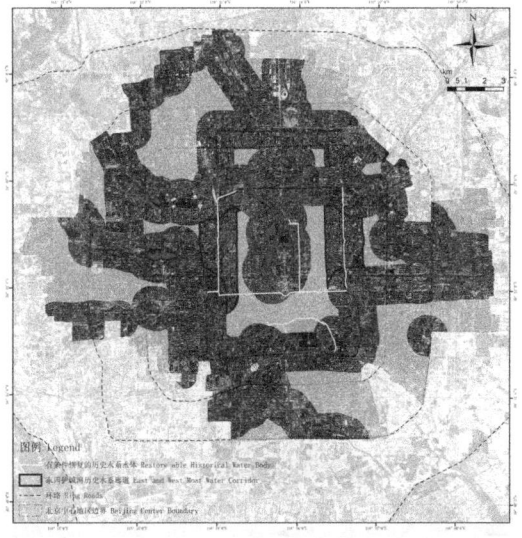

图 7-5 恢复东西护城河历史水体后水系廊道增加范围图

通过以上表格和图纸的分析可以得出：(1) 恢复正义路段历史水系的长度虽小，但带来的提供生态系统服务的水系廊道面积补偿效率很大。即每恢复1m的历史水系可以带来约2784m²的水系两岸各1km宽的廊道服务面积。这也说明正义路附近作为城市核心区对地表水体的缺乏。(2) 恢复东护城河历史水系单位长度河道带来的水系廊道面积补偿也较大，即每恢复1m的历史水系可以带来约1175m²的水系廊道服务面积；龙

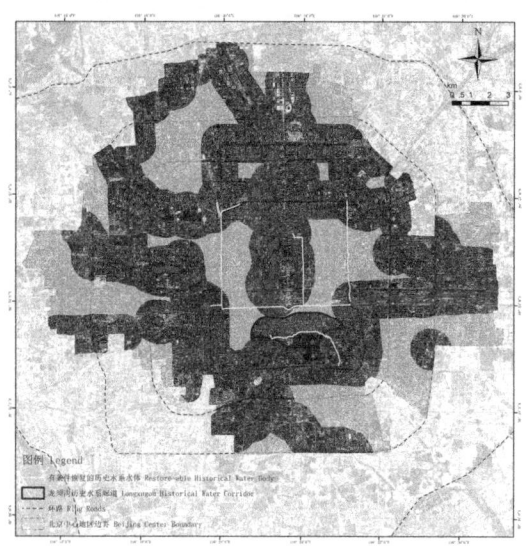

图 7-6 恢复龙须沟历史水体后水系廊道增加范围图

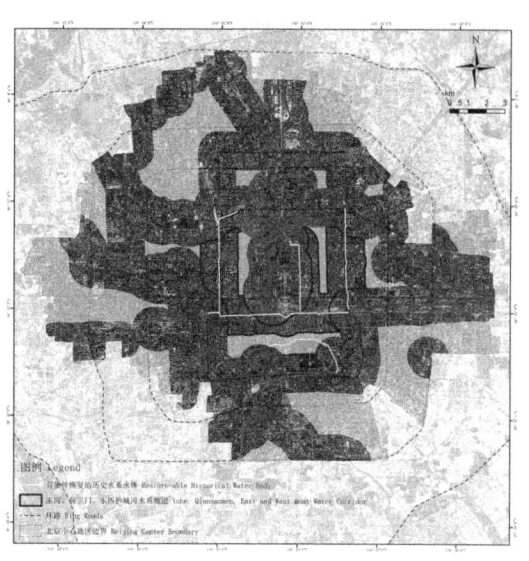

图 7-7 恢复玉河、前三门护城河、东西护城河历史水体后水系廊道增加范围图

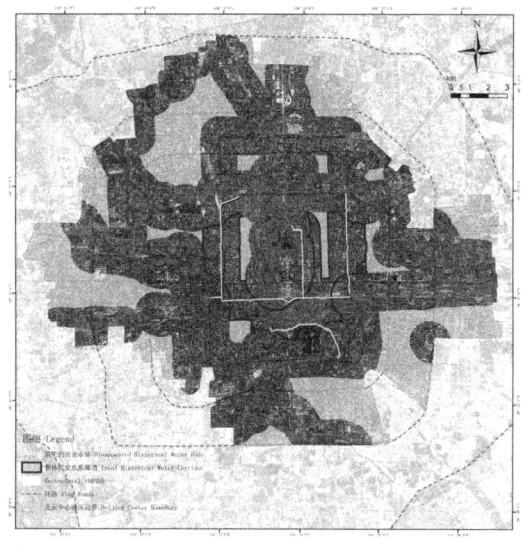

图 7-8 恢复玉河、前三门护城河、东西护城河及龙须沟历史水体后水系廊道增加范围图

须沟其次，为1148m²，西护城河为1144m²。这也说明这些地区对水系廊道类生态空间的缺乏。(3)恢复前三门护城河单位长度的河道可以增加城市生态系统水系生态廊道的服务面积，约为1085m²，这一数值也较高。

如果能够恢复旧城的玉河、东西护城河和前三门护城河的历史水系，这些河道的总长度约为22.56km，可以为北京中心地区补充约21.91km²的水系廊道服务范围。如果能够将玉河、东西护城河、前三门护城河以及龙须沟这些较大的历史水系进行恢复，将会为北京中心地区补充24.34km²的水系廊道服务范围（图7-9）。这些结合城市蓝色空间和绿色空间的廊道范围，可以通过风景园林专业工作人员、群众以及利益相关者的参与，共同为北京中心地区营造联络成网的生态空间。这样可以极大的增加城市生态系统服务的提供能力。但是如果不能恢复这些历史水系，北京中心地区的生态和宜居的网络基础在现阶段很难快速显现。仅仅靠散落的居住区绿化、狭窄的沿街绿带

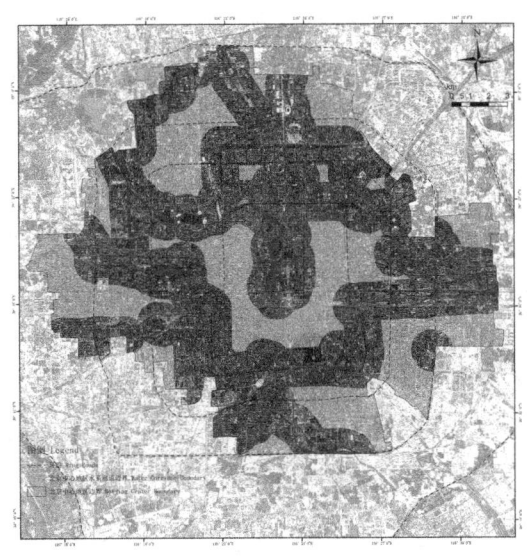 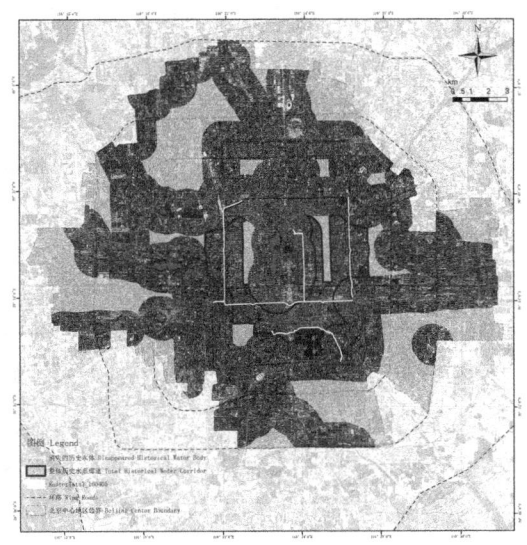

图 7-9 北京中心地区水系廊道现状和恢复后空间对比示意图

以及有限的城市公园等绿色空间难以改变现状。此外，虽然北京市相关部门规划了"水三环"的城市水系结构。但是，一方面由于其尺度较大，无法为城市中心地区带来足够的服务，另一方面，环状结构本身在环与环之间缺乏联系，尤其在核心地区形成环间的空白区，很难实现联系的生态网络对城市中心提供服务。

以城墙、胡同、历史水系为代表的北京古都风貌，在现阶段只有水系具有一定的条件得到恢复并改良。如果能够恢复北京历史水系的景观和生态格局，将会有助于在北京中心地区形成优良的城市生态网络，极大提高中心地区的城市生态系统服务。这也将会成为我国600多座城市"绿色化发展"的典范，为风景园林规划设计、城市规划、城市设计的实践带来范本，在国际上产生良好的国际影响。

7.2.3 面向生态系统服务的风景园林功能解决策略

1. 风景园林与生态系统服务的相互促进与结合

风景园林学多尺度与实践紧密联系的特征，非常适合针对北京中心地区水系廊道的相关矛盾问题提出潜在的创造性解决途径。但是在当前风景园林的研究与实践中，还缺乏与生态系统服务研究进行有效结合，尤其缺乏规划设计在功能内涵方面与生态系统服务的直接对应。为了将风景园林学与其他学科对于生态系统服务的研究相联系，可以在研究、教学以及规划设计探索中，构建一套面向生态系统服务的风景园林规划设计功能内涵框架，以联系生态系统服务的基础科学研究与风景园林的应用实践研究。

从生态系统服务研究角度出发，可以为风景园林学的理论和研究以及专业实践带来多学科的新知识和研究与应用结合的新框架。正如杰克·埃亨（Jack Ahern，2014）认为，虽然关注于城市生态系统服务的诸多评价不能具体支持城市及市政规划设计和专业工作，但是现有的结合相关研究的规划设计实践和城市化发展，为从"实践中学习（learning by doing）"和多学科共同解决问题带来了机会[136]。生态系统服务的分类和分项可以指导风景园林规划设计的功能配置框架。尤其在中等尺度的城市绿地系统规划、城市设计和小尺度的景观设计中，面向生态系统服务的功能框架可以帮助规划设计师更加清晰化自然系统的服务和功能，结合物质空间的规划设计，为当前风景园林规划设计师的实践工作带来巨大帮助。

同样，风景园林学的理论和研究以及专业实践可以为生态系统服务研究带来更多的机会。不仅可以在多个尺度将风景园林的成功案例和失败案例以生态系统服务的角度进行研究，发现成败原因；而且可以在新的应用领域与基础研究进行结合并循证规划设计工作和管理工作对生态系统服务的具体实践效果。此外，由于生态系统服务的对象是人，规划设计理论对人的使用在空间上具有一定的积累，可以帮助生态系统服务在使用方面进行扩充。此外，风景园林的理论和研究非常注重文化内容，也可以丰富生态系统文化服务方面的内涵。

2. 构建面向生态系统服务的风景园林规划设计功能框架

本研究尝试以多个已经相对成熟的评价框架和研究框架为研究对象，根据MA 2005生态系统服务的4类26项框架进行功能内涵提取，建立面向生态系统服务的风景园林功能内涵框架。

3. 相关功能框架的选取

在国际和国内应用领域都已经出现多个用于建筑和景观项目相关的综合评价框架体系，这些以市场应用为导向的评价体系得到了业内甚至国际的认可，并在不断改进和提高。本研究选取业界较为认可并已经获奖的四个相对成熟的评价体系，包括：（1）LEED-ND（Leadership in energy and environmental design-Neighborhood），（2）SITEs（Sustainable

Sites Initiative)、(3) LAPS (Landscape Performance Series) 这三个功能评价框架，(4) 并参考我国《绿色建筑评价标准》(2014版) 中场地部分的内容，作为功能评价体系研究对象 (表7.3)。对比整理各个评价体系中与生态系统各项服务相关的评价指标，并综合比较各个评价体系在风景园林规划设计相关功能方面的特征，以建构面向生态系统服务的景观生态功能框架。

四项评价框架基本情况对比分析表　　　　　表7.3

简称	LEED-ND	SITEs	LAPS	绿建标准
全称	Leadership in Energy and Environmental Design - Neighborhood Development	The Sustainable SITES Initiative	Landscape Performance Series	中国《绿色建筑评价标准》GB/T50378-2014
创立部门	美国绿色建筑委员会USGBC (U.S. Green Building Council)	美国风景园林师协会/美国国家植物园/美国德克萨斯州立大学奥斯汀分校约翰逊总统夫人野花中心 (American Society of Landscape Architects/ The Lady Bird Johnson Wildflower Center at The University of Texas at Austin/ the United States Botanic Garden)	美国风景园林基金会 (LAF, Landscape Architecture Foundation)	中华人民共和国住房和城乡建设部，中华人民共和国国家质量监督检验检疫总局/中国建筑科学研究院/上海市建筑科学研究院 (集团) 有限公司
创立时间	2005 (LEED最早创立1998)	2006	2010	2006
新版本	2013 V4版	2014 V2版	暂无版本	2014版 (第二版)
评价对象	市场为导向社区开发	市场为导向的建筑立面以外场地	市场为导向的景观规划设计项目	市场为导向的建筑项目
评价目标	更好，更可持续，连接良好的社区	绩效度量	可持续景观规划设计价值的科学评价与量化确认	绿色建筑节地、节水、节能
评价方式	专业人士依据评价体系赋分	专业人士依据评价体系赋分	关注每个单独项目的绩效的量化，研究组提交评审会修改后发布	专业人士依据评价体系赋分，归一化合计
评价指标数	5类 59项	9+1类 66+1项	3大类/9小类 47项	8个一级/25个二级指标/140项

续表

简称	LEED-ND	SITEs	LAPS	绿建标准
计分	110分	200分	不计分	100分
评级	4级别4星级交叉 认证/银/金/白金	4级 认证/银/金/白金	无级别	三个星级
生态系统服务相关项	8项目 6分	19项目 55~81分	23项 不计分	计分项8项 37/100分, 4/100分, 2/100分
评价涉及阶段	规划、设计、建造及完成, 3年内	规划、设计、建造、运营全阶段	后评价: 规划、设计、建造、运营的可持续量化特征	建筑全寿命期

4. 研究方法

研究方法是基于对相关文献和资料的整理，并以经验和评价内容进行框架建构。根据以上评价和评估框架所包含的内容，结合现有的风景园林研究与实践中的功能，通过对各个框架中的子项提问：适宜于生态系统服务的支持/供给/调节/文化服务中哪类可以对该项起作用？来参考该子项是否有关，之后进行选取和整合，最终整理出适合于我国和本研究对象的功能研究框架。汇总以上四个评价框架中与支持、供给、调节、文化相关的评价内容。

5. 美国LEED-ND功能评价框架分析

LEED（Leadership in Energy and Environmental Design）是建筑业内熟知和应用最广泛的美国绿色建筑评价评级体系，由USGBC（U.S. Green Building Council）在2005年创立，并于2013年更新为第四版。LEED-ND（Neighborhood development）是LEED子项中针对社区开发的评价体系，应用于新建和再开发中居住和非居住类及混合使用的项目，适用于项目开发的各个阶段，即从规划到施工整个过程[137]。同时该体系也是和风景园林户外工程项目最接近的LEED评价框架。

在LEED-ND的5类59项合计110分的评价指标中，与生态系统服务功能相关的指标有2类8项指标，合计为：3个必要项和6分（表7.4）。

LEED-ND评价标准与生态系统服务相关指标分析列表　　　　表7.4

指标类别	LEED-ND评价指标项目	性质得分	支持	供给	调节	文化
精明选址与连接性						
先决条件	濒危物种和生态群落	必要项	√		√	√
先决条件	湿地和水体保护	必要项	√		√	√
先决条件	农业用地保护	必要项		√		
得分点	场址设计——栖息地或湿地和水体保护	1	√		√	√
得分点	栖息地或湿地和水体恢复	1	√		√	√
得分点	栖息地或湿地和水体长远保护管理	1	√		√	√
社区形态与设计						
得分点	食物本地生产	1		√		
得分点	树木带和遮阴街道景观	2			√	√
合计	先决条件3项/得分点5项	6	5	2	6	6

6. 美国SITEs功能评价框架分析

SITEs（Sustainable Sites Initiative）是世界上第一个针对风景园林场地规划设计的评价和评级体系，其借鉴了LEED的方式并可以与其对接，偏向预评价和后评估两个方面[138]。与生态系统服务相关合计为19个项目55~81分（表7.5）。

SITEs评价框架与生态系统服务相关指标分析列表　　　　表7.5

指标类别	SITEs评价指标项目	性质得分	支持	供给	调节	文化
场址选择 总分：13分						
必选项	P1.1 限制在农田上进行的开发活动	必选项		√		
必选项	P1.2 保护洪泛区的功能	必选项			√	
必选项	P1.3 保护水生生态系统	必选项	√		√	
必选项	P1.4 保护珍稀、濒危物种的栖息地	必选项	√			
设计前评价和规划 总分：3分						
必选项	P2.3 设置和建立土壤植被保护区	必选项	√			
场地设计—水 总分：23分						
必选项	P3.1 在场地内就地处理降水	必选项			√	

续表

指标类别	SITEs 评价指标项目	性质得分	支持	供给	调节	文化
评估项	C3.3 建设后场地处理降水的能力超过开发前	4~6			√	
评估项	C3.5 雨洪管理设施的景观性	4~5			√	
场地设计—土壤和植物 总分：40 分						
必选项	P4.3 使用适合的植物种类	必选项	√		√	√
评估项	C4.4 对场地的正常土壤和现状植被进行保护	4~6	√			
评估项	C4.5 保护具有特殊价值的植被	4	√			√
评估项	C4.6 保护并使用乡土植物	3~6	√			
评估项	C4.7 保护和恢复自然植物群落	4~6	√			√
评估项	C4.8 保护和优化场地植被的生物量	1~6	√		√	
评估项	C4.9 缓解城市热岛效应	4			√	
评估项	C4.10 利用植物减少建筑能耗	1~4			√	
评估项	C4.11 降低灾难性大火的风险	4			√	
场地设计—材料选择 总分：41 分						
评估项	C5.4 将废弃材料和植物进行循环利用	3~4		√		
评估项	C5.10 鼓励使用可持续生产方式生产的植物	1~5		√		
场地设计—人类健康和福利 总分：30 分						
评估项	C6.1 保护和维护具有历史文化价值的场地	2~3				√
评估项	C6.4 为人类心灵和精神恢复创造条件	2				√
评估项	C6.5 支持户外活动	2	√			√
评估项	C6.7 提供就地食物生产的条件	3~4		√		
评估项	C6.11 促进地方经济发展	3		√		√
评估项	C9.1 推动和加强公众对可持续景观的理解	3~4				√
评估项	C9.2 通过SITES 项目展示加强SITES 的教育和普及	3				√
合计	必选项 7项 / 评估项19项	55~81	10	5	11	10

7. 美国景观绩效系列LAPS案例研究框架分析

由美国风景园林基金会于2010年开始创立的景观绩效案例研究系列

（Landscape Performance Serious，简称LAPS）是当前比较新的面向研究与应用的风景园林项目后评价框架。该框架以可持续发展为指导，结合了生态系统服务框架设置了47项评价项目。该框架在具体评价中注重案例的积累和量化指标的积累。其作为开放式框架，评价子项还在变动中。LAPS在2015年获得国际知名的ASLA研究成果奖项，其前沿的发展倍受风景园林学的关注。该框架中共有10项与支持服务相关，有6项与供给服务相关，有15项与调节服务相关，有16与文化服务相关，详见表7.6。

LAPS案例研究框架与生态系统服务相关指标分析列表　　　表7.6

指标类别	指标子类	指标名称	支持	供给	调节	文化
环境 Environmental	土地 Land	交通 Transportation				
		土壤保护 Soil preservation				
		形成/修复土壤 Soil creation/restoration			√	
		土地利用效率/土地保护 Land efficiency/preservation				
		海岸线保护/重建 Shoreline protection/restoration				
			0	0	1	0
	水 Water	雨洪管理 Stormwater management			√	
		节水 Water conservation				
		水质 Water quality			√	
		防洪 Flood protection			√	
		地下水补给 Groundwater recharge			√	
			0	0	4	0
	栖息地 Habitat	栖息地保护/创建/恢复 Habitat preservation/creation/restoration	√			
		恢复廊道连通性 Restore corridor connectivity	√			
		改善栖息地环境 Improve habitat quality	√			
		增加物种多样性 Increase biodiversity	√			

续表

指标类别	指标子类	指标名称	支持	供给	调节	文化
环境 Environmental	栖息地 Habital	提高生态完整性 Increase ecological integrity	√			
			5	0	0	0
	碳、能源和空气质量 Carbon, Energy & Air Quality	能源使用及排放 Energy use & emissions				
		空气质量 Air quality			√	
		温度和城市热岛效应 Temperature & urban heat island			√	
		碳储存和固定 Carbon storage & sequestration	√		√	
			1	0	3	0
	材料与废弃物 Material & Waste	再利用/再回收材料 Reused/recycled materials				
		乡土材料 Local materials				
		绿色垃圾 Green waste				
		减少垃圾 Waste reduction				
			0	0	0	0
经济 Economic		房产价值 Property values			√	√
		建设节约 Construction savings			√	
		节约运行与维护费用 O&M savings			√	
		减少更换 Replacement avoidance				
		游客消费 Visitor spending				√
		税收收入 Tax revenue		√		
		经济发展 Economic development		√		√
		创造就业机会 Job creation		√	√	√
		注册增长 Increase enrollment				
			0	3	4	4

续表

指标类别	指标子类	指标名称	支持	供给	调节	文化
社会 Social	公共健康和安全 Public health & safety	用户满意度 User's satisfaction		√	√	√
		生活质量 Life quality	√	√	√	√
		噪声抑制 Noise mitigation			√	
		锻炼 Foster play/exercise	√			√
		可步行 Walkability	√			√
		心理治疗/ 精神价值 Therapy/spiritual value				√
		减少交通事故 Traffic accident reduction				
		降低犯罪率 Crime reduction				√
			3	2	3	6
		娱乐及社会价值 Recreational & social value				√
		教育价值 Educational value				√
		食品生产 Food production		√		
		风景质量/ 视线 Scenic quality/views				√
		文化遗产 Cultural heritage				√
		创造场所/ 场所感 Placemaking/sense of place				√
		公平 Equity	√			√
			1	1	0	6
合计			10	6	15	16

8. 中国绿色建筑评价标准中场地部分功能评价分析

《绿色建筑评价标准》（2014版）包含8个一级指标、24个二级指标、32个控制项和108个计分项。其中与风景园林规划设计及生态系统服务相关的项目有8个计分项在3个一级指标中出现，分别分布在节地与室外环境（6项占37/100分）；节水与水资源利用（1项占4/100分）；提高与创新（1项占2/100分）。在提高创新方面对生态景观的设计没有被直接提及，仅表现为"采取节约能源资源、保护生态环境、保障安全健康的其他创新，并有明显效益，评价总分值为2分"，显示出该评价标准对于深度景观设计细节创新鼓励的不足（表7.7）。

绿色建筑评价标准与生态系统服务相关指标分析列表　　表7.7

分类项目	条文要求		分值	支持	供给	调节	文化
节地与室外环境评分项（Ⅰ土地利用）	4.2.2 场地内合理设置绿化用场地		合计9	√		√	√
	居住建筑	住区绿地率：新区建设达到30%，旧区改建达到25%。	2	√		√	√
		新区建设　　　旧区改建		√		√	√
	居住建筑	$1.0m^2 \leq Ag < 1.3m^2$　　$0.7m^2 \leq Ag < 0.9m^2$	3	√		√	√
	居住建筑	$1.3m^2 \leq Ag < 1.5m^2$　　$0.9m^2 \leq Ag < 1.0m^2$	5	√		√	√
	居住建筑	$Ag \geq 1.5m^2$　　$Ag \geq 1.0m^2$	7	√		√	√
	公共建筑	绿地率Rg：30%≤Rg<35%	2	√		√	√
	公共建筑	绿地率Rg：35%≤Rg<40%	5	√		√	√
	公共建筑	绿地率Rg：Rg≥40%	7	√		√	√
	公共建筑	绿地向社会公众开放	2	√		√	√
节地与室外环境评分项（Ⅱ室外环境）	4.2.7 采取措施降低热岛强度		合计4			√	
	1、1）红线范围内户外活动场地有乔木、构筑物遮阴措施的面积达10%；		1			√	
	2）红线范围内户外活动场地有乔木、构筑物遮阴措施的面积达20%。		2			√	
	2、超过70%的道路路面、建筑物面的太阳辐射反射系数不小于0.4。		2			√	
节地与室外环境评分项（Ⅳ场地设计与场地生态）	4.2.12 结合现状地形地貌进行场设计与建筑布局，保护场地内原有的自然水域、湿地和植被，采取表层土利用等生态补偿措施。		合计3	√		√	√
	4.2.13 充分利用场地空间，合理设置绿色雨水基础设施，对大于$10hm^2$的场地进行雨水专项规划设计。		合计9			√	
	1. 下凹式绿地、雨水花园等有调蓄功能的绿地和水体面积之和占绿地面积的比例达到30%；		3			√	
	2. 合理衔接和引导屋面雨水、道路雨水进入地下生态设施，并采取相应的径流污染控制措施；		3			√	
	3. 硬质铺装地面中透水铺装面积的比例达到50%。		3			√	

续表

分类项目	条文要求	分值	支持	供给	调节	文化
节地与室外环境评分项（Ⅳ 场地设计与场地生态）	4.2.14 合理规划地表与屋面雨水径流，对场地雨水实施外排总量控制。	合计6			√	
	其场地年径流总量控制率达到55%。	3			√	
	其场地年径流总量控制率达到70%。	6			√	
	4.2.15 合理选择绿化方式，科学配置绿化植物。	合计6	√		√	√
	1. 种植适应当地气候和土壤条件的植物，采用乔、灌、草结合的复层绿化，种植区域覆土深度和排水能力满足植物生长需求；	3	√			√
	2. 居住建筑绿地配植乔木不少于3株/100m²，公共建筑采用垂直绿化、屋顶绿化等方式。	3	√		√	√
节水与水资源利用评分项（Ⅲ 非传统水源利用）	6.2.12 结合雨水利用设施进行景观体计，景观水体利用雨水的补水量大于其水体蒸发量的60%，且采用生态水处理技术保障水体水质，评价总分值为7分（参评：不设景观水体的项目，本条得7分。景观水体的补水没有利用雨水或雨水利用量不满足要求时，本条不得分。）	合计7			√	
	1. 对进入景观水体的雨水采取控制面源污染措施；	4			√	
	2. 利用水生动、植物进行水体净化。	3			√	
提高与创新评分项（Ⅱ 创新）	11.2.12 采取节约能源资源、保护生态环境、保障安全健康的其他创新，并有明显效益，评价总分值为2分。	合计2	√	√		√
	1. 采取一项；	1				
	2. 采取两项及以上。	2				
合计		0~46				

9. 面向生态系统服务的风景园林规划设计功能内涵框架

通过对以上四个与风景园林规划设计相关的功能评价体系的梳理，本研究提出面向生态系统服务的风景园林规划设计功能内涵框架。该框架是一个开放的系统，其目的是为了梳理风景园林规划设计的功能在生态系统服务的框架下可以展开的功能内涵，与生态系统服务相联系。也可以通过该框架的构建为风景园林的相关研究与实践同生态系统服务的基础研究搭建连接的桥梁（表7.8）。

面向生态系统服务的风景园林规划设计功能内涵框架表　　　　表7.8

	风景园林规划设计功能内涵框架
支持服务	关注风景园林规划设计中与生态系统相关的基础空间和功能的支持，偏重保护、修复/恢复和建设/提升多项功能内涵。 （1）保护：濒危物种和生态群落、生态系统的完整性、水生态系统、栖息地。结合场地自然状况进行规划设计，保护场地内的湿地、水体、土壤、具有特殊价值的植被等。 （2）修复和恢复：自然群落、生态廊道连通性、本地植被和种群数量。 （3）建设和提高：提高生态系统完整性，增加物种多样性，增加地表清洁水循环，优化场地植被的生物量，使用合适的植物种类尤其是本地物种，支持人类健康的户外活动如步行可达、锻炼场地，提高人类的生活质量和环境公平。
供给服务	关注风景园林规划设计中利用生态系统在清洁水、食品和原材料等产品供给方面的功能内涵。 （1）水供给：保护水源涵养地，提供当地清洁水源的可持续供给，限制过量开采地下水。 （2）食品供给：限制在农田上进行开发建设活动，提供场地食物生产的可能，增加食品生产功能的风景园林空间。 （3）原材料：利用可循环、再利用的植物及生态原材料进行设计和建设，鼓励使用可持续生产方式生产植物原材料，在风景园林项目中增加原材料供给的可能。 （4）通过带有食品和原材料产品供给的规划设计，创造就业机会，增加税收，促进地方经济发展，提高食品安全和人类生活质量。
调节服务	关注于风景园林规划设计中通过生态系统对气候、水、土壤、人类生活环境舒适度等方面进行调节的功能内涵。 （1）气候调节：增加植物生物量，提升固碳排氧调节气候；增加场地和道路遮阴及郁闭度调节小气候；保护场地内地表水体，增加降温增湿能力以调节小气候；利用园林植物调节小气候温度以降低建筑能耗。 （2）空气调节：增加植物和水体的滞尘、吸收颗粒物、增加负离子、释放氧气、增加湿度等调节空气质量的功能。 （3）水调节：3-1雨水：保护和提升场地雨洪调节的能力，控制外排总量（可以量化比例），在场地内就地处理降水，在可能的情况下超过开发之前的处理能力。设计自然美观的雨水调节系统和设施。较大面积的项目（建议3hm^{2}以上）进行雨水专项规划设计。保护洪泛区，增设雨水花园和海绵城市项目吸收内涝。3-2地表水：利用湿地和生态空间调节地表水体和径流水质。3-3地下水：增加地表渗流，补给地下水，限制污水和再生水下渗污染土壤，限制过度开发地下水。 （4）土壤调节：利用场地自然条件增加生物量和营养循环，促进形成和修复土壤，落叶的营养尽量归根，形成土壤的腐殖质。 （5）生活环境舒适度调节：利用植物和水体降低热岛、干燥、噪声、光污染等干扰，提高环境舒适度，为人类健康舒适的生活环境调节创造条件。
文化服务	关注于风景园林规划设计中通过生态系统提供的多种文化服务的功能内涵，包括：文化多样性、精神和宗教、知识系统、教育、激发灵感、审美、社会关系、场所感、文化遗产以及休闲旅游等多项复合功能。 （1）文化多样性的价值：通过风景园林设计保护和建设当地生态系统传达的文化多样性价值。 （2）精神和宗教价值：通过风景园林的规划设计方法在合适的场地通过自然生态系统保护与营造精神和宗教场所，提升空间的"境品"。 （3）知识系统的价值：通过风景园林规划设计将生态系统和自然界的知识以景观的形式进行表达和传达，并继承优良的人与自然和谐共生的知识系统。 （4）教育价值：在风景园林规划设计的研究与实践中增加环境教育内容，促进认知与理解，使得人类可以并乐于从生态系统中学习知识。 （5）激发灵感的价值：通过风景园林规划设计的研究与实践，发现、保护并创造自然和生态环境所具有的激发灵感的空间。 （6）审美价值：通过风景园林规划设计将生态美学通过生态系统的物质空间传递给使用者。 （7）社会关系价值：通过风景园林的空间规划设计方法，增加社会交往，降低犯罪率，增加环境公平和社会公平，鼓励参与式规划和设计。 （8）场所感价值：利用规划设计手法，提升风景和景观质量，营造户外空间的场所感。 （9）文化遗产价值：保护和维复具有历史文化价值的场地，利用生态空间保护文化遗产并建立缓冲区和廊道，形成文化廊道和生态基质。 （10）休闲和旅游价值：利用生态系统提供的自然与休闲旅游活动空间，提供旅游与休闲服务。 （11）通过生态系统的文化服务创造就业，增加税收，促进地方经济发展。

以上框架的建立旨在指导北京中心地区城市生态的保护、规划、建设与管理，并对生态系统服务管理的缺失、规划编制体系还不能适应于生态系统服务的规划和管理方面做出一定的补充。但是仍然难以适应于所有情况，需要进一步增加。同时，该框架是一个开放的系统，可以随着时间、地域以及关注问题的不同情况而进行不断的调整和补充。目的是为了结合生态系统服务的相关研究成果和应用实践领域的成果，提出综合的功能框架，进而指导规划设计和循证促进生态系统服务的相关研究。

7.3　小结

本章对前文第四、五、六章关于北京中心地区水系廊道生态系统服务的供给、需求和规划管理之间的矛盾问题进行了交叉分析，并尝试提出了可能的解决策略。

在矛盾问题方面：调节与支持服务的矛盾最为突出；产品供给服务缺乏认知，在供给、需求、规划管理三方面的关注度都比较低；文化服务与此相反，供给、需求、规划管理呈现出高相关性和高关注度，但是文化服务没有通过发挥教育作用为生态系统带来使用者应有的反馈。风景园林学的研究和实践可以为以上矛盾的解决起到积极作用。

在解决策略方面：本章提出了在供给、需求和规划管理方面都需要从生态系统服务的角度进行解决。此外，结合现状和历史水系恢复的策略具有一定的物质空间参考价值。通过对LEED-ND、SITEs、LAPS和我国《绿色建筑评价标准》框架内涵与生态系统服务框架的研究，提出了面向生态系统服务的风景园林规划设计功能内涵框架，也对风景园林在功能的研究和实践方面具有一定的实用价值。

对比国际其他城市的情况，北京在城市绿地系统方面曾参考了莫斯科、伦敦等城市的森林和绿带模式，但当前北京的两道绿隔最终被发展蚕食。北京中心地区的水系在规划方面还没有受到应有的重视，有诸多成功的国际案例可以为北京中心地区水系廊道的改善带来参考，例如：由风景园林之父奥姆斯特德规划设计的波士顿祖母绿公园廊道项目、韩国首尔清溪川项目、新加坡璧山公园项目以及德国慕尼黑的伊萨尔河项目等。虽然这些项目各自的自然和社会文化背景不同，但是可以帮助政策制定者和管理者认知和理解风景园林在增加城市生态系统服务中的重要作用，以及在绿地系统规划和城市设计中风景园林专业不可替代的作用。

在水量方面，虽然北京是严重缺水的城市，但是缺水的原因不是自然缺水，而是城市和人口发展造成的外部和内部环境缺水。虽然北京的地表水蒸发量较大，但在城市中心地区总水面仅占约1.45%，合计约484.16hm^{2}的面积，这样的河流水面形成的生态网络所供给的城市生态系统服务价值远远大于蒸发的水量。当前的永定河和北京市整体的滨水空间规划为北京中心地区水系廊道的改善带来了一定的可能，需要有关部门抓住机遇并给予重视。

第 8 章 结论与展望

生态系统服务是当前生态学、环境学等多个学科的重要研究内容，而关于城市生态系统服务的研究正处于该领域前沿。因为生态系统服务和风景园林学都具有多尺度的特征，因此风景园林学在多个尺度与生态系统服务"相遇"也绝非偶然。不同尺度对生态系统功能和服务的需求不同，风景园林也是如此，但是两者在当前人类城市化浪潮的背景下可以共同面对和解决城市的诸多问题。风景园林研究和实践还可以与城市生态系统服务在多个尺度内进行深入的结合，尤其在城市绿色空间、城市绿地系统、城市生态网络、城市水系廊道、城市公园绿地、城市设计等生态空间内，利用多学科的知识和方法对城市物质空间的研究做出贡献，最终指导规划设计和人的行为。本研究就是建立在这样一种结合的基础上，并由此而展开的。

8.1 主要研究结论

8.1.1 北京市多尺度蓝色和绿色空间现状分析结论

1. 北京市域范围

通过对北京市统计年鉴相关指标的分析得出：市域范围年末公园绿地面积从1978年的2693公顷增加到2014年的28798公顷（图3-9），增长了10.69倍。尽管北京常住人口同期增加了2.47倍，但人均公园绿地面积依然保持增长，从5.07m^2/人增加至15.90m^2/人（图3-10），增幅为3.14倍。城市绿化覆盖率从22.30%增加至47.40%（图3-11），增长了2.13倍。从耕地开发的角度看，35年间的数据显示平均约10%的耕地在开发中被替代为公园绿地。北京的绿色空间变化发展显示了很强的自上而下的空间配置和管理特征。

2. 六环范围

1984~1995~2004~2014三十年间，北京六环范围内（约2268km^2）的植被面积从1742.44km^2（图3-15）下降到1105.61km^2（图3-18），在六环范围中所占比例从76.80%下降至48.73%，合计减少636.83km^2，这一面积大于十个北京旧城的面积。北京六环范围内整体植被覆盖空间明显减少，人工干扰增加，生态系统退化。

3. 中心城中心地区

通过对北京中心地区范围国产高分二号遥感影像数据（2015年9月2日和3日）的面向对象特征提取分类得出，北京市中心地区约334km^{2}范围内水体面积约为4.84km^2（占比约1.45%），植被面积为105.24km^2（占比约31.45%），非水体和植被面积为224.58km^2（占比约67.10%），详见表3.10。

4. 样本场地范围

通过对西海湖岸绿色公共开放空间和庆丰公园东区两个样本场地进行调研，共得到植被覆盖的5类用地类型和19小类植被结构类型（Vegetation Structure Type VST），其中西海17种，庆丰公园东区8种；类型分布上，VST 3.2 "公园植被，具有中丰富度的植被结构"所占面积最大，约为31962.59m^2。其中西海湖岸具有高丰富度结构的绿色空间比例大于庆丰公园东区（分别占31.88%和27.90%）。绿量计算结果显示，西海研究场地：植被覆盖面积为12900.30m^2，绿量52714.11m^3；庆丰公园东区：植被覆盖面积57796.62m^2，绿量99222.98m^3，前者单位面积的绿量约为后者的2.38倍。说明新建水边公园在绿量和生物量的供给效率方面不及具有一定历史的水边公共空间，保护比建设效率高。

8.1.2 北京中心地区水系廊道生态系统服务现状供给评价结论

以北京中心地区水系岸边1km缓冲区范围作为水系廊道，整体水系廊道面积约为229.92km^2，其中水体面积约为4.84km^2（占比约2.11%），草地约为11.77km^2（占比约5.12%），树木约为54.03km^2（占比约23.50%）（表4.1）。水系廊道提供的生态系统分类程度评价显示：文化服务程度高，支持、供给和调节服务程度低。通过对用生态系统服务面积当量计算法进行的价值评价并调整后，得到水系廊道的全年生态系统服务总价值约为34.42亿元。该价值较低的原因，一方面显示为城市中心区的生态系统服务价值被当前研究方法所低估，另一方面，也显示出了城市中心区生态系统服务的匮乏。虽然其价值不高，但人类也绝对离不开城市中心地区有限的生态系统所提供的服务。

8.1.3 北京中心地区水系廊道生态系统服务需求调研分析结论

通过对两类八个样本场地的调研得到：在受访人群的行为偏好中，"散步、休息和聊天"最具优势，"跑步、带孩子来玩、听音乐以及其他运动"也具有一定的偏好程度（表5.8）。满意度方面，受访者对于公园空间评价明显优于岸边绿色公共开放空间。通过市民的抽样调查问卷推导出样本场地中受访者对生态系统服务的需求，主要包括：调节服务有高需求，尤其对水质净化、空气净化调节有极高的需求；文化服务也显示出有较高需求，其中休闲娱乐、偏向自然的景观审美以及向自然学习等有高需求；但是对支持服务和供给服务无需求。

8.1.4 北京中心地区水系廊道生态系统服务规划管理分析结论

通过对63个规划文本进行特征词降维分析得出，9个样本规划文件与生态系统服务相关性较高。对这些样本文件展开的内容分析法研究显示：规划文件对支持服务和文化服务所涉及的高频词项目和频次都比较占优，对于供给和调节服务关注较少。

专家访谈方面，规划部门专家对于支持服务的偏重程度高，在法规建设、公私合营PPP治理模式，以及多专业综合规划的建立方面对本研究有启发。水务部门专家在供给服务方面偏重程度高，在环境教育和景观生态水源供给方面对本研究有启发。园林部门专家对文化服务方面偏重程度高，在风景园林专业地位和水务部门重视工程且工程和管理不分开的理念问题方面对本研究有启发。

8.1.5 北京中心地区水系廊道生态系统服务矛盾问题解析结论

对生态系统服务的供给、需求与规划管理三者间矛盾问题的交叉显示：调节服务方面的矛盾最为突出，需求高，供给程度低，规划管理弱；支持服务总体认知程度很差，但规划管理对空间资源的管理较强,供给低,无需求;产品供给服务总体认知程度很差,在北京中心地区生态系统的产品供给以地下清洁水源为主,规划管理重视程度也较为薄弱。北京中心地区水系廊道生态系统服务的总体问题在于生态空间的"量、构、质"三个方面,即量太少,结构不连通不成网,景观用水水质较差,长期大量使用再生水,难以形成自净循环。

解决策略包括:面向生态系统服务的供给、需求、规划管理解决策略;基于现状和历史水系恢复的空间解决策略;面向生态系统服务的风景园林功能解决策略。这些策略可以指导风景园林规划设计,增加城市中心地区的生态空间,也可以对管理者、专业人士、利益相关方和市民开展面向生态系统服务的环境教育,以改善个体和群体对环境的干扰行为。

其中关注于历史水系恢复的策略,计算了可以通过历史水系的恢复,改善中心地区水系廊道生态空间的分布。其中恢复正义路段历史水系代价低效率高(恢复水体长度0.79km,增加水系廊道219.90hm^2),如果恢复整条玉河、前三门和东西护城河,需要恢复水体长度22.56km,可以增加水系廊道范围20.91km^2(约三分之一北京旧城的面积)。

在面向生态系统服务的风景园林规划设计功能框架中,提出了风景园林规划设计中可以利用生态系统服务的相关知识建立的功能内涵和可量化的指标。这一框架为开放系统,可以随着多学科研究和多场地应用而不断丰富。可以清晰地为规划设计应用和管理者提供从生态系统服务视角出发的功能理解。

8.1.6 北京中心地区水系廊道是中心地区生态系统服务最为重要的提供者

(1)本研究提取了北京中心地区水系的分布与量化数据,并依据使用者的出行特征划定了生态系统服务的水系廊道范围。为保护、修复、恢复和建设城市中心地区的生态系统服务提供了具体的空间载体。现有《北京绿地系统规划》中缺乏对城市中心地区以水系和绿地结合而形成的具体的生态和景观空间的关注,也缺乏对城市中心地区绿色空间具体的功能、结构的详细规划。以水系联系植被的生态系统服务廊道可以成为城市中心地区最重要的绿色系统,成为城市中心地区生态系统服务最重要的供给者。

（2）城市绿地分类中多以建设和使用功能为依据对城市绿地进行分类，缺乏针对绿地自身的生态系统服务功能为出发点进行分类。依据生态系统的各类和各项服务，可以更加科学地丰富绿地分类标准，使城市绿地可以更好地提供丰富的生态系统服务。

（3）呼吁尽快建立以保护城市自然空间、生态空间、景观空间和公共空间为目标的"城市景观专项规划"、"景观战略规划"以及法定的"景观规划"。德国的景观规划为城市和乡村提供了保护自然和景观的依据，并为城市和乡村优良的人居环境提供了直接的保障。如柏林的《城市景观战略规划》(Urban Landscape Strategy 2012，非法定规划）就是利用了城市的景观空间提升生态系统为城市提供服务。同样，针对北京中心地区水系廊道的相关规划可以为城市中心地区整体的生态系统服务保护和发展提供重要依据。

8.1.7 生态系统服务与风景园林学可以在多个尺度的规划设计中结合

因为生态系统服务和风景园林学都具有多尺度的特点，结合规划设计体系的特征，两者可以在具体的规划设计应用中分宏观、中观、微观三个层面尝试结合。

1. 宏观层面

生态系统服务在宏观层面上，可以为诸多规划工作提供面向大尺度生态系统的分析视角和科学数据指标。相关规划包括：区域规划及区域生态规划、风景名胜区规划、大尺度自然和文化遗产地规划、城市总体规划、城市绿地系统规划、城市水资源规划、城市环境保护规划、城市遗产和风景名胜区规划等。这些规划由于其工作尺度大，可以直接利用生态系统服务的相关分类分项，提出宏观层面的指标，并在空间面域上进行落实。生态系统服务不仅可以参考相应规划设计应用的内容在指标、数据方面进行梳理提供专项支持，还可以对规划进行监测和保护，并在科学研究方面拓展新的科学发现。

2. 中观层面

在中观层面，生态系统服务可以为诸如：城市控制性详细规划、城市设计（城市片区及街区尺度）、中尺度风景园林设计、大型郊野公园及大型城市公园设计、大型户外空间设计等，提供较为具体的面向生态系统服务的功能分类。并对中型尺度的规划设计提供必要的生态数据和功能指标。尤其在支持、供给、调节、文化的多个方面提出不同层次的指标，帮助规划设计在中观层面应用生态系统的服务。而中观尺度的规划和设计也可以为生态系统服务的科学研究在相应尺度上收集数据，发现新的科学问题，实现相关知识的转化和传递（Knowledge Transfer）。

3. 微观层面

生态系统服务还可以在微观层面提供帮助，例如对：小尺度城市设计（单个开放空间、单个城市街道和城市河道设计尺度）、小尺度风景园林设计（城市公园、城市户外景观、居住区绿地等设计）、城市修建性详细规划、城市生态空间节点设计（如河流交叉、道路交叉、小型人工湿地、庭院设计等）、居住区设计层面、建筑设计层面、小尺度户外设施设计层面（如停车场、小庭院、街心绿地等），以及诸多更小尺度的设计在生态系统服务的子项和细分项目提供功能参考。生态系统服务不仅可以提供视角、指标、数据等，还可以对规划设计的比较进行验证。小尺度设计也可以为生态系统服务在科学研究和规划设计实践的循证方面提供大量案例。

8.1.8 风景园林学与生态系统服务结合具有积极的学科意义

从生态系统服务的理论框架出发，可以帮助风景园林学在保护、规划、设计、营建、管理和维护的研究与实践中，提供更加清晰的理解，并构建起连接基础科学研究的桥梁，丰富风景园林学的知识和实践。生态系统服务理论传递出了生态系统固有的"共同生命力"互相维持、服务、促进的认知，即"共生"（Sybobiosis）的本体论。只有"共生"才能"共用"，在"共用"中提升人居环境的"境品"进而促成人与自然和谐"共境"共同发展，达到"共同生命力"维持自然与人类互相服务的健康循环的可持续。风景园林学可以结合生态系统服务理论，在构建人与自然共生、共用、共境的和谐空间关系中起到重要的积极作用。这些作用对于风景园林学的理论和实践深入，对学科前沿知识的拓展，以及与基础科学研究的连接都具有重要的学科意义。

8.1.9 研究目的的实现

本研究实现了第一章提出的研究目的（详见章节1.4）。对北京市中心地区以水体和植被覆盖所代表的城市生态空间的量、构、质进行了空间分析，推进风景园林学与生态系统服务在现状空间的认知。对北京市中心地区水系廊道的生态系统服务进行了现状供给评价；结合社会学研究方法展开了对市民需求的调研、规划管理文件分析和专家访谈；解析了北京中心地区生态系统服务的主要矛盾问题；尝试了风景园林学与生态系统服务理论结合进行研究的可能；提出了面向生态系统服务的风景园林功能内涵框架；促进了两者在具体的规划设计中有效联系。但是现有研究目的的实现，只是风景园林学研究与生态系统服务研究结合的开始，随着相关研究的深入，风景园林学多尺度、多功能、多学科、多时空、整体性和"知行合一"的特征一定会对生态系统服务理论、研究以及应用和实践发挥重要的作用。

8.1.10 研究问题的解答

本书通过对北京中心地区水系廊道的一系列研究，回答了第一章提出的研究问题：如何通过风景园林的研究与实践，以面向生态系统服务的视角，对北京中心地区水系廊道的自然生态空间进行有效的保护、修复、恢复、建设和发展？

对于这一问题的解答可以通过：基于供给、需求、规划管理的解决策略，基于现状和历史水系恢复的解决策略，以及面向生态系统服务的风景园林规划设计功能策略来逐步推进。其中，最核心的解决途径仍然是对城市中心地区生态空间数量的保护和增加。风景园林学的研究和实践可以在生态空间增加的过程中利用面向生态系统服务的功能内涵框架来指导规划设计，在功能上更好地利用生态系统服务的研究成果，提升规划设计绩效，发挥出城市生态系统服务的潜力。而在这一过程中，并不仅仅是风景园林、生态、环境等学科和专业的内容，还需要通过环境教育的方式让每一位城市管理者、利益相关方和市民认知并理解城市中的生态系统所提供的服务和价值。只有多方面发挥积极的作用才有可能将对问题的解答变成对问题的解决。

8.2 研究创新点

本研究通过面向生态系统服务的北京中心地区水系廊道研究提出如下创新点：

创新点一：提出了面向生态系统服务的北京中心地区水系廊道研究框架。

该框架由生态系统服务现状供给评价、场地需求调研和规划管理分析组成，可以应用于我国其他城市的研究。将针对生态系统服务的供给、需求和规划管理与城市生态学、景观生态学以及风景园林规划、城市规划、绿地系统规划等紧密结合。并通过循证收集案例进行对比，以指导规划设计为城市"绿色化"发展服务。

创新点二：对北京中心地区进行了多尺度、多维度的城市生态空间分析。

本研究利用多方面的数据和资料，以及中分辨率、高分辨率和高清晰遥感影像数据，对北京中心地区的水系和植被为代表的蓝色和绿色空间进行了多尺度、多时空和多维度的分析。将最新的国产高分二号遥感影像数据应用于北京城市生态系统服务的研究，并对风景园林多尺度的空间分析方法进行了探索。该分析方法利用了尺度上推和尺度下推的方式，对风景园林学的应用型研究和关注生态系统服务的基础科学研究进行了直接联系，尝试展开了多专业融合的研究。

创新点三：将风景园林学与生态系统服务理论结合，对城市生态问题进行分析并提出解决策略。

本研究以北京中心地区水系廊道研究为例，对城市生态系统服务相关矛盾问题进行解析并提出解决策略。其中面向生态系统服务的供给、需求和规划管理解决策略；基于现状和历史水系恢复的解决策略；以及，面向生态系统服务的风景园林规划设计功能解决策略的提出对北京中心地区水系廊道的生态系统服务提升有一定帮助。将风景园林学与生态系统服务理论进行结合，进而展开研究提出解决策略的构思，也可以应用于其他城市和尺度。在宏观、中观及微观层面，风景园林研究和实践均可以与生态系统服务的研究和应用进行结合，提供新的研究视角、多学科的研究方法，以及多类型的研究案例循证。

8.3 研究的限制与展望

8.3.1 本研究的限制

当前对于较大尺度如区域尺度和景观尺度的生态系统服务研究较多,但是对于较小尺度如城市和场地尺度的生态系统服务研究较少。其原因在于小尺度和场地研究需要对特定研究对象进行长期和深入的观测与数据收集。其中包括环境气候数据、大气、土壤、植被等多项科学指标。而本研究由于专业、经费和时间的限制无法对北京中心地区多个场地进行科学方面的生物、物理和化学指标的采集。在相关文献和研究中,关注于系统展开北京市典型场地相关数据收集的研究也并不充足,这就为本研究的中小尺度生态系统服务评价带来了限制。

本研究在样本场地的选取和调研对象的选择方面也有一定局限性,因为北京的城市发展速度快,在供给、需求、规划管理都具有动态性,市民认知和规划管理也在不断变化,所以无法在有限时间内,对更多的样本场地展开调研访谈等工作。还需要进一步的追踪和延续研究来循证。所以需求调研和样本场地研究存在一定的局限性,可以在后续的系统性研究中逐步开展。

此外,本研究在面向生态系统服务的视角下,尝试建立的风景园林规划设计功能内涵框架也存在一定的不足和限制。主要表现在不能涵盖所有风景园林规划设计类型,也不能涵盖所有生态系统服务细分子项。此外,各个类别的功能内涵存在交叉和重叠,有诸多服务内涵无法清晰化和量化等。尽管这个框架是一个开放的系统,通过支持、供给、调节、文化四个类别的分类能够在风景园林的功能方面为规划设计师的实践工作带来一定的辅助和启发,但仍需要结合大量案例和实践逐步完善。

8.3.2 研究展望

1. 面向不同地域的研究展望

将风景园林学与生态系统服务理论结合进行研究与实践具有非常广

阔的前景。本研究主要展开了面向生态系统服务的北京中心地区水系廊道研究。但在不同地域方面还可以利用这一结合对我国众多快速发展变化的城市生态空间展开研究和应用，促进风景园林学和城市生态系统服务研究成果在不同地域的对比和参考。

2. 面向不同尺度的研究展望

在不同尺度上，可以展开更加宏观和细致的研究工作，研究潜力巨大。例如生态系统服务可以为国家公园、自然保护区、风景名胜区、世界遗产地、国家地质公园、国家森林公园以及海洋国家公园等大尺度风景园林规划带来研究的新内容。而大尺度研究中的遥感与地理信息数据、经济社会数据、人文历史信息等都可以通过生态系统服务进行串联。在中小尺度中，对于城市中的生态网络、城市绿色空间、公园及小型绿地，甚至单棵植物都可以结合基础科学研究的成果展开面向生态系统服务的应用研究与实践，为风景园林学的理论与实践拓展研究内容，积累研究数据。

3. 面向应用研究与实践的展望

在实践中，生态系统服务可以为城市管理者、政策制定者、政府内部从事城乡规划和风景园林专业相关的规划管理者提供多项量化指标和内容体系框架，为更加精准的管理带来可能。此外，面向生态系统服务的风景园林规划设计功能内涵框架可以为规划设计单位的预评估和后评价进行服务，为优化设计质量、工程质量、维护成本以及综合的景观绩效带来有效证实和验证的可能。

4. 面向环境教育的展望

风景园林学可以结合生态系统服务的理论和框架展开面向不同个体和团体的环境教育。可以在优秀风景园林规划设计案例和典型空间开展以风景园林学知识为线索结合生态系统服务的环境教育内容。优秀的规划设计项目不仅为环境教育提供成功的示例，还是进行环境教育的优良空间载体。这些都可以在营建健康宜居的人居环境、创造美好舒适的户外空间，以及合理利用生态系统服务方面树立典范，为构建人与自然"共生、共用、共境"的和谐空间关系带来积极影响。

参考文献①

[1] Nations U. World Population Prospects 2019: Highlights[EB/OL]. [2019-11-21]. https://www.un.org/development/desa/publications/world-population-prospects-2019-highlights.html.

[2] Nations U. 2018 World Urban Perspective[R].2018.

[3] 国家统计局城市司. 城镇化水平不断提升 城市发展阔步前进[N]. 中国信息报，2019-08-16.

[4] 中共中央国务院印发. 国家新型城镇化规划（2014-2020 年）[EB/OL]. [12月24日]. http://www.gov.cn/gongbao/content/2014/content_2644805.htm.

[5] 全国城镇化率最高40个城市，完全城市化仅1个上海北京仅列九和十[EB/OL]. [2019-12-08]. https://baijiahao.baidu.com/s?id=1634920613117901838&wfr=spider&for=pc.

[6] TEEB – The Economics of Ecosystems and Biodiversity（2011）. TEEB Manual for Cities: Ecosystem Services in Urban Management[R].United Nations Environment Programme and supported by the European Commission and various governments, 2011.

[7] 侯仁之. 北京建都记. 建筑创作，2003（12）:166.

[8] 侯仁之. 追本溯源，寻根究底——从北京建城3040年说起. 寻根，1995（05）:26.

[9] 侯仁之. 论北京建城之始. 北京社会科学，1990（03）:42-44.

[10] 梁思成. 北京——都市计划的无比杰作（1951）//梁思成全集（第五卷）. 北京: 中国建筑工业出版社，2001.

[11] 林徽因. 北京城的历史与未来. 中国建设信息，2005（01）:37-40.

[12] 吴良镛. 中国人居史. 北京: 中国建筑工业出版社，2014.

[13] 唐晓峰. 历史上北京的城与水. 北京人大，2016（04）:6-13.

[14] 北京市水务局. 北京市水资源公报（2018年度）. 北京: 2019.

[15] 吴良镛. 关于建筑学、城市规划、风景园林同列为一级学科的思考. 中国园林，2011,27（05）:11-12.

[16] 杨锐. 论风景园林学发展脉络和特征——兼论21世纪初中国需要怎样的风景园林学. 中国园林，2013,29（06）:6-9.

[17] 杨锐. 论风景园林学发展脉络和特征——兼论21世纪初中国需要怎样的风景园

---

① 参考文献用NoteExpress软件自动生成，最后手工调整。

林学. 中国园林，2013（06）:6-9.

[18] Wu J. Making the Case for Landscape Ecology. Landscape Journal, 2008,27：41-50.

[19] Wu J, Xiang W, Zhao J. Urban ecology in China: Historical developments and future directions. Landscape and Urban Planning, 2014,125（0）:222-233.

[20] Wu J, He C, Huang G, et al. Urban landsacpe ecology: Past, Present, and Future//Fu B, Jones K B. Landscape Ecology for Sustainable Environment and Culture. Springer, 2013.

[21] Breuste J, Niemelae J, Snep R P H. Applying landscape ecological principles in urban environments. LANDSCAPE ECOLOGY, 2008,23（10）:1139-1142.

[22] Breuste J, Haase D, Elmqvist T. Urban Landscapes and Ecosystem Services//Wratten S, Sandhu H, Cullen R, et al. Ecosystem Services in Agricultural and Urban Landscapes. 2013.

[23] Forman R T T. Urban Ecology: Science of Cities. Cambridge university press, 2014.

[24] Steiner F. Frontiers in urban ecological design and planning research. Landscape and Urban Planning, 2014,125（0）:304-311.

[25] Gómez-Baggethun E, Gren Å, Barton D, et al. Urban Ecosystem Services//Elmqvist T, Fragkias M, Goodness J, et al. Springer Netherlands, 2013：175-251.

[26] 北京市自然资源与城市规划委员会. 北京城市总体规划2016年-2035年[Z]. 2017.

[27] Henderson L F, Lyons D J. Sexual differences in human crowds motion. Nature, 1972（240）:353-355.

[28] 陈然，董力耘. 中国大都市行人交通特征的实测和初步分析. 上海大学学报（自然科学版），2005（01）:93-97.

[29] Odum Eugene P., Barrett Gary W. 生态学基础 第五版 Fundamentals of ecology Fifth Revision[M]. 陆健健，王伟，王天慧，等，译. 北京：高等教育出版社，2009.

[30] Tansley A G. The use and abuse of vegetational concepts and terms. Ecology, 1935,16（3）:284-307.

[31] 生态系统与人类福利: 评估框架. 北京: 中国环境科学出版社，2007.

[32] Haase D, Larondelle N, Andersson E, et al. A Quantitative Review of Urban Ecosystem Service Assessments: Concepts, Models, and Implementation. AMBIO, 2014,43（4）:413-433.

[33] de Groot R S, Wilson M A, Boumans R M J. A typology for the classification, description and valuation of ecosystem functions, goods and services . Ecological Economics, 2002,41（3）:393-408.

[34] 石龙宇. 土地利用 覆被变化对区域生态系统服务的影响研究[博士学位论文]. 北京: 中国科学院生态环境中心，2009.

[35] Gómez-Baggethun E, de Groot R, Lomas P L, et al. The history of ecosystem services in economic theory and practice: From early notions to markets and payment

schemes. Ecological Economics, 2010,69（6）:1209-1218.

[36] Costanza R, Darge R, Degroot R, et al. The value of the world's ecosystem services and natural capital. NATURE, 1997,387（6630）:253-260.

[37] Corvalan C, Hales S, Mcmichael A, et al. ECOSYSTEMS AND HUMAN WELL-BEING: Health Synthesis: A Report of the Millennium Ecosystem Assessment[R].2005.

[38] Kumar P. The economics of ecosystems and biodiversity : ecological and economic foundations[M]. London ; Washington: Earthscan, 2010.

[39] Haines-Young R, Potschin M. Common International Classification of Ecosystem Services（CICES）: Consultation on Version 4，August-December 2012[R]. Nottingham: Centre for Environmental Management, University of Nottingham, UK, 2013.

[40] Bolund P, Hunhammar S. Ecosystem services in urban areas. Ecological Economics, 1999,29：293-301.

[41] 李锋，王如松. 城市绿色空间生态服务功能研究进展. 应用生态学报，2004（03）.

[42] Steiner F. Frontiers in urban ecological design and planning research. LANDSCAPE AND URBAN PLANNING, 2014,125（SI）:304-311.

[43] Nassauer J I, Opdam P. Design in science: extending the landscape ecology paradigm. LANDSCAPE ECOLOGY, 2008,23（6）:633-644.

[44] Nassauer J I, Raskin J. Urban vacancy and land use legacies: A frontier for urban ecological research, design, and planning. Landscape and Urban Planning, 2014,125：245-253.

[45] Ahern J, Cilliers S, Niemela J. The concept of ecosystem services in adaptive urban planning and design: A framework for supporting innovation. LANDSCAPE AND URBAN PLANNING, 2014,125（SI）:254-259.

[46] Wu J. Urban ecology and sustainability: The state-of-the-science and future directions. Landscape and Urban Planning, 2014,125：209-221.

[47] Wu J, Xiang W, Zhao J. Urban ecology in China: Historical developments and future directions. 2014,125：222-233.

[48] Bai X. Advance the ecosystem approach in cities. Nature, 2018,559（7712）:7.

[49] 陈悦，陈超美，刘则渊，等. CiteSpace知识图谱的方法论功能. 科学学研究，2015（02）:242-253.

[50] 祝娜，王效岳，白如江. 科技创新路径识别研究进展:方法与工具. 图书情报工作，2014（13）:132-139.

[51] 周晓分，黄国彬，白雅楠. 科学计量可视化软件的对比与数据预处理研究. 图书情报工作，2013（23）:64-72.

[52] de Groot R S, Alkemade R, Braat L, et al. Challenges in integrating the concept of

ecosystem services and values in landscape planning, management and decision making. ECOLOGICAL COMPLEXITY, 2010,7（3SI）:260-272.

[53] Nelson E, Mendoza G, Regetz J, et al. Modeling Multiple Ecosystem Services, Biodiversity Conservation, Commodity Production, and Tradeoffs at Landscape Scales. 2009,7（1）:4-11.

[54] Daily G C, Polasky S, Goldstein J, et al. Ecosystem Services in Decision Making: Time to Deliver. 2009,7（1）:21-28.

[55] Fisher B, Turner R K, Morling P. Defining and classifying ecosystem services for decision making. Ecological Economics, 2009,68（3）:643-653.

[56] Raudsepp-Hearne C, Peterson G D, Bennett E M. Ecosystem service bundles for analyzing tradeoffs in diverse landscapes. Proceedings of the National Academy of Sciences, 2010,107（11）:5242-5247.

[57] 谢高地, 鲁春霞, 冷允法, 等. 青藏高原生态资产的价值评估. 自然资源学报, 2003（02）:189-196.

[58] 谢高地, 甄霖, 鲁春霞, 等. 一个基于专家知识的生态系统服务价值化方法. 自然资源学报, 2008（05）:911-919.

[59] 吴克宁, 赵珂, 赵举水, 等. 基于生态系统服务功能价值理论的土地利用规划环境影响评价——以安阳市为例. 中国土地科学, 2008（02）:23-28.

[60] 冉圣宏, 吕昌河, 贾克敬, 等. 基于生态服务价值的全国土地利用变化环境影响评价. 环境科学, 2006（10）:2139-2144.

[61] 陈仲新, 张新时. 中国生态系统效益的价值. 科学通报, 2000（01）:17-22.

[62] 王宗明, 张柏, 张树清. 吉林省生态系统服务价值变化研究. 自然资源学报, 2004（01）:55-61.

[63] 谢高地, 肖玉, 甄霖, 等. 我国粮食生产的生态服务价值研究. 中国生态农业学报, 2005（03）:10-13.

[64] Bolund P, Hunhammar S. Ecosystem services in urban areas. ECOLOGICAL ECONOMICS, 1999,29（2）:293-301.

[65] Kremen C. Managing ecosystem services: what do we need to know about their ecology? ECOLOGY LETTERS, 2005,8（5）:468-479.

[66] Hein L, van Koppen K, de Groot R S, et al. Spatial scales, stakeholders and the valuation of ecosystem services. ECOLOGICAL ECONOMICS, 2006,57（2）:209-228.

[67] Naidoo R, Balmford A, Costanza R, et al. Global mapping of ecosystem services and conservation priorities. PROCEEDINGS OF THE NATIONAL ACADEMY OF SCIENCES OF THE UNITED STATES OF AMERICA, 2008,105（28）:9495-9500.

[68] Egoh B, Reyers B, Rouget M, et al. Mapping ecosystem services for planning and management. AGRICULTURE ECOSYSTEMS & ENVIRONMENT, 2008,127（1-2）:135-140.

[69] Palomo I, Martín-López B, Potschin M, et al. National Parks, buffer zones and surrounding lands: Mapping ecosystem service flows. Ecosystem Services, 2013,4：104-116.

[70] Hansen R, Pauleit S. From Multifunctionality to Multiple Ecosystem Services? A Conceptual Framework for Multifunctionality in Green Infrastructure Planning for Urban Areas. 2014,43（4）:516-529.

[71] Ruckelshaus M, Mckenzie E, Tallis H, et al. Notes from the field: Lessons learned from using ecosystem service approaches to inform real-world decisions. 2015,115：11-21.

[72] Bateman I J, Harwood A R, Mace G M, et al. Bringing Ecosystem Services into Economic Decision-Making: Land Use in the United Kingdom. SCIENCE, 2013,341（6141）:45-50.

[73] Chan K, Guerry A D, Balvanera P, et al. Where are Cultural and Social in Ecosystem Services? A Framework for Constructive Engagement. BIOSCIENCE, 2012,62（8）:744-756.

[74] Chan K, Satterfield T, Goldstein J. Rethinking ecosystem services to better address and navigate cultural values. ECOLOGICAL ECONOMICS, 2012,74：8-18.

[75] Gomez-Baggethun E, Barton D N. Classifying and valuing ecosystem services for urban planning. ECOLOGICAL ECONOMICS, 2013,86：235-245.

[76] Koschke L, Furst C, Frank S, et al. A multi-criteria approach for an integrated land-cover-based assessment of ecosystem services provision to support landscape planning. ECOLOGICAL INDICATORS, 2012,21（SI）:54-66.

[77] 王进，陈爽，姚士谋. 城市规划建设的绿地功能应用研究新思路. 地理与地理信息科学，2004（06）:99-103.

[78] 李锋，王如松. 城市绿地系统的生态服务功能评价、规划与预测研究——以扬州市为例. 生态学报，2003（09）:1929-1936.

[79] 李锋，王如松. 城市绿色空间生态服务功能研究进展. 应用生态学报，2004（03）:527-531.

[80] 王如松，李锋，韩宝龙，等. 城市复合生态及生态空间管理. 生态学报，2014,34（01）:1-11.

[81] 唐弢，徐鹤，王喆，等. 基于生态系统服务功能价值评估的土地利用总体规划环境影响评价研究. 中国人口·资源与环境，2007（03）:45-49.

[82] 许旭，李晓兵，符娜，等. 生态系统服务价值核算在土地利用规划战略环境评价上的应用——以北京市为例. 资源科学，2008（09）:1382-1388.

[83] 饶胜，张强，牟雪洁. 划定生态红线 创新生态系统管理. 环境经济，2012（06）:57-60.

[84] 燕守广，林乃峰，沈渭寿. 江苏省生态红线区域划分与保护. 生态与农村环境学报，2014,30（03）:294-299.

[85] 欧阳志云，李小马，徐卫华，等. 北京市生态用地规划与管理对策. 生态学报，2015,35（11）:3778-3787.

[86] 彭建，吕慧玲，刘焱序，等. 国内外多功能景观研究进展与展望. 地球科学进展，2015,30（04）:465-476.

[87] Podolak K N. Multifunctional Riverscapes: Stream restoration, Capability Brown's water features, and artificial whitewater[D]. University of California, BerkeleyLandscape Architecture and Environmental Planning in the Graduate Division, 2012.

[88] 温宗勇，李伟，董明，等. 行走京城水脉,寻访生命之源（一）——北京五大水系调查实录. 北京规划建设，2012（3）:156-169.

[89] 温宗勇，李伟，董明，等. 行走京城水脉,寻访生命之源（二）——北京五大水系调查实录. 北京规划建设，2012（04）:158-170.

[90] 孙迪. 推进北运河综合治理 构建优美宜居水环境. 中国水利，2010（12）.

[91] 荆红卫，张志刚，郭婧. 北京北运河水系水质污染特征及污染来源分析. 中国环境科学，2013（02）:319-327.

[92] 北京市水务局. 北京市水资源公报2014. 北京: 北京市水务局，2014.

[93] 北京市规划委员会. 北京市城市总体规划（2004~2020）[EB/OL]. [2016年1月13日]. http://www.bjghw.gov.cn/web/static/catalogs/catalog_233/233.html.

[94] 财新周刊. 北京再建"水三环"[EB/OL]. [3月18日]. http://weekly.caixin.com/2015-06-19/100820951.html?p1.

[95] 北京市人民政府办公厅. 关于加快推进河湖水系连通及水资源循环利用工作的意见[EB/OL]. [3月18日]. http://zhengwu.beijing.gov.cn/gzdt/gggs/t1385860.htm.

[96] 侯仁之. 北京历史地图集[G]. 北京: 北京出版社，1988.

[97] 李诚. 北京历史舆图集[G]. 北京: 外文出版社，2005.

[98] 侯仁之，金涛. 北京史话. 上海: 上海人民出版社，1980.

[99] 李裕宏. 当代北京城市水系史话. 北京: 当代中国出版社，2013.

[100] 孔祥利. 北京长河史万寿寺史. 北京: 荣宝斋出版社，2006.

[101] 中国国家图书馆. 北京古地图集. 测绘出版社，2010.

[102] 北京市山区协调发展总体规划（2006—2020年）[S]. 2006.

[103] Tucker C J. Red and Photographic Infrared Linear Combinations for Monitoring Vegetation. Remote Sensing of Environment, 1979,127-150.

[104] Niemelä J, Breuste J, Elmqvist T, et al. Urban Ecology, Patterns, Processes, and Applications[G]. 2010.

[105] Schulte Wolfgang, Sukopp Herbert, 李建新. 德国人文聚落区生态单元制图国家项目. 生态学报，2003（03）.

[106] 黄越. 基于城市自然保护的柏林景观规划[Z]. 2014.

[107] Lehmann I, Mathey J, Rößler S, et al. Urban vegetation structure types as a methodological approach for identifying ecosystem services – Application to the

analysis of micro-climatic effects. Ecological Indicators, 2014,42：58-72.

[108] Großmann, Pohl, Schulze. Schematische Körperberechnung der Grünvolumen von Rasen-, Strauch- und Baumfluren[Z]. 1984.

[109] Arlt G, Hennersdorf J, Lehmann I, et al. Auswirkungen städtischer Nutzungsstrukturen auf Grünflächen und Grünvolumen[R]. Dresden: Leibniz-Institut für ökologische Raumentwicklung, 2005.

[110] Lehmann I, Mathey J, Rößler S, et al. Urban vegetation structure types as a methodological approach for identifying ecosystem services – Application to the analysis of micro-climatic effects. Ecological Indicators, 2014,42（0）:58-72.

[111] 谢高地，张彩霞，张昌顺，等. 中国生态系统服务的价值. 资源科学，2015（09）.

[112] 谢高地，甄霖，鲁春霞，等. 一个基于专家知识的生态系统服务价值化方法. 自然资源学报，2008（05）:911-919.

[113] 刘峰. 基于生态系统服务的小流域综合治理研究[博士学位论文]. 北京: 中国科学院生态环境研究中心，2008.

[114] 郑博福. 基于生态系统服务的区域可持续发展研究 泸沽湖流域[博士学位论文]. 中国科学院生态环境研究中心，2006.

[115] Costanza R, D'Arge R, de Groot R, et al. The value of the world's ecosystem services and natural capital. Ecological Economics, 1997,25（1）:3-15.

[116] 李黔湘，单军. 北京市地下水取水井现状及存在问题. 北京水务，2013（5）:31-35.

[117] 新华网. 三问北京"阶梯水价"[EB/OL]. [3月15日]. http://news.xinhuanet.com/fortune/2014-04/03/c_1110086137.htm.

[118] 孟庆义，欧阳志云，马东春，等. 北京水生态服务功能与价值. 北京: 科学出版社，2012.

[119] 李双成，等. 生态系统服务地理学[G]. 北京: 科学出版社，2014.

[120] 北京市统计局. 2014年北京市人口发展变化情况及特点[EB/OL].（2015-06-18）[2015-10-19]. http://www.bjstats.gov.cn/sjfb/bssj/ndsj/ndsjfpfb/2014n/201506/t20150618_294572.htm.

[121] Kabisch N. Ecosystem service implementation and governance challenges in urban green space planning—The case of Berlin, Germany. Land Use Policy, 2015,42：557-567.

[122] Berelson B. Content Analysis in Communication Research. Glencoe: Free Press, 1952：18.

[123] Stemler S. An Overview of Content Analysis//Practical Assessment, Research & Evaluation. 2001：17.

[124] 郑文晖. 文献计量法与内容分析法的比较研究. 情报杂志，2006（05）:31-33.

[125] 陈维军. 文献计量法与内容分析法的比较研究. 情报科学，2001（08）:884-886.

[126] 邱均平，邹菲. 国外内容分析法的研究概况及进展. 图书情报知识，2003（06）:6-8.

[127] 宋振峰，宋惠兰. 基于内容分析法的特性分析. 情报科学，2012（07）:964-966.

[128] Radford K G, James P. Changes in the value of ecosystem services along a rural–urban gradient: A case study of Greater Manchester, UK. Landscape and Urban Planning, 2013,109（1）:117-127.

[129] Niemelä J, Saarela S, Söderman T, et al. Using the ecosystem services approach for better planning and conservation of urban green spaces: a Finland case study. Biodiversity and Conservation, 2010,19（11）:3225-3243.

[130] Charmaz Kathy C. 建构扎根理论：质性研究实践指南[M]. 边国英，译. 重庆: 重庆大学出版社，2009.

[131] 毛齐正. 城市植物多样性和土壤特征的空间分布格局以及生态系统服务——以北京市为例. 北京: 2014.

[132] Steiner F. Ecosystem Services-Learning to Leverage Natural Capital. ArcNews, 2011（2011 Fall）.

[133] Forman R T T. Urban Regions: Ecology and Planning Beyond the City. Cambridge University Press, 2008.

[134] 陈卫平，张炜铃，潘能，等. 再生水灌溉利用的生态风险研究进展. 环境科学，2012（12）:4070-4080.

[135] 陈卫平，吕斯丹，王美娥，等. 再生水回灌对地下水水质影响研究进展. 应用生态学报，2013（05）:1253-1262.

[136] Ahern J, Cilliers S, Niemelä J. The concept of ecosystem services in adaptive urban planning and design: A framework for supporting innovation. Landscape and Urban Planning, 2014,125（0）:254-259.

[137] Leed. Getting to know LEED: Neighborhood Development[EB/OL]. [2016年2月18日]. http://www.usgbc.org/articles/getting-know-leed-neighborhood-development.

[138] 贾培义，郭湧. 美国可持续场地评估体系SITES V2版与V1版对比分析研究. 动感（生态城市与绿色建筑），2014（04）:66-71.

致　谢

衷心感谢导师杨锐教授在学术上对我的指导和工作上的支持，导师广博创新中西兼修的治学精神是我的榜样。衷心感谢党安荣教授对我在研究技术探索和科学思考方面的帮助和支持。衷心感谢联合导师Jürgen Breuste教授的悉心指导和对我生活及论文研究的关怀。他严谨批判、创新交叉、全球视野的学术追求使我获益匪浅。衷心感谢邬建国教授在研究资料和学科交叉的研究思路上的支持。

在德国柏林工业大学景观与环境规划系和奥地利萨尔斯堡大学地学系为期半年的访问研究期间，承蒙Jürgen Weidinger教授、Jürgen Breuste教授、Angla Hof副教授、Martina Artmann博士及其他同学们的热心指导与帮助，不胜感激。感谢德国柏林洪堡大学地理系城市生态研究所的Dagmar Haase教授在研究案例、学术资源方面的支持和鼓励。感谢德国慕尼黑工业大学Staphen Pauleit教授对研究案例及学术资源方面的热心帮助。感谢德国慕尼黑工业大学Sören Schöbel教授及研究组的热心帮助。感谢清华大学研究生院短期交流访学奖学金的资助。

感谢清华大学建筑学院景观学系的老师们及同窗学友们的热情帮助和支持，景观学系团结温馨的学术和生活气氛是我们的港湾。感谢何睿老师的操劳和耐心。感谢黄澄同学在英文摘要和目录方面的润色与帮助。

感谢中国林科院武红敢教授在数据方面的支持。感谢中科院生态环境研究中心的李元征博士、清华大学地学中心的李雪草博士和胡腾云硕士、北京师范大学地理学与遥感科学学院的王晓梦同学，在数据处理方面的指导和帮助。感谢中国农业大学的曾丽云同学、北京林业大学的王宇泓和吴靖雪同学在访谈研究方面的参与和工作。感谢人民大学经济学院的徐月茹堂妹在统计和分析方面的指点和帮助。感谢海淀园林绿化局赵静女士在研究基础图纸方面的支持。感谢2015年暑期调研来自德国德累斯顿工业大学和中国多个高校的青年志愿者们的调研工作。感谢清华大学景观学系的姚亚男和黄秋韵博士生同学在校对我的帮助。

需要感谢的人太多太多，这里无法言尽，但是还要真诚感谢在博士论文期间和书稿修改期间帮助和支持我的每一位师长、同学、同事、友人。谢谢您们！

感谢妻子周洁婷和我的家人们对我研究和工作的巨大支持。

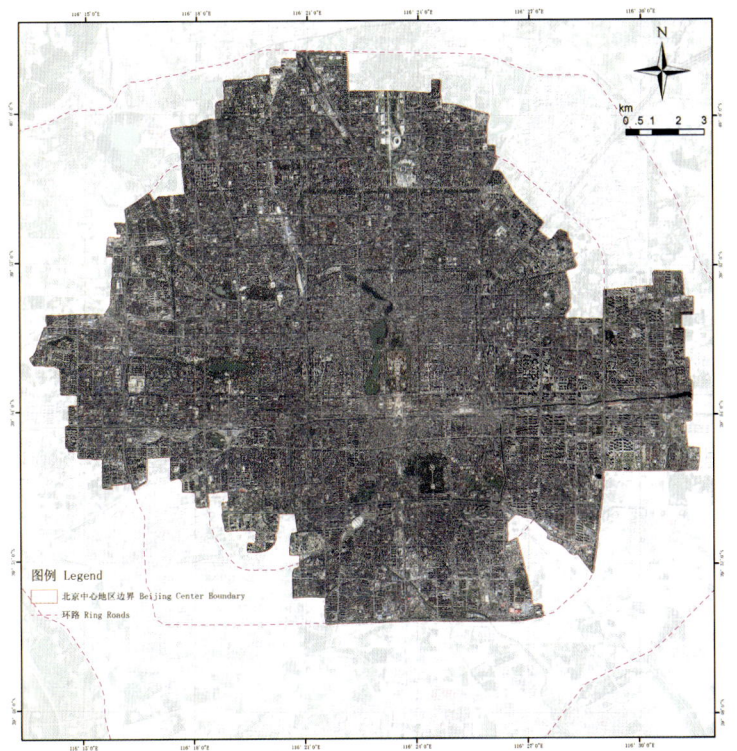

图 1-3　北京中心地区国产高分二号遥感卫星影像数据真色彩影像图

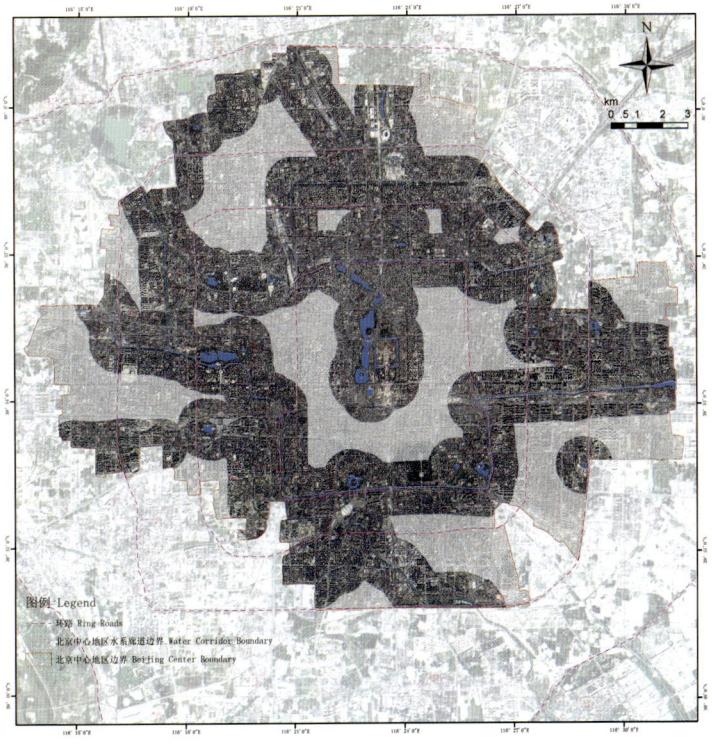

图 1-4　北京中心地区水系廊道国产高分二号遥感卫星影像数据真彩色影像图

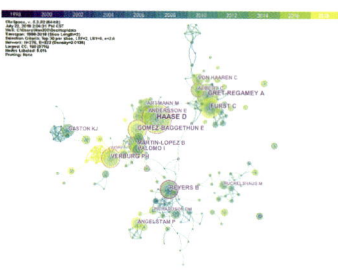
图1-7 英文文献施引作者合作图谱

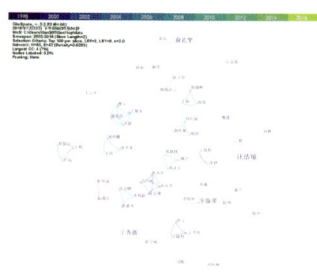
图1-8 中文文献施引作者合作图谱

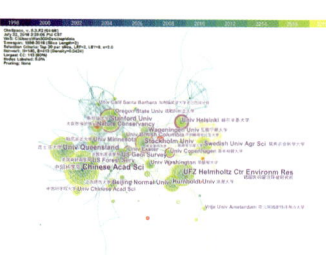
图1-9 英文文献施引文献机构合作图谱

图1-10 中文文献施引文献机构合作图谱

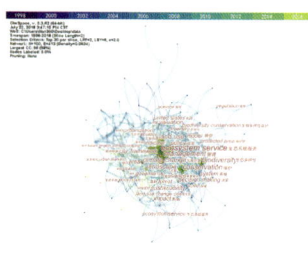
图1-11 英文文献施引文献关键词共现图谱

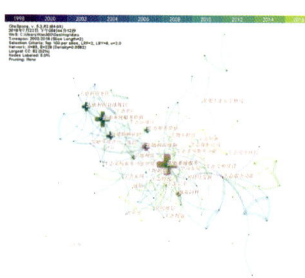
图1-12 中文文献施引文献关键词共现图谱

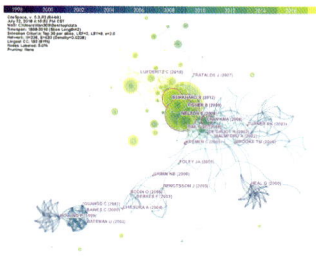
图1-13 英文文献共引文献图谱

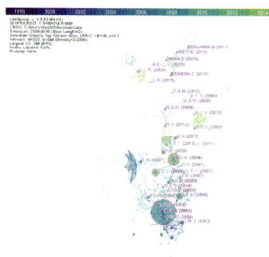
图1-14 中文文献共引文献图谱

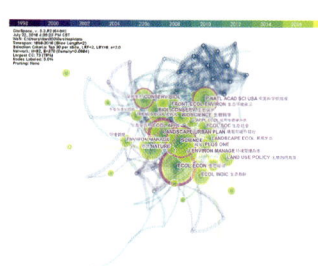
图1-15 英文文献共引期刊图谱

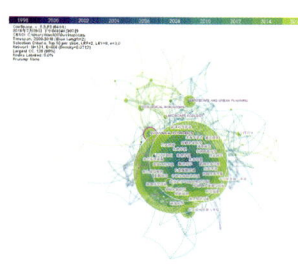
图1-16 中文文献共引期刊图谱

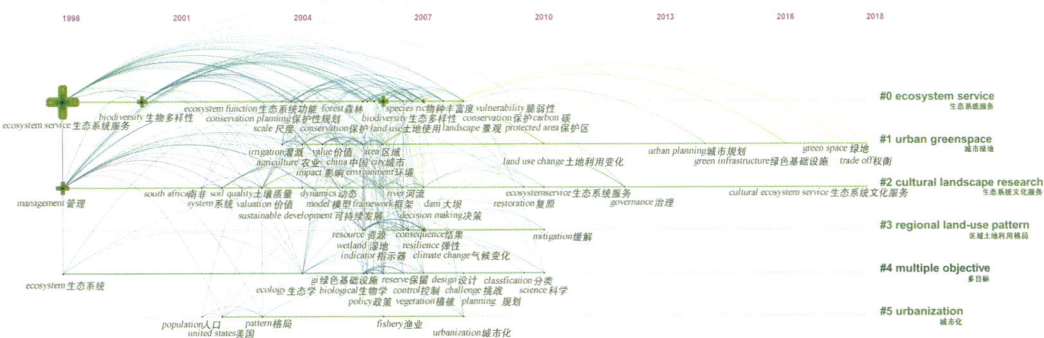

图 1-17　基于 Cite Space 的英文文献时间线聚类分析图

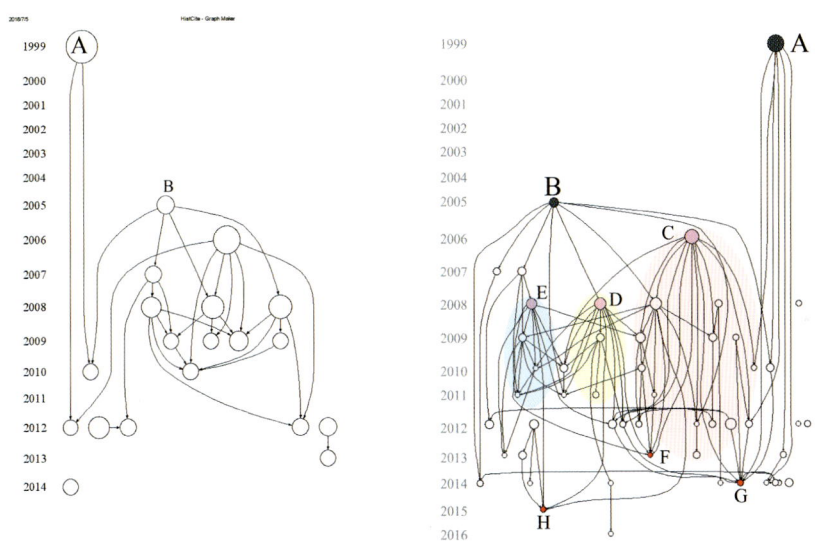

图 1-18　基于 Hist Cite 分析的文献直接引用网络关系图（左为前 20 篇，右为前 50 篇）

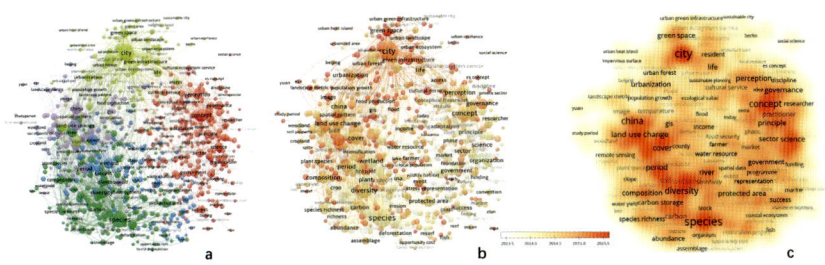

图 1-19　基于 VOS-viewer 的共现词知识绘图（a 聚类分析，b 时间序列分析，c 密度分析）

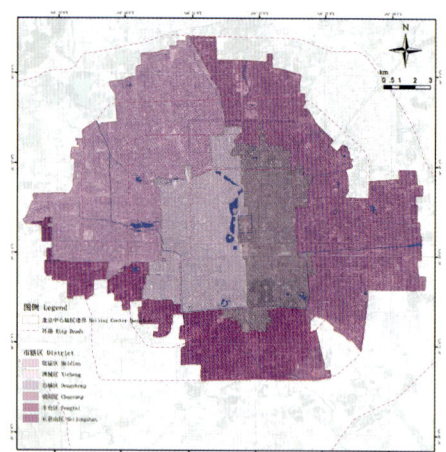

图 2-2 北京中心地区内各行政区分布图

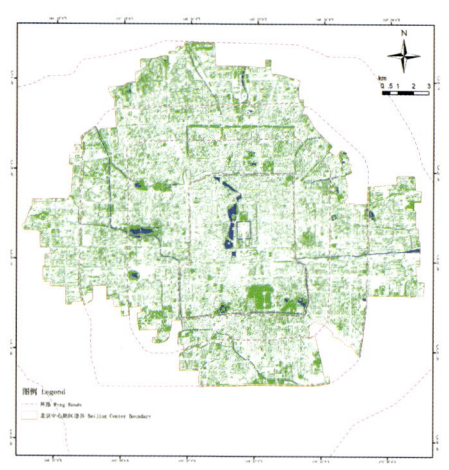

图 2-3 北京中心地区蓝色空间和绿色空间分布图

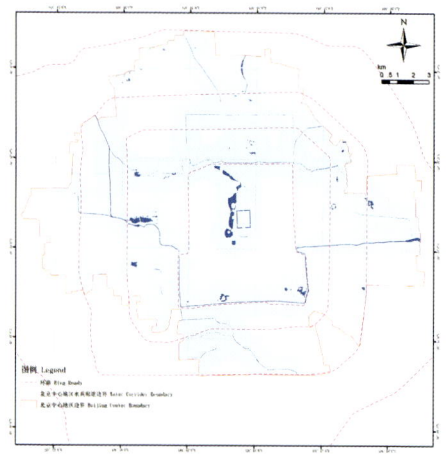

图 2-4 北京中心地区水系与廊道分布图

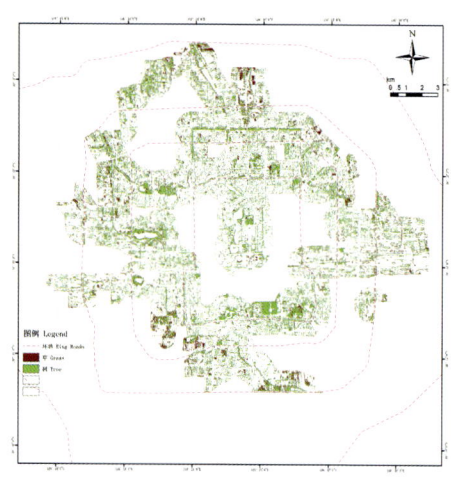

图 2-5 北京中心地区水系廊道内草地与树木特征提取分布图

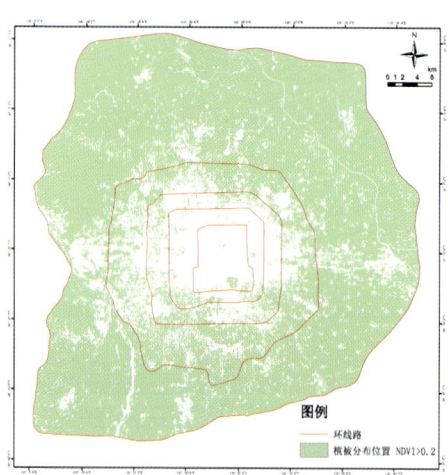

图 3-15 1984.08.16 六环内植被分布图

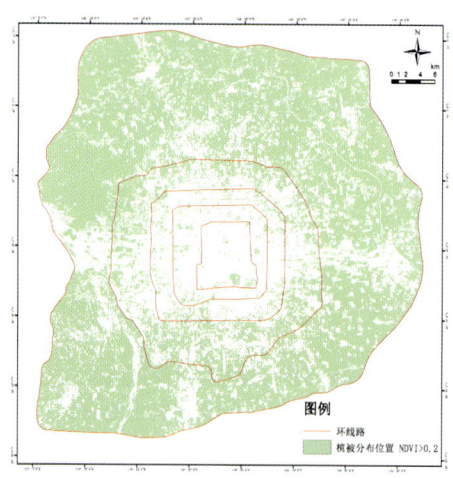

图 3-16 1995.09.16 六环内植被分布图

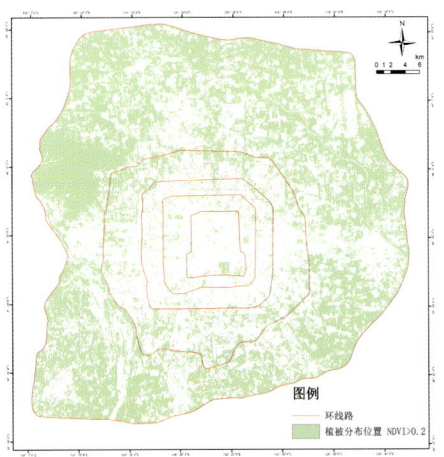

图 3-17　2004.09.08 六环内植被分布图

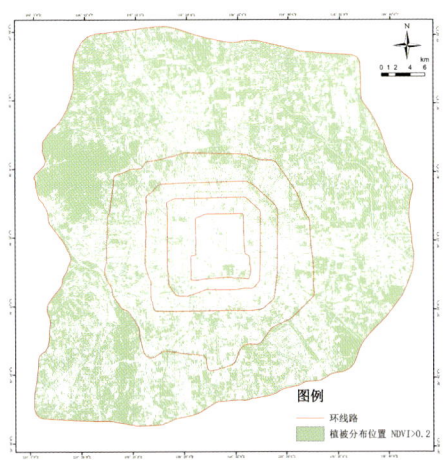

图 3-18　2014.09.04 六环内植被分布图

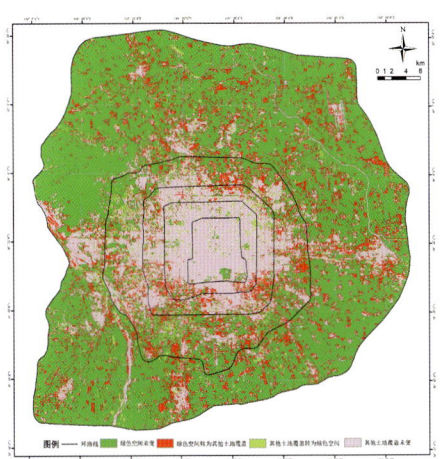

图 3-19　1984~1995 年间北京六环内植被变化分布图

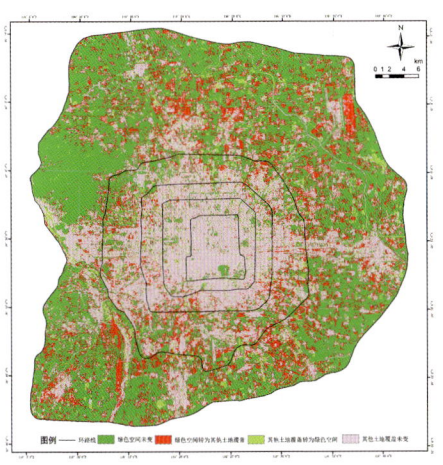

图 3-20　1995~2004 年间北京六环内植被变化分布图

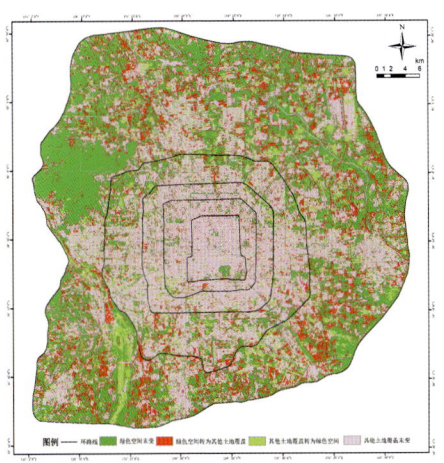

图 3-21　2004~2014 年间北京六环内植被变化分布图

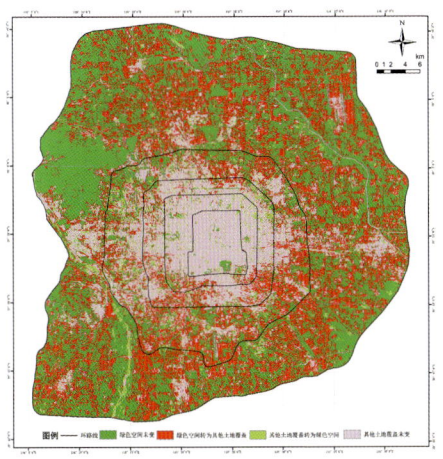

图 3-22　1984~2014 年间北京六环内植被变化分布图

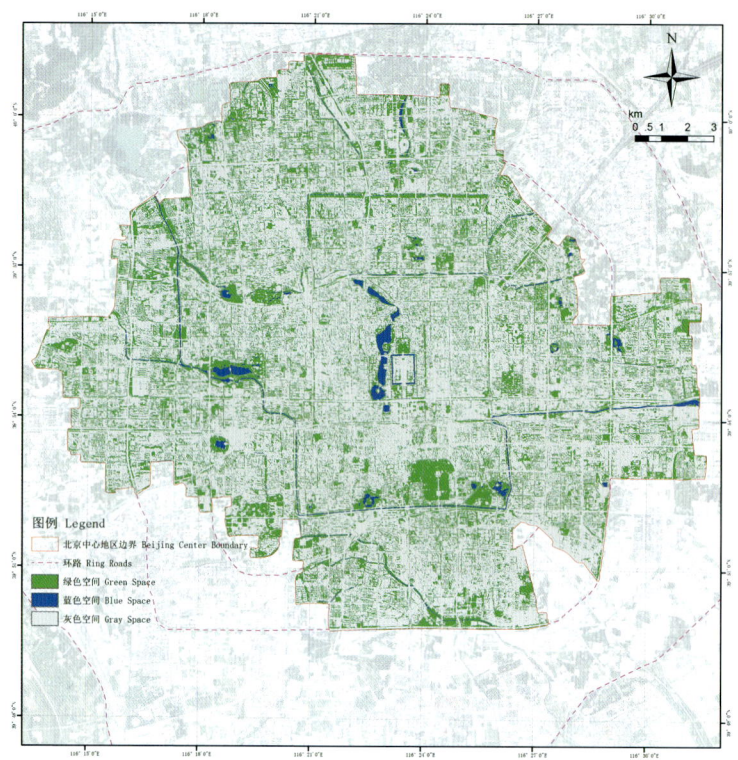

图 3-24 北京中心地区蓝、绿、灰空间分布图

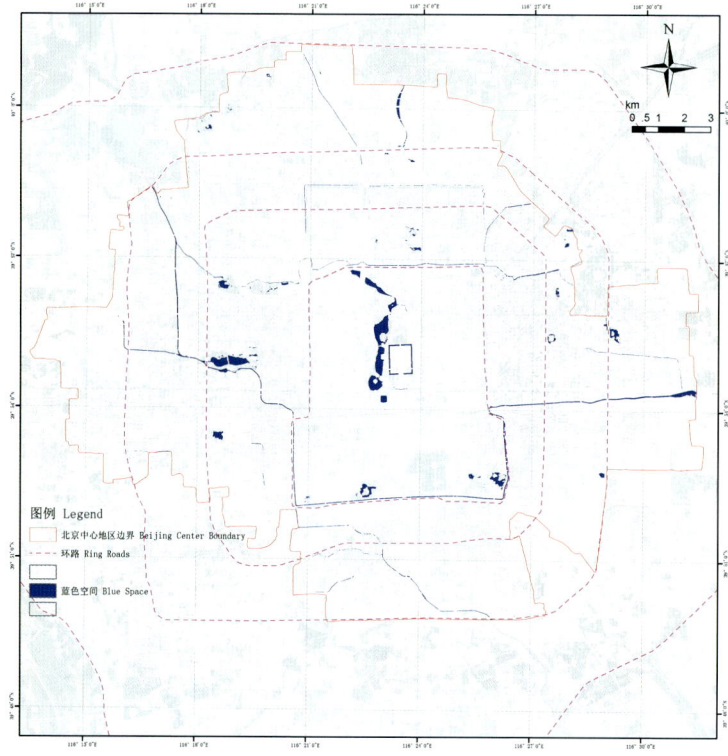

图 3-25 北京中心地区水体分布图

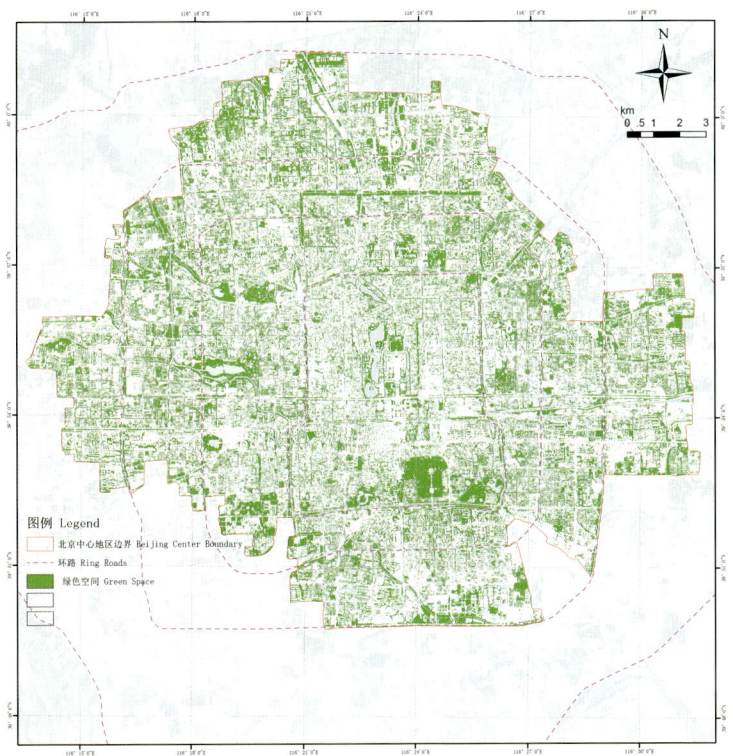

图 3-26　北京中心地区植被分布图

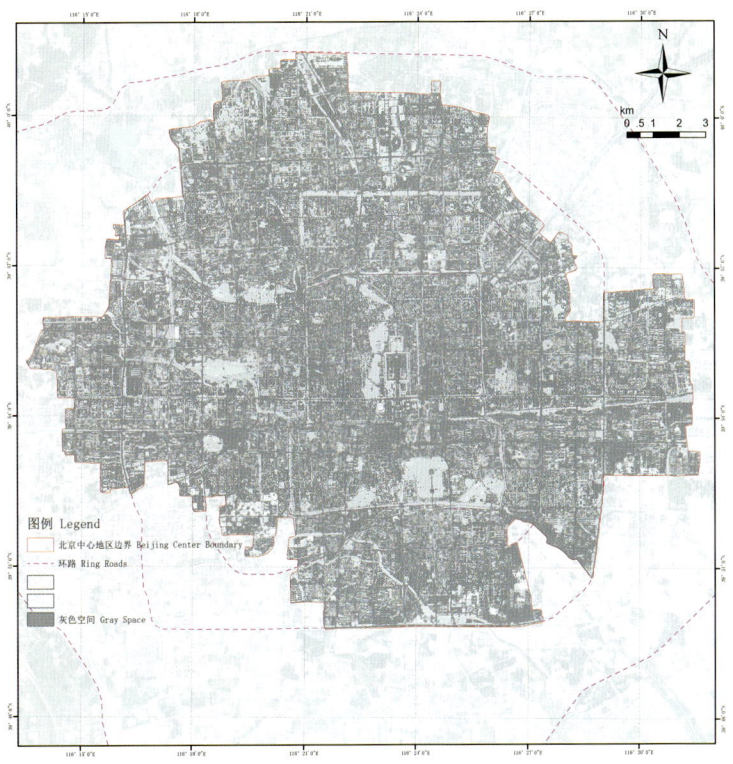

图 3-27　北京中心地区人工硬化地表（非水体与植被）空间分布图

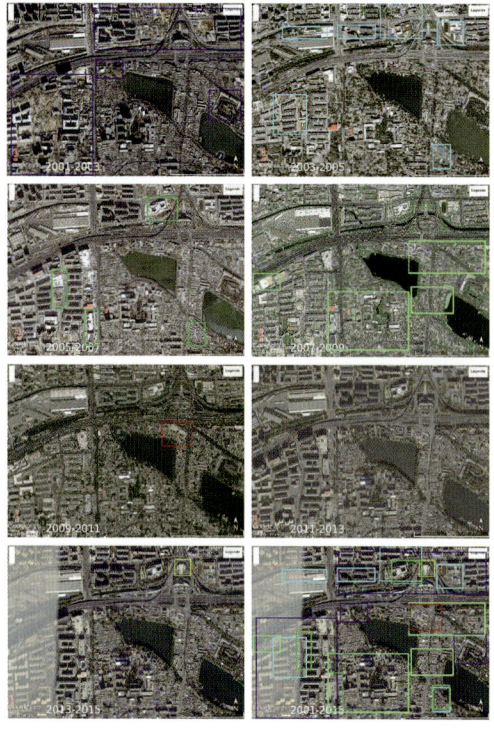

图 3-33 样本场地一 西海周边区域土地覆盖变化目视判读分析图

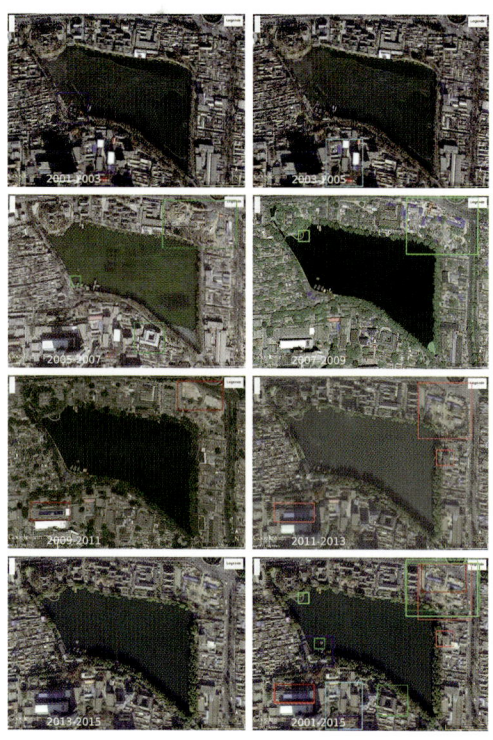

图 3-34 样本场地一 西海周边土地覆盖变化目视判读分析图

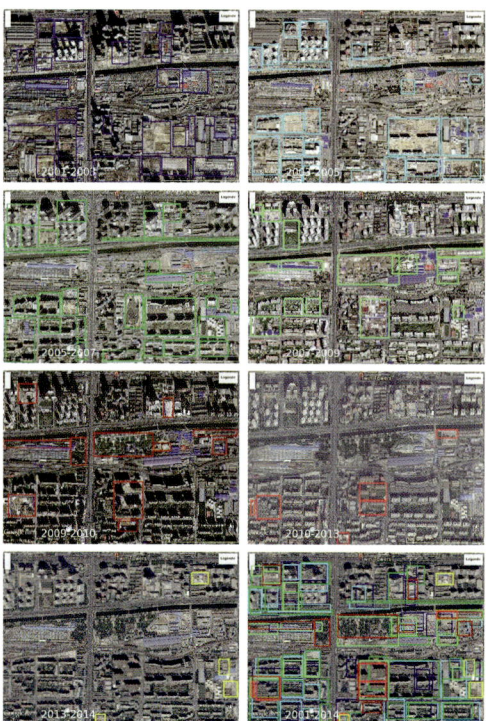

图 3-35 样本场地二 庆丰公园东区周边区域土地覆盖变化目视判读分析图

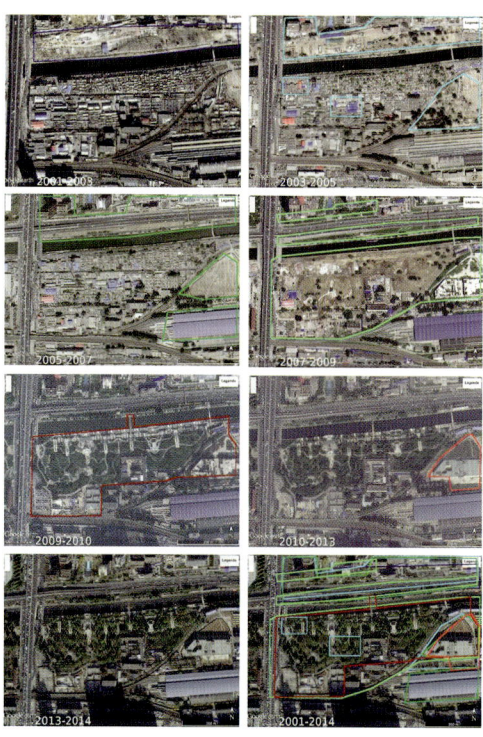

图 3-36 样本场地二 庆丰公园东区周边土地覆盖变化目视判读分析图

图 3-39 样本场地一西海沿岸绿色空间植被结构类型分布图

图 3-41 样本场地二庆丰公园东区绿色空间植被结构类型分布图

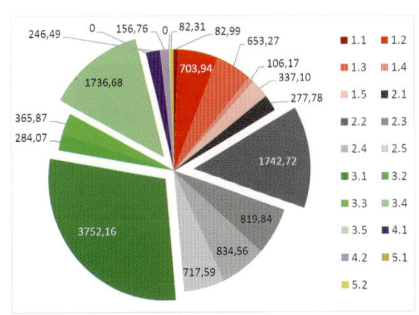

图 3-40 样本场地一西海沿岸绿色空间植被结构类型面积分布统计图

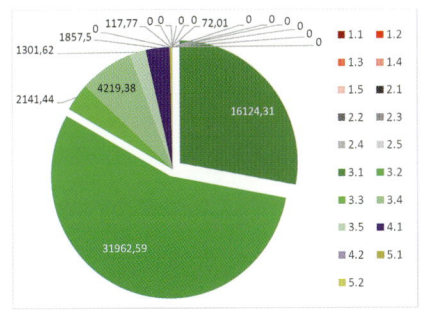

图 3-42 样本场地二庆丰公园东区绿色空间植被结构类型面积分布统计图

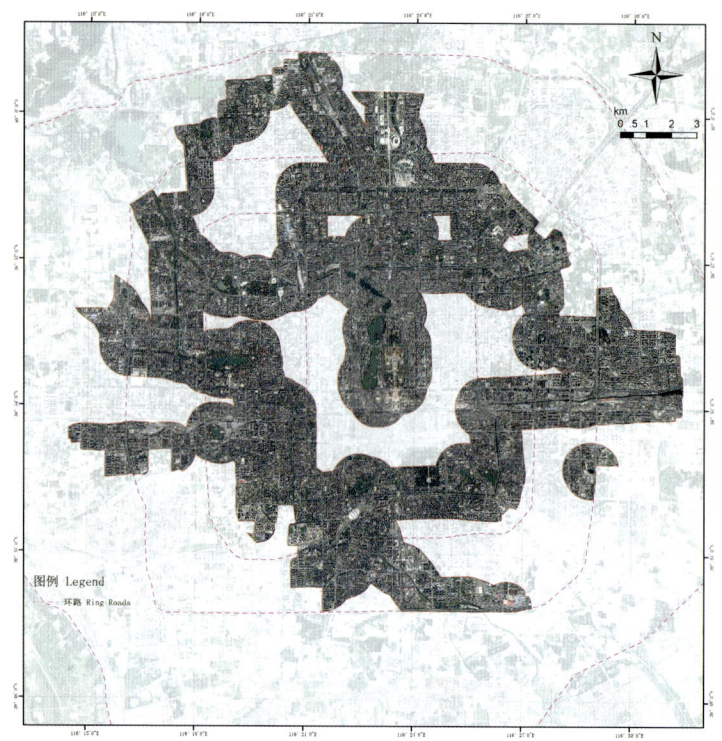

图 4-2 北京中心地区水系廊道位置遥感全彩色影像图

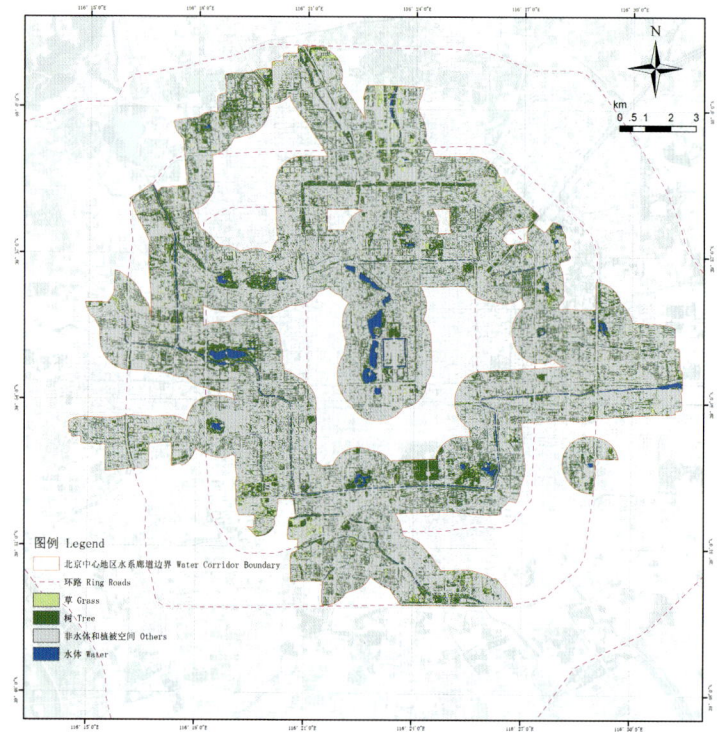

图 4-3 北京中心地区水系廊道内水体、草地、树木分类特征提取分布图

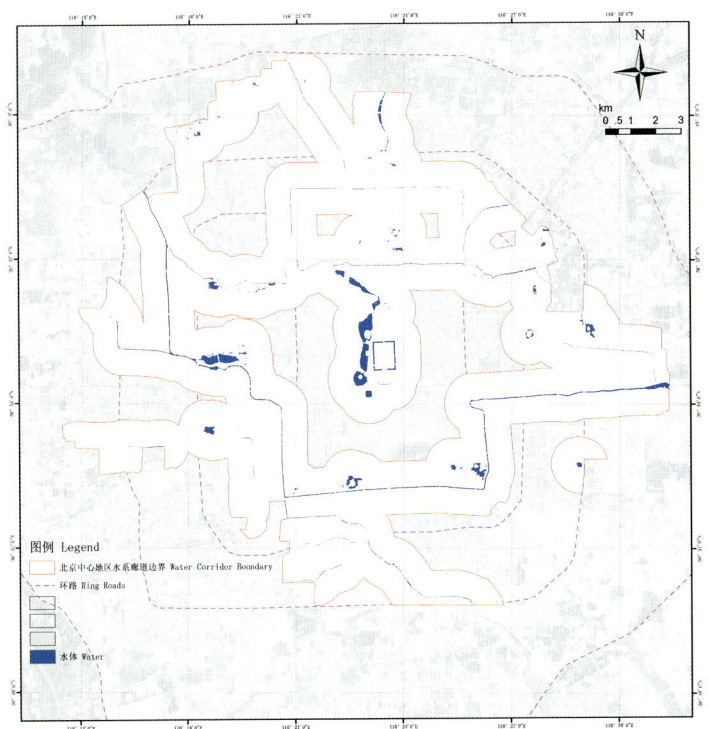

图 4-4 北京中心地区水系廊道内水体分布图

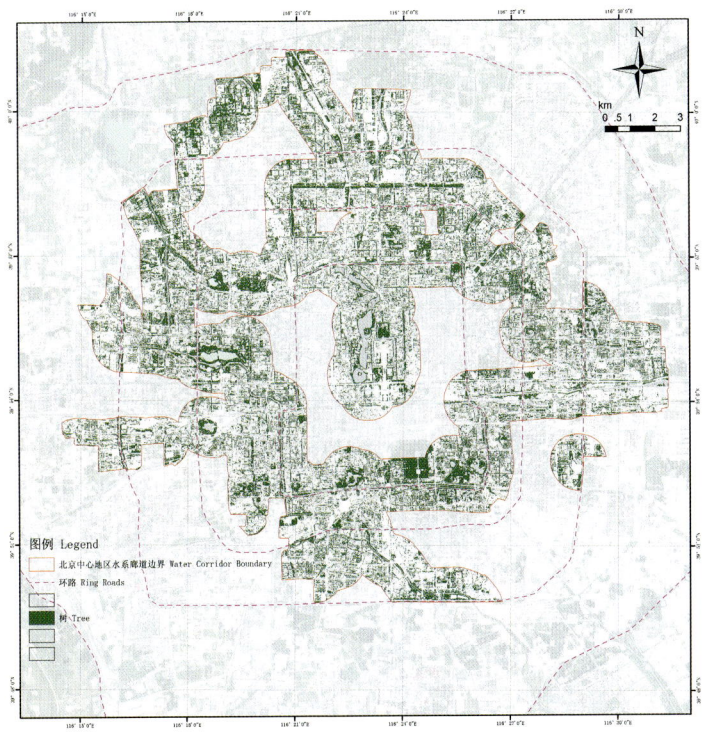

图 4-5 北京中心地区水系廊道内树木分布图

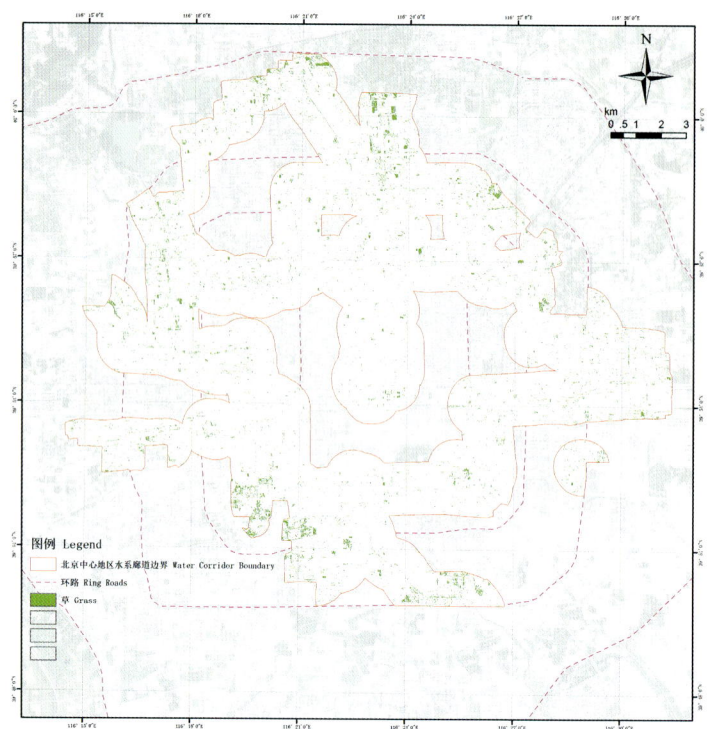

图 4-6 北京中心地区水系廊道内草地分布图

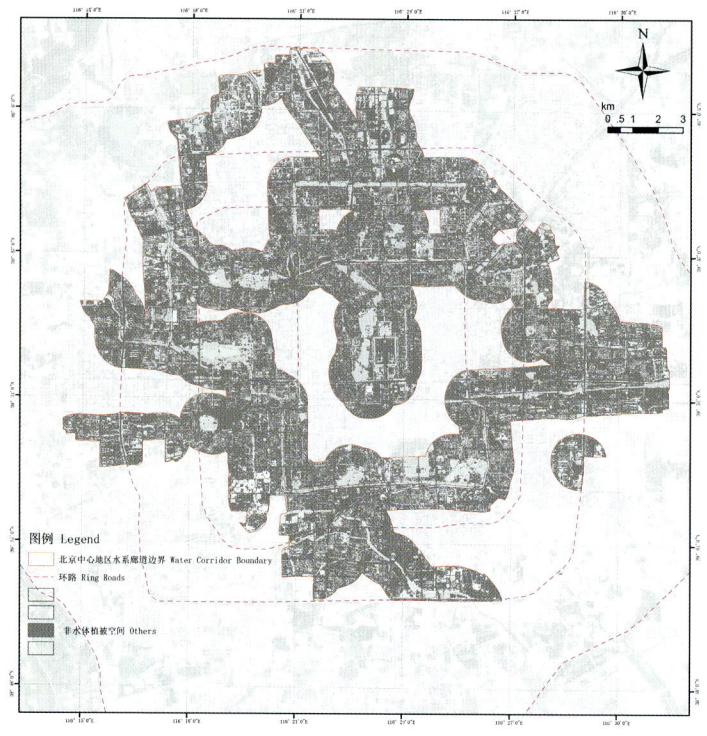

图 4-7 北京中心地区水系廊道内不透水面分布图

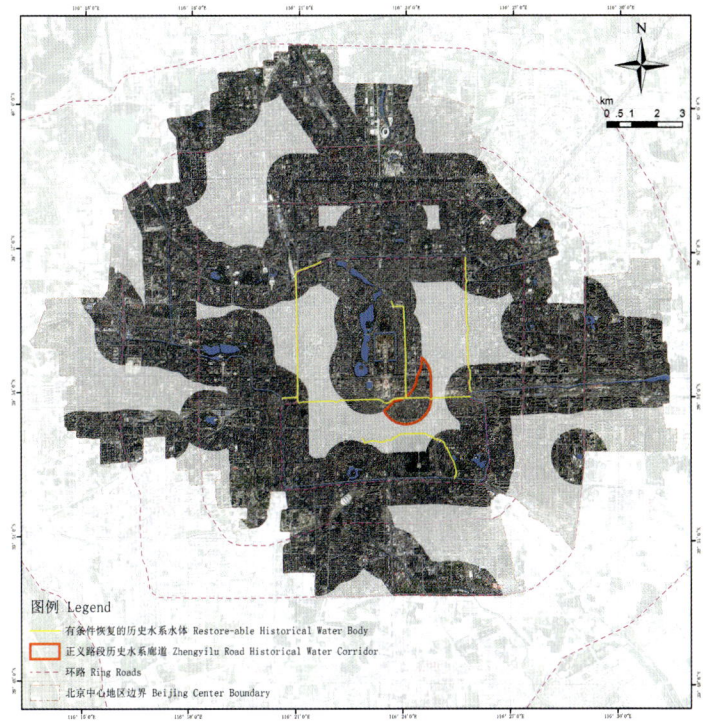

图 7-2 恢复正义路段历史水体后水系廊道增加范围图

图 7-3 恢复整条玉河段历史水体后水系廊道增加范围图

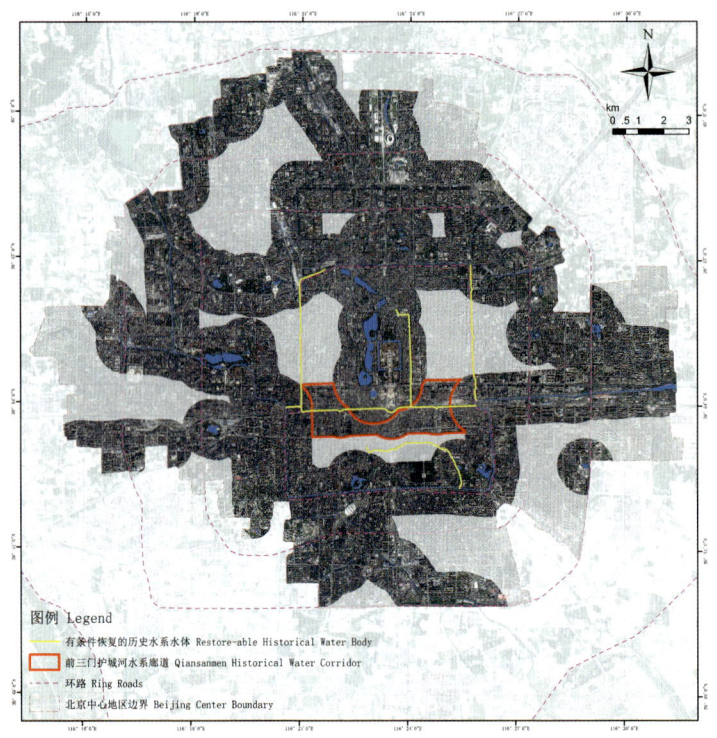

图 7-4 恢复前三门护城河段历史水体后水系廊道增加范围图

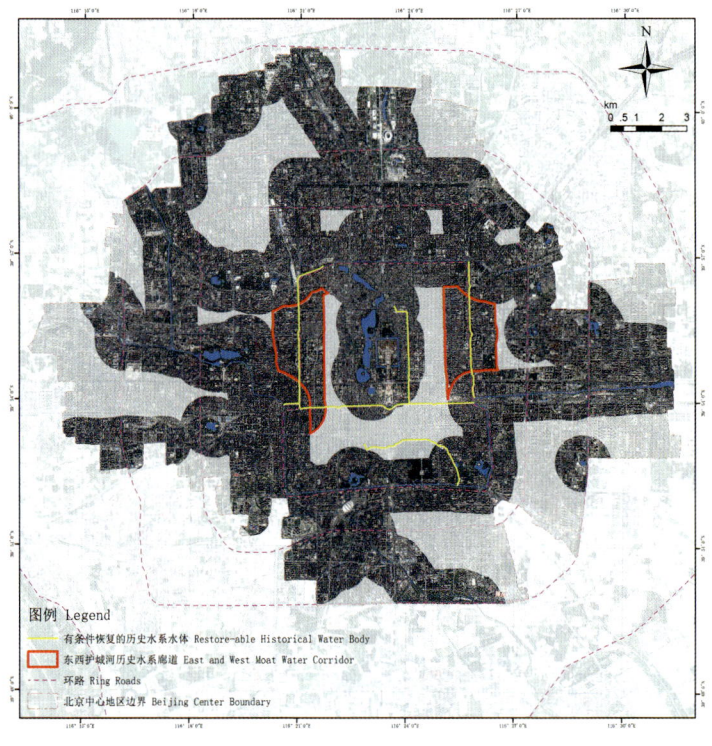

图 7-5 恢复东西护城河历史水体后水系廊道增加范围图

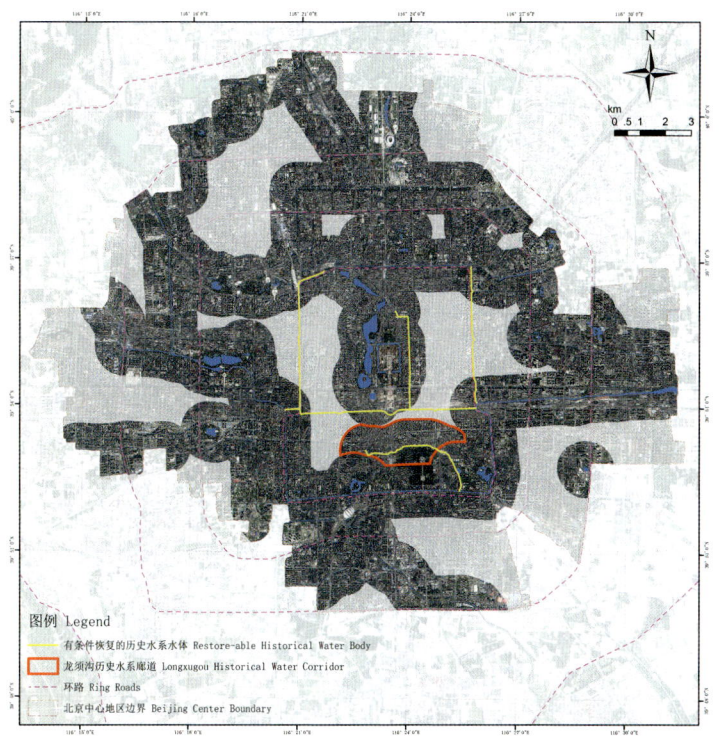

图 7-6　恢复龙须沟历史水体后水系廊道增加范围图

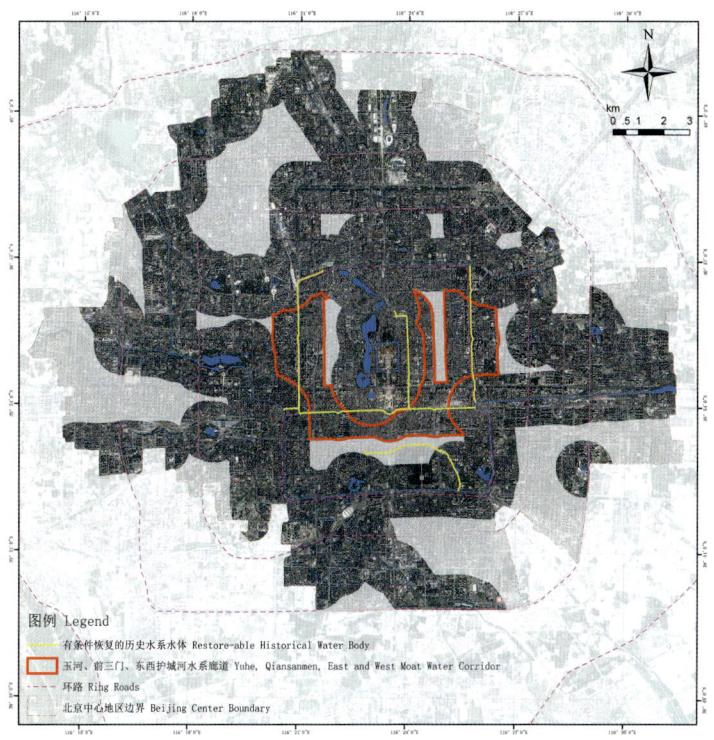

图 7-7　恢复玉河、前三门护城河、东西护城河历史水体后水系廊道增加范围图

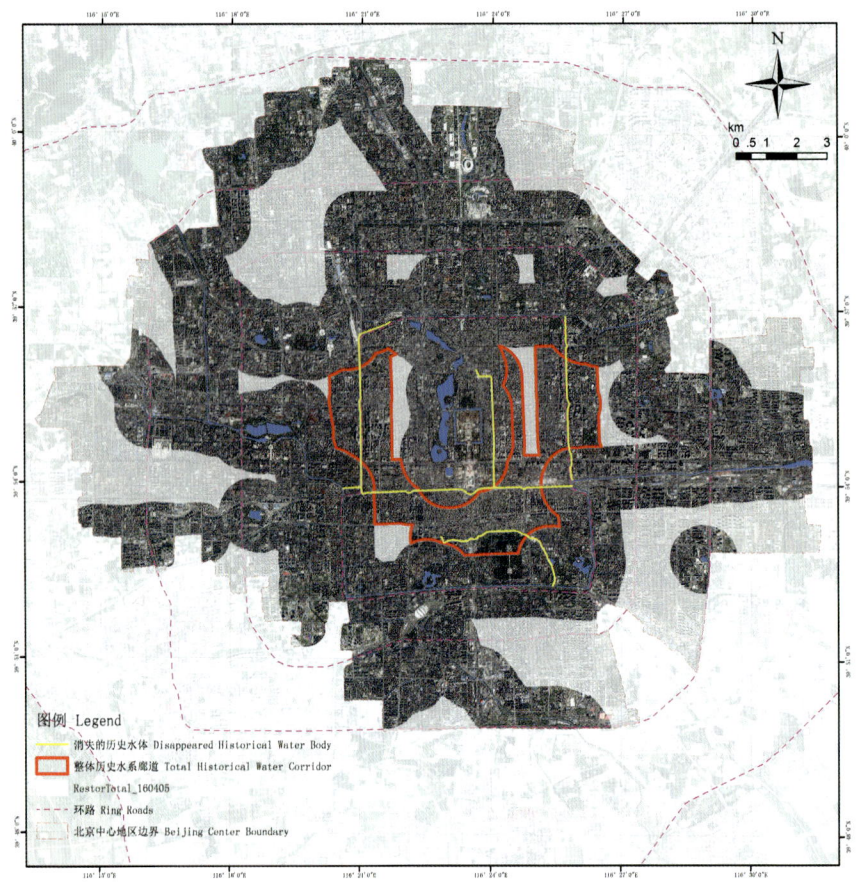

图 7-8　恢复玉河、前三门护城河、东西护城河及龙须沟历史水体后水系廊道增加范围图

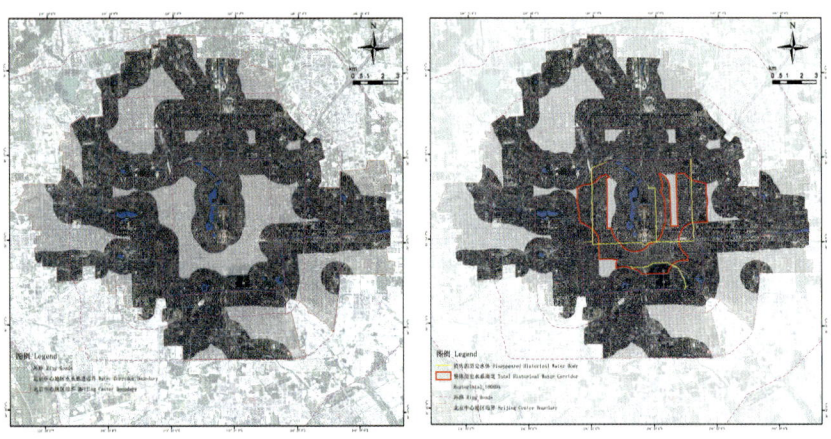

图 7-9　北京中心地区水系廊道现状和恢复后空间对比示意图